融媒体技术

温怀疆 何光威 史惠 主 编
段永良 副主编

清华大学出版社
北京

内 容 简 介

本书以广播传媒类节目的采集、制作、播发、传输、覆盖、监测、接收与重现为主线，将全书划分为5大模块——基础与概念、制作与播发、存储与检索、传输与覆盖，以及融合与创新，共12章。

全书汲取相关类似读物的优点，并结合作者多年来的实践与教学经验，在原有传统广播电视技术的基础上进行了一些探索和创新，增添了不少新的广电媒体融合方面的新技术与新方案，以开拓读者视野，如因特网、云计算、大数据、虚拟现实、在线包装、基于内容的检索技术、TVOS、NGB云平台、NGB-W、DCAS、物联网技术、极清电视、裸眼3D电视技术以及无人机航拍技术等等。

本书内容涉及面较广，但主要侧重知识和概念的导入，摆脱大量公式推导，简化内容深度，可适用于传媒类院校的普通类和艺术类学生作为导引课来学习和参考，也可作为广电传媒领域刚入职新员工的入门读物。

本书封面贴有清华大学出版社防伪标签，无标签者不得销售。
版权所有，侵权必究。举报：010-62782989，beiqinquan@tup.tsinghua.edu.cn。

图书在版编目(CIP)数据

融媒体技术 / 温怀疆，何光威，史惠主编. — 北京：清华大学出版社，2016（2024.7重印）
ISBN 978-7-302-44899-0

Ⅰ. ①融… Ⅱ. ①温… ②何… ③史… Ⅲ. ①传播媒介—研究 Ⅳ. ①G206.2

中国版本图书馆 CIP 数据核字(2016)第 201735 号

责任编辑：杨如林
封面设计：铁海音
责任校对：徐俊伟
责任印制：宋　林

出版发行：清华大学出版社
网　　址：https://www.tup.com.cn，https://www.wqxuetang.com
地　　址：北京清华大学学研大厦A座　　邮　编：100084
社 总 机：010-83470000　　邮　购：010-62786544
投稿与读者服务：010-62776969，c-service@tup.tsinghua.edu.cn
质 量 反 馈：010-62772015，zhiliang@tup.tsinghua.edu.cn

印 装 者：三河市铭诚印务有限公司
经　　销：全国新华书店
开　　本：185mm×260mm　　印　张：20.75　　字　数：442千字
版　　次：2016年9月第1版　　印　次：2024年7月第12次印刷
定　　价：55.00元

产品编号：070682-02

前　言

融媒体是全媒体功能、传播手段乃至组织结构等核心要素的结合、汇聚和融合，是信息传输渠道多元化下的新型运作模式。在媒体融合势态下，传统媒体将与互联网、移动互联网等新兴媒体传播渠道有效地结合，实现资源共享、集中处理，能衍生出多种形式的信息产品，多渠道广泛地传播给受众。

本书作者多年来在浙江传媒学院和中国传媒大学南广学院从事"广播电视技术概论""音视频技术概论"和"媒介技术概论"等课程的教学工作，根据教学反馈和学生们迫切需要，在对融媒体技术进行系统梳理的基础上，结合这几年的科研积累和实际教学经验编写了本书。本书内容主要侧重一些知识和概念的导入，注重逻辑性、系统性和概念内涵的准确性、权威性。因此，本书经过任课老师对内容的取舍后可用于传媒相关专业的普通类和艺术类学生的学习。本书的特点是以广播电视节目的采集、制作、存储、播发、管理、传输、覆盖、监测、接收与重现为主线，在介绍传统广播电视传媒技术的基础上，融入了媒体融合方面的新技术和新方案，用于开拓读者视野，如因特网、云计算、大数据、虚拟现实、在线包装技术、基于内容的检索技术、TVOS、NGB云平台、NGB-W、DCAS、OTT、云技术、移动多媒体覆盖、同步数字广播、裸眼3D电视技术、大屏显示技术以及无人机航拍等。

全书主要包括5大模块：基础与概念、制作与播发、存储与检索、传输与覆盖以及融合与创新，共12章，从融媒体概念、电声基础、电视基础开始，沿着广播电视的制作生产和传输发射流程对现代广播电视传媒技术进行介绍，内容涉及音频和视频的主要特性；数字音频和视频的主要压缩技术；广播电视中心概况；音频和视频主要设备；电视节目的制作技术与方式；电视播控技术；媒体存储、管理、检索技术；音频广播的发射覆盖；数字音频广播的发射与覆盖；电视广播的传输与覆盖以及一些融合媒体技术的新理论与新实践等。

本书由浙江传媒学院温怀疆副教授和中国传媒大学南广学院何光威副教授共同起草策划，由温怀疆、史惠（浙江传媒学院）和何光威、段永良（中国传媒大学南广学院）共同编著，其中温怀疆、何光威、史惠为共同主编，段永良为副主编。第1、11章由何光威、温怀疆编写，第2、9、10、12章由温怀疆编写，第3、4、7、8章由史惠编写，第5章由史惠、何光威编写，第6章由史惠、段永良编写。为保证质量，书稿在作者之间进行了相互审阅，书中的20多幅CAXA插图由浙江传媒学院13通信专业的徐琼翔同学绘制，本书配套PPT由浙江传媒学院通信专业的姚文洁、刘艾萌同学负责制作。全书由温怀疆整理、统稿。在本书编写过程中不仅参考了一些相关期刊的论文，而且也参考了网上论坛的一些未留名的高手手记，在此一并表示感谢。

本书可供高等学校传媒类普通专业和艺术类专业教学使用，也可作为媒体行业入职人员岗位培训的教材和传媒从业人员的参考资料。

作者

于浙江传媒学院&中国传媒大学南广学院

目 录

基础与概念篇

第1章 融媒体及相关技术基础 ········· 2

- 1.1 融媒体 ········· 2
  - 1.1.1 相关概念 ········· 3
  - 1.1.2 融媒体的特征 ········· 4
  - 1.1.3 融媒体分类 ········· 5
  - 1.1.4 融媒体技术及发展趋势 ········· 6
- 1.2 因特网 ········· 7
  - 1.2.1 计算机组成 ········· 7
  - 1.2.2 计算机网络相关概念 ········· 9
  - 1.2.3 互联网、因特网和万维网 ········· 10
  - 1.2.4 因特网的主要特性 ········· 10
  - 1.2.5 因特网构成 ········· 11
  - 1.2.6 因特网的接入方式 ········· 12
  - 1.2.7 IPv4协议 ········· 15
  - 1.2.8 IPv6协议 ········· 18
  - 1.2.9 IPv4向IPv6过渡 ········· 20
- 1.3 云计算 ········· 21
  - 1.3.1 云计算技术特点 ········· 21
  - 1.3.2 云计算基本构架 ········· 21
  - 1.3.3 云计算核心技术 ········· 22
- 1.4 大数据 ········· 22
  - 1.4.1 大数据定义 ········· 23

  1.4.2 数据存储单位的换算 ………………………………………… 24
  1.4.3 大数据产业市场主体 ………………………………………… 24
  1.4.4 大数据的特点 ………………………………………………… 25
  1.4.5 大数据技术 …………………………………………………… 25
  1.4.6 大数据的媒体应用 …………………………………………… 26
1.5 虚拟现实 ……………………………………………………………… 27
  1.5.1 虚拟现实定义 ………………………………………………… 27
  1.5.2 基本特征 ……………………………………………………… 28
  1.5.3 系统构成和实现过程 ………………………………………… 28
  1.5.4 技术优点 ……………………………………………………… 29
  1.5.5 支撑技术 ……………………………………………………… 29
  1.5.6 关键技术 ……………………………………………………… 30
  1.5.7 虚拟现实系统的分类 ………………………………………… 33
  1.5.8 应用领域 ……………………………………………………… 34
1.6 未来的媒体技术 ……………………………………………………… 36
  1.6.1 下一代网络技术 ……………………………………………… 36
  1.6.2 光传输技术 …………………………………………………… 37
  1.6.3 纳米技术 ……………………………………………………… 37
1.7 思考与练习 …………………………………………………………… 37

第2章 电声基础 …………………………………………………………… 39

2.1 声音的产生与传播 …………………………………………………… 39
  2.1.1 声音和声波 …………………………………………………… 39
  2.1.2 声波的产生与传播 …………………………………………… 39
2.2 重要声学物理量 ……………………………………………………… 40
  2.2.1 频率、周期、波长和声速 …………………………………… 40
  2.2.2 倍频程 ………………………………………………………… 42
  2.2.3 声功率 ………………………………………………………… 42
  2.2.4 声强 …………………………………………………………… 43
  2.2.5 声强级 ………………………………………………………… 43
  2.2.6 声压 …………………………………………………………… 43
  2.2.7 声压级 ………………………………………………………… 43
2.3 音质的三要素 ………………………………………………………… 44
  2.3.1 响度 …………………………………………………………… 44
  2.3.2 音调 …………………………………………………………… 46

  2.3.3 音色 ·· 46
2.4 人耳的听觉特性 ·· 47
  2.4.1 听觉系统 ·· 47
  2.4.2 听阈特性和听域 ·· 47
  2.4.3 掩蔽效应 ·· 48
  2.4.4 哈斯效应 ·· 50
2.5 声音的混响 ·· 50
  2.5.1 混响和回声的概念 ·· 50
  2.5.2 电子混响 ·· 51
2.6 分贝的概念 ·· 51
  2.6.1 分贝定义 ·· 51
  2.6.2 电信号的分贝值 ·· 52
  2.6.3 声音的分贝值 ·· 52
2.7 VU、PPM表与dBFS ··· 53
  2.7.1 VU表 ·· 53
  2.7.2 PPM表 ·· 53
  2.7.3 数字满度电平 ·· 54
2.8 立体声原理 ·· 54
  2.8.1 双耳听觉特性 ·· 54
  2.8.2 立体声的概念 ·· 56
  2.8.3 双声道立体声拾音技术 ·· 57
2.9 音频的数字化与编码 ·· 61
  2.9.1 数字音频 ·· 61
  2.9.2 音频编码压缩 ·· 66
2.10 思考题 ·· 68

第3章 电视基础 ·· 69

3.1 视觉和光学基础 ·· 69
  3.1.1 光的基础 ·· 69
  3.1.2 视觉特性 ·· 71
  3.1.3 色度学基础 ·· 74
  3.1.4 颜色的度量与亮度方程 ·· 76
3.2 图像特性 ·· 79
  3.2.1 图像的重要参数 ·· 79
  3.2.2 矢量图和位图 ·· 81

3.3 模拟电视基础 82
3.3.1 黑白电视图像采集原理 82
3.3.2 光电转换 85
3.3.3 电光转换 89
3.3.4 黑白全电视信号 91
3.3.5 光电转换中的非线性灰度系数γ 93
3.3.6 彩色电视图像摄取 94
3.3.7 电视制式 94
3.4 数字电视基础 96
3.4.1 数字电视的概念 96
3.4.2 数字电视的主要优势 96
3.4.3 数字广播电视系统基本构成 97
3.4.4 数字电视传输信道和方式 98
3.4.5 数字电视的传输标准 98
3.4.6 数字电视的清晰度 99
3.4.7 模拟电视信号的数字化 99
3.4.8 数字电视的关键技术 100
3.5 视频压缩技术 100
3.5.1 视频编码技术的种类 100
3.5.2 视频数据冗余 102
3.5.3 视频文件的格式简介 103
3.6 思考题 105

制作与播发篇

第4章 电视中心系统 108
4.1 演播室系统 108
4.1.1 演播室的分类 108
4.1.2 演播室的声学要求 109
4.1.3 演播室的照明与布光 110
4.2 音频系统 112
4.2.1 传声器 112
4.2.2 扬声器和扬声器系统 115

4.2.3　调音台 ··· 118
　　　4.2.4　录音设备 ··· 120
　　　4.2.5　监听耳机 ··· 121
　　　4.2.6　周边设备 ··· 121
　4.3　视频系统 ·· 123
　　　4.3.1　摄像机 ··· 123
　　　4.3.2　录像机 ··· 128
　　　4.3.3　切换台 ··· 128
　4.4　控制室和周边系统 ·· 130
　　　4.4.1　控制室 ··· 130
　　　4.4.2　周边系统 ··· 131
　4.5　主要音视频接插口 ·· 133
　　　4.5.1　3.5mm和6.35mm插头 ·· 133
　　　4.5.2　卡侬头 ··· 133
　　　4.5.3　RCA ·· 134
　　　4.5.4　BNC ·· 134
　　　4.5.5　HDMI ·· 134
　4.6　思考题 ·· 135

第5章　电视节目制作　136

　5.1　编辑制作技术 ··· 136
　　　5.1.1　线性编辑 ··· 136
　　　5.1.2　非线性编辑 ·· 137
　　　5.1.3　视频切换 ··· 142
　　　5.1.4　数字视频特技 ·· 144
　　　5.1.5　字幕 ··· 146
　　　5.1.6　索贝4k后期制作的整体解决方案 ·· 146
　5.2　电视节目制作方式 ·· 147
　　　5.2.1　电子新闻节目采集系统（ENG） ·· 147
　　　5.2.2　现场节目制作系统（EFP） ··· 147
　　　5.2.3　电子演播室制作（ESP） ·· 148
　5.3　虚拟演播室 ·· 149
　　　5.3.1　虚拟演播室的发展 ·· 151
　　　5.3.2　虚拟演播室的分类 ·· 152
　　　5.3.3　虚拟演播室的构成 ·· 153

- 5.3.4 工作原理 ... 154
- 5.3.5 虚拟演播室关键技术 ... 155
- 5.3.6 技术展望 ... 159
- 5.4 在线图文包装技术 ... 159
  - 5.4.1 在线图文包装技术的概念 ... 159
  - 5.4.2 在线图文包装技术的特点 ... 159
  - 5.4.3 渲染技术 ... 161
  - 5.4.4 在线图文包装系统 ... 161
  - 5.4.5 在线包装系统的应用 ... 163
- 5.5 全媒体演播中心 ... 165
  - 5.5.1 全媒体的含义 ... 165
  - 5.5.2 全媒体演播中心的组成 ... 165
  - 5.5.3 全媒体中心的发展趋势 ... 167
- 5.6 思考题 ... 168

第6章 电视中心播控系统 ... 169

- 6.1 节目播控系统概述 ... 169
  - 6.1.1 播控中心的组成与结构 ... 169
  - 6.1.2 与播出的相关名词 ... 169
- 6.2 播控系统 ... 170
  - 6.2.1 总控系统 ... 170
  - 6.2.2 播出系统 ... 170
  - 6.2.3 软件系统 ... 173
- 6.3 全台网技术 ... 173
  - 6.3.1 全台网的概念 ... 173
  - 6.3.2 系统组成 ... 173
  - 6.3.3 系统总线架构 ... 174
  - 6.3.4 系统总体流程 ... 175
- 6.4 3G/4G直播系统 ... 176
  - 6.4.1 3G/4G直播系统组成 ... 176
  - 6.4.2 3G/4G播发模式 ... 177
  - 6.4.3 3G/4G直播服务器的部署方式 ... 179
  - 6.4.4 4G直播技术 ... 180
- 6.5 思考题 ... 181

存储与检索篇

第7章 媒体存储技术 ... 184

7.1 媒体的存储介质 ... 184
7.1.1 磁存储设备 ... 184
7.1.2 光存储设备 ... 185
7.1.3 移动存储设备 ... 191

7.2 网络存储技术 ... 195
7.2.1 网络存储的意义 ... 195
7.2.2 网络存储架构 ... 196
7.2.3 网络存储技术的趋势 ... 199
7.2.4 数据存储方式 ... 201
7.2.5 数据容灾 ... 202

7.3 思考题 ... 203

第8章 媒体资产管理与检索 ... 204

8.1 媒体资产管理系统 ... 204
8.1.1 媒体资产的含义 ... 204
8.1.2 媒资系统的建设目标 ... 204
8.1.3 媒资系统的组成与功能 ... 205
8.1.4 媒体资产管理所涉及的技术 ... 206

8.2 基于内容的检索技术 ... 206
8.2.1 图像检索 ... 206
8.2.2 视频检索 ... 209
8.2.3 音频检索 ... 212

8.3 思考题 ... 214

传输与覆盖篇

第9章 无线音频广播 ... 216

9.1 无线广播的技术基础 ... 216
9.1.1 无线广播的历史 ... 216

9.1.2 广播电视频段的划分 ··· 216
9.1.3 广播电视载波信息的类型 ··· 217
9.1.4 电波的传播 ·· 217
9.1.5 无线多径波 ·· 219
9.2 调制技术概述 ··· 220
9.2.1 模拟信号和数字信号 ·· 220
9.2.2 调制的概念和意义 ·· 220
9.2.3 模拟调制 ·· 220
9.2.4 数字调制 ·· 221
9.3 调幅广播 ··· 222
9.3.1 技术要求 ·· 222
9.3.2 调幅广播发射台的组成 ·· 222
9.3.3 调幅发射机 ·· 224
9.3.4 调幅广播的接收 ··· 225
9.4 调频广播 ··· 226
9.4.1 技术要求 ·· 226
9.4.2 调频广播的优点 ··· 227
9.4.3 立体声广播 ·· 227
9.4.4 调频广播发射系统的组成 ·· 228
9.4.5 调频广播的接收 ··· 229
9.5 广播发射台系统的配置 ·· 229
9.6 音频广播的监控 ··· 230
9.6.1 总体系统架构 ·· 232
9.6.2 自台监测系统 ·· 232
9.7 数字广播 ··· 233
9.7.1 数字音频广播制式 ·· 233
9.7.2 数字广播的优势 ··· 234
9.7.3 数字音频广播的关键技术 ·· 234
9.7.4 DAB ··· 236
9.6.5 DRM ·· 238
9.7.6 CDR ·· 241
9.8 思考题 ··· 242

第10章　电视广播传输与覆盖　243

10.1 地面广播电视系统 ··· 243

- 10.1.1 地面电视广播系统的组成与特点 243
- 10.1.2 电视信号的调制 245
- 10.1.3 模拟地面电视广播 246
- 10.1.4 电视频道及频段的划分 248

10.2 有线广播电视传输系统 250
- 10.2.1 有线电视起源与发展 250
- 10.2.2 有线电视系统的基本组成 251
- 10.2.3 有线数字电视系统 253
- 10.2.4 数字MMDS 254

10.3 卫星广播电视传输系统 255
- 10.3.1 卫星广播常用的术语 256
- 10.3.2 卫星广播电视信号的处理 257
- 10.3.3 卫星信号传输标准 257
- 10.3.4 卫星电视广播系统的组成 258
- 10.3.5 卫星直播车 261

10.4 网络传输与覆盖 263
- 10.4.1 固定网络传输与覆盖 263
- 10.4.2 移动网络覆盖和Media-Web™ 266

10.5 同步广播技术 266
- 10.5.1 同步音频广播 267
- 10.5.2 电视广播单频网 270

10.6 思考题 272

融合与创新篇

第11章 融合应用 276

11.1 融合广电 276
- 11.1.1 TVOS 276
- 11.1.2 OTT技术 277
- 11.1.3 DRM 277
- 11.1.4 T2O 279

11.2 融合媒体平台 280
- 11.2.1 融合媒体的特征 280
- 11.2.2 融合媒体平台 281

        11.2.3　融合媒体平台架构 ············· 281
        11.2.4　三微一端 ····················· 283
　　11.3　NGB云平台 ·························· 283
        11.3.1　NGB的"云""管""端" ········ 284
        11.3.2　云媒体 ························ 284
        11.3.3　云宽带 ························ 285
        11.3.4　云通信 ························ 286
        11.3.5　云服务 ························ 287
　　11.4　物联网与传媒 ······················ 288
        11.4.1　物联网的定义 ················· 288
        11.4.2　物联网智能媒体 ··············· 288
        11.4.3　媒体物联网的技术架构 ········· 288
        11.4.4　物联网的核心技术 ············· 289
        11.4.5　物联网媒体内容服务平台 ······· 290
　　11.5　思考题 ······························ 290

第12章　融合创新 ·························· 292

　　12.1　应急广播技术 ······················ 292
        12.1.1　国外的应急广播 ··············· 292
        12.1.2　我国的应急广播体系建设 ······· 293
　　12.2　广电运营管理与信息安全 ··········· 295
        12.2.1　BOSS ··························· 295
        12.2.2　IPCC ··························· 296
        12.2.3　DCAS ··························· 298
        12.2.4　广电信息安全 ·················· 298
　　12.3　NGB-W技术 ·························· 299
        12.3.1　系统架构 ······················ 299
        12.3.2　系统特点 ······················ 300
        12.3.3　应用领域 ······················ 301
　　12.4　超高清电视和3D电视 ················ 302
        12.4.1　4k电视 ························ 302
        12.4.2　8k电视 ························ 303
        12.4.3　3D电视 ························ 304
　　12.5　大屏显示技术 ······················ 308
        12.5.1　曲面电视 ······················ 308

	12.5.2	LED高分辨显示	309
	12.5.3	大屏拼接技术	310
12.6	无人机航拍	311
	12.6.1	无人机的概念	311
	12.6.2	无人机航拍飞控技术	312
	12.6.3	航拍无人机的核心部件	312
	12.6.4	航拍无人机的基本功能	312
12.7	思考题	313

参考文献 ………………………………………………………………… 314

基础与概念篇

第1章　融媒体及相关技术基础

随着网络信息技术的发展和普及，人类社会已经进入到融合媒体时代。近年来，我国几大主流媒体（如央视、新华社等）均积极转变发展思路，努力突破传统媒体的束缚，先后成立了网络电视传播平台，这预示着传统媒体（如广播、电视）将发生革命性转变。在全媒体时代，我国传统广播、电视传媒面临着前所未有的挑战，为了能够符合时代发展的需求，改革不仅是只采取零碎化的改变、调整，而是要以融合媒体技术为基础对传统广播、电视进行重新定位，不断地强化传统广播电视媒体的传播形式、品牌塑造、内容互动等，从而构建出一个新型的广播、电视融合媒体。

1.1　融媒体

随着现代传播技术的不断进步，媒体形式呈现出新的发展变化和趋势，传播内容、传播媒介和传播功能全面融合渗透，为此人们常使用"全媒体"一词来代称。目前，学术界对于全媒体的概念还未正式提出一个合适的标准定义。

融媒体的概念又是在全媒体的基础上进一步发展和形成的，同样没有一个非常准确的权威定义。有部分学者认为应该用"融媒体"替代"全媒体"，因为"融媒体"的概

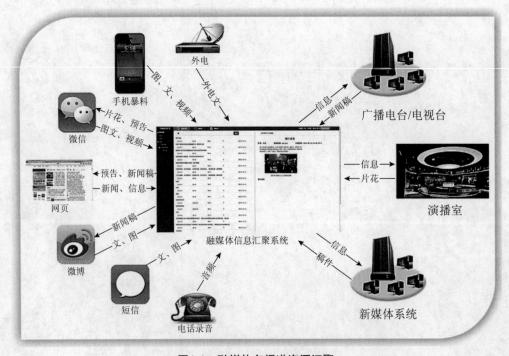

图1-1　融媒体多渠道资源汇聚

念已经涵盖了"全媒体"的基本内容。此外,除了包含媒体要"全"的意思外,"融媒体"还注重各种介质之间的"融",即打通介质、平台,再造新闻生产与消费各个环节的流程。如图1-1所示。

1.1.1 相关概念

媒体(Media)一词来源于拉丁语Medius,音译为媒介,意为两者之间。媒体是指传播信息的媒介,是指人用来传递信息与获取信息的工具、渠道、载体、中介物或技术手段。也可以把媒体看作实现信息从信息源传递到受信者的一切技术手段。媒体有两层含义,一是承载信息的物体,二是储存、呈现、处理、传递信息的实体。

(1)传统媒体主要是指电视、广播、报纸、期刊(杂志)这四大类。

(2)新媒体是在新的技术支撑体系下出现的媒体形态,如数字杂志和报纸、数字广播和电视、手机短信、移动电视、数字电影、互联网、移动互联网等。相对于传统意义上的四大媒体,新媒体被形象地称为"第五媒体"。

(3)"超媒体"是超级媒体的缩写。超媒体是一种采用非线性网状结构对块状多媒体信息(包括文本、图像、视频等)进行组织和管理的技术。

(4)多媒体(Multimedia)是多种媒体的综合,一般包括文本、声音和图像等多种媒体内容。多媒体是超媒体(Hypermedia)系统中的一个子集,而超媒体系统是使用超链接把各种素材组织起来。在计算机系统中,多媒体指组合两种或两种以上媒体的一种人机交互式信息交流和传播媒体。使用的素材包括文字、图片、照片、声音、动画和影片,并提供互动功能。

(5)"全媒体"信息采用文字(Text)、声音(Audio)、影像(Video)、图像(Image)、动画(Animation)、网页(Web page)等多种表现手段,利用广播、电视、音像、出版、报纸、网站等不同媒介形态(业务融合),通过融合的广电网络、电信网络以及互联网络进行传播(三网融合),最终实现用户以电视、电脑、手机等多种终端均可完成信息的融合接收(多屏互动),实现任何人(Who)、任何时间(When)、任何地点(Where)、以任何终端(What)均能够准确、及时获得任何想要(Want)的信息(5W)。

(6)融媒体目前还没有一个被社会公认的、准确的定义。根据《电视台融合媒体平台建设技术白皮书》的定义:融合媒体是全媒体功能、传播手段乃至组织结构等核心要素的结合、汇聚和融合,是信息传输渠道多元化下的新型运作模式。这一概念是随着信息技术和通信技术的发展、应用和普及从以前的"跨媒体"逐步衍生而成的。对"融媒体"目前的理解就是融合多种的跨界媒体,其所指并不是一个个体概念,而是一个集合概念。图1-2为基于广电业务的融合媒体技术平台架构。

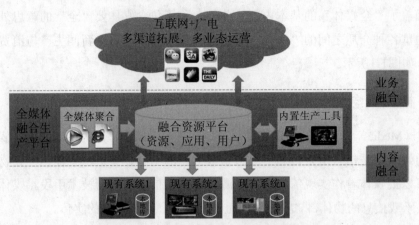

图1-2　基于广电业务的融合媒体技术平台架构

1.1.2　融媒体的特征

融媒体是传统媒体与新兴互联网媒体融合的产物，在融合形势下，媒体形式、生产平台和传播方式都发生了很大变化。

从媒体形式层面来看，①传统的有线、无线、卫星单向广播电视，观众只能看不能说；②VOD点播、时移电视、IPTV、网络视频、互联网电视带有简单双向功能的媒体，观众可以看，也可以简单地表达自己的观点；③混合宽带广播电视，是第二种媒体融合了丰富互联网应用的更高级媒体形式，观众可以通过手机APP、微信摇一摇功能、机顶盒遥控器或PC终端主动参与节目互动，充分表达观点，节目播出机构可以通过数据回传通道了解节目的收视及观众的喜好情况。

从生产平台层面来看，融合之前的电台与电视台等传统媒体有独立的采、编、播体系，新媒体也有独立的采、编、播体系，无论是技术系统还是媒体内容，传统媒体和新媒体的资源都是独立的，缺乏资源共享机制，制约了媒体产品形式的推陈出新。融合之后，全部媒体可以在统一的技术平台上生产，方便了媒体内容资源的共享，媒体生产和播出过程中产生的运维、收视、互动数据可通过大数据平台进行挖掘处理，得到的有用信息反馈到节目生产环节，有利于节目制播的革新。从当前IT技术发展趋势来看，最适合融合媒体发展的基础技术和设施是云计算、大数据、宽带互联网。

从传播方式层面来看，融媒体改变了传统媒体和新媒体各行其是的节目传播形式，走向你中有我，我中有你的合作。例如单向广播电视融入了短信、二维码技术、声纹识别、数字水印等技术，借助互联网回传通道，提高了观众的参与程度，丰富了观众的娱乐形式，同时提高了广播电视机构的运营和监管能力。

融媒体的主要特征包括媒体信息的交互性、实时性、协同性和集成性。

1. 媒体信息的交互性

由于融媒体时代下多种媒体形式共存，信息的传播者和接受者均可以实现信息的传递、控制、编辑。融媒体的交互性，不仅能让使用者可按照自己的意愿解决问题，同时还可借助这种沟通方式来提高工作的效率。这一特点是传统广电媒体所不具备的。

2. 媒体信息的实时性

融媒体下的媒体信息实时性主要是指在人的感官系统允许条件下实现媒体信息的交互，也就是像面对面一样，音频、影像均实现连续性传播。融媒体实时分布系统融合了通信网络的分布性、计算机技术的交互性、广播电视媒体的真实性。

3. 媒体信息的协同性

由于各种媒体的传播、发展都具有各自的规律，若要实现多种媒体之间保持协调一致则需保证各个媒体实现有机地配合。融媒体技术融合了多种媒体传播技术，可在空间、时间等方面实现多种媒体逐渐协调，由此保证了所有的媒体信息传播协同性的实现。

4. 媒体信息的集成性

融媒体实现了多种媒体的有机集成。在融媒体中，完全覆盖了图像、图形、文本、语音、视频等多种媒体信息，但"融媒体"体现的不是"跨媒体"时代的媒体间的简单连接，而是全方位融合——网络媒体与传统媒体乃至通信的全面互动、网络媒体之间的全面互补、网络媒体自身的全面互融。总之"融媒体"的覆盖面最全，技术手段最全，媒介载体最全，受众传播面最全。

1.1.3 融媒体分类

融媒体是一个集合的概念，对其分类，可以从多个角度描述。根据媒体的一般属性，可进行如下分类。

（1）按传播载体类型可分为报纸、杂志、广播、电视、音像、电影、出版、网络、电信、卫星通信等。

（2）按传播内容所依托的各类技术支持平台可分为下一代广播电视网、宽带通信网和下一代互联网。

（3）按功能可分为视觉媒体、听觉媒体和视听两用媒体。视觉媒体包括报纸、杂志、海报、日历、户外广告、橱窗布置、实物和交通等媒体形式。听觉媒体包括无线电广播、有线广播、宣传车、录音和电话等媒体形式。视听两用媒体主要包括电视、电影、戏剧、小品及其他表演形式。

（4）按影响范围可分为国际性媒体、全国性媒体和地方性媒体。国际性媒体如卫星电视传播、面向全球的刊物等。全国性媒体如国家三大台（中央电视台、中央人民广播电台、中国国际广播电台），全国性报刊等。地方性媒体如省、市电视台、报刊，少数民族语言、文字的电台、电视台、报刊、杂志等。

（5）按受众类型可分为大众化媒体和专业性媒体。大众化媒体包括报纸、杂志、广播、电视。专业性媒体包括专业报刊、杂志、专业性说明书等。

（6）按媒体传播信息的时间长短可分为瞬时性媒体、短期性媒体和长期性媒体。瞬时性媒体如广播、电视、幻灯、电影等。短期性媒体如海报、橱窗、广告牌、报纸等。

长期性媒体如产品说明书、产品包装、厂牌、商标、挂历等。

（7）按传播内容可分为综合性媒体和单一性媒体。综合性媒体指能够同时传播多种信息内容的媒体，如报纸、杂志、广播、电视等。单一性媒体是指只能传播某一种或某一方面的信息内容的媒体，如包装、橱窗、霓虹灯等。

根据国际电信联盟（International Telecommunication Union，ITU）电信标准部推出的ITU-TI.374建议的定义，可以将媒体划分为感觉媒体、表示媒体、表现媒体、存储媒体、传输媒体五类。

（1）感觉媒体指的是能直接作用于人们的感觉器官，从而能使人产生直接感觉的媒体，如文字、数据、声音、图形、图像等。

（2）表示媒体指的是为了传输感觉媒体而人为研究出来的媒体，借助于此种媒体，能有效地存储感觉媒体或将感觉媒体从一个地方传送到另一个地方，如语言编码、电报码、条形码等。

（3）表现媒体指的是用于通信中使电信号和感觉媒体之间产生转换用的媒体，如输入输出设备，包括键盘、鼠标、显示器、打印机等。

（4）存储媒体指的是用于存放表示媒体的媒体，如纸张、磁带、磁盘、光盘等。

（5）传输媒体指的是用于传输某种媒体的物理媒体，如双绞线、电缆、光纤等。

1.1.4 融媒体技术及发展趋势

融媒体技术是指用于融媒体内容采集、存储、制作、播出、分发、传输、接收等各环节各种技术的统称，涉及计算机应用技术、通信技术、信息与网络技术等，其技术体系错综复杂，因其应用于媒体，故其与媒体的传播属性、业务流程息息相关。

融媒体技术整合了云计算、大数据、互联网等新信息技术应用于传统媒体，加快了传统媒体生产流程再造，促进了媒体生产的集约化、数字化和智能化。具体来说，融媒体未来发展趋势表现在如下几个方面。

（1）互联网将起到越来越重要的作用。

（2）数字视频新媒体拥有广阔发展前景和空间。传统媒体向融媒体拓展的一个重要方向就是包括网络视频、数字电视、手机电视、户外显示屏在内的各种视频媒体。未来，视频新媒体的发展将催生出更多的内容提供方式和信息服务形式变革，带动整个传媒业的融媒体发展进程。

（3）媒介融合由浅入深，从"物理变化"趋向"化学变化"。注重多种传播手段并列应用的全媒体新闻将发展为多种媒体有机结合的融合新闻；各种媒体机构的简单叠加、组合将发展为真正有利于融合媒介运作的新型机构组织；融媒体记者将与细分专业记者分工合作；媒介机构也将在新的市场格局中寻找自身的新定位和业务模式，构建适应融媒体需要的产品体系和传播平台。

（4）随着融媒体进程的不断发展，在融合的同时，各种媒介形态、终端及其生产也更加专业、细分。

一方面表现在媒介形态的分化。单一的印刷报纸已经分化成了印刷报纸、手机报纸、数字报纸等多种产品形态；广播电视分化成网络电视、手机电视等更丰富的产品形态。此外，媒体终端的多样化也带来了传播网络的分化，如手机媒体、电子阅读器、网络电视、数字电视等分别依赖不同的传输网络。

另一方面是媒介生产流程的专业化细分。在媒介融合时代，由于生产复杂度的提高，更有可能导致产业流程的专业分工和再造，出现信息的包装及平台提供者走向专业化的趋向。现在，在数字报纸、电子杂志、手机媒体领域，专业化的趋向已经显现。

（5）融媒体技术是一种增加媒体表现形式的方法，但是并不会从根本上改变媒体的本质属性。虚拟现实、传感器、增强现实、生物媒体等技术，以及定制化生产、个人云平台、人和物的协同会成为未来媒体技术的发展方向。

1.2 因特网

因特网，源自英文的Internet，它的含义从广义上来说就是"连接网络的网络"。这种将计算机网络互相连接在一起的方法称为网络互联。作为专有名词，它所指的是全球公有、使用TCP/IP通信协议链的计算机系统。因此，这里先要简单介绍一下计算机。

1.2.1 计算机组成

计算机是由硬件系统和软件系统两部分组成的。

1. 硬件系统

计算机硬件系统由电源、中央处理器（Central Processing Unit，CPU）、存储器、输入设备、输出设备等组成。中央处理器是计算机的运算控制中心，计算机所有数据的加工处理都是在CPU中完成的。

存储器分为内部存储器、高速缓冲存储器和外部存储器。内部存储器简称为内存，计算机要执行的程序、要处理的信息和数据，都必须先存入内存，才能由CPU取出并进行处理。内存一般可以分为随机读写存储器（RAM）和只读存储器（ROM）两种。

ROM中存储的数据只能读出，保存的数据在断电后不会丢失，因此经常用来保存基本输入输出系统（BIOS）。这是一个对输入输出设备进行管理的程序。

RAM中存储的数据可以随时读出，也可以随时写入新数据或对原来的数据进行修改。RAM的缺点是断电以后所存储的所有数据都将丢失。高速缓冲存储器（Cache）存储了频繁访问的RAM位置的内容及这些数据项的存储地址。

当RAM的访问速度低于微处理器的速度时，常使用高速缓冲存储器。

外部存储器的特点是存储容量大、价格较低，所存储的数据在计算机关机后也不会丢失。外部存储器主要有软盘、硬盘、光盘等。

输入设备就是把数据送入计算机的设备，它接受用户的程序和数据，并转换成二进制代码送入计算机的内存中存储起来，供计算机运行时使用。常见的输入设备有键盘、鼠标、扫描仪、手写笔等。输出设备就是把经过计算机处理的数据，以人们能够识别的形式输出的设备。常见的输出设备有显示器、打印机、绘图仪、音箱等。输入/输出设备就如同人有了眼睛可以看、耳朵可以听、嘴巴可以讲、手可以写字一样，输入输出设备是计算机与外界沟通的桥梁。

硬盘分区实质上是对硬盘的一种格式化，然后才能使用硬盘来保存各种信息。常见的分区格式有FAT16、FAT32、NTFS。

FAT16分区格式是MS-DOS和早期的Windows 95操作系统中最常见的磁盘分区格式，采用16位的文件分配表，能支持最大为2GB的分区，但每个分区最多只能有65525个簇（簇是磁盘空间的配置单位）。随着硬盘或分区容量的增大，每个簇所占的空间将越来越大，从而导致硬盘空间的浪费。

FAT32分区格式采用32位的文件分配表，使其对磁盘的管理能力大大增强，可以支持大到2TB（2048GB）的分区。但在Windows 2000和Windows XP系统中，由于系统限制，单个分区最大容量为32GB。FAT32具有一个优点：在一个不超过8GB的分区中，FAT32分区格式的每个簇容量都固定为4kB。与FAT16相比，可以大大地减少磁盘的浪费，提高磁盘利用率。但由于文件分配表的扩大，运行速度比采用FAT16格式分区的磁盘要慢。

NTFS是一个可恢复的文件系统。在NTFS分区上用户很少需要运行磁盘修复程序。NTFS支持对分区、文件夹和文件的压缩。NTFS采用了更小的簇，可以更有效率地管理磁盘空间。NTFS分区格式的优点是安全性和稳定性极其出色，在使用过程中不易产生文件碎片。

2. 软件系统

计算机的软件分为系统软件、支撑软件和应用软件。系统软件由操作系统、实用程序、编译程序等组成。操作系统对各种软硬件资源实施管理与控制。实用程序是指具有特定功能的软件，如文本编辑软件等。支撑软件有接口软件、工具软件、环境数据库等，它能支持用机的环境，提供软件研制工具。支撑软件也可认为是系统软件的一部分。应用软件是用户按其需要自行编写或购买的专用程序，它借助系统软件和支撑软件来运行，是软件系统的最外层。

计算机的硬件是载体，软件是灵魂。软件可以理解为可运行的思想和内容的数字化，各个领域都有自己专用的软件，所以是各不相同的；而硬件都有相同的特征或者功能，完成对信息的处理、传输、存储。计算机的价值主要体现在软件，软件的核心是算法，一个好的算法可以优化硬件资源。硬件与软件在功能上可以相互补充和部分替代；具有软件功能、硬件形态的部件称为固件。图1-3所示为计算机组成示意图。

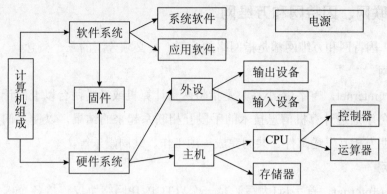

图1-3 计算机组成示意图

1.2.2 计算机网络相关概念

计算机网络是将地理位置不同，且有独立功能的多个计算机（主机）系统利用通信设备和线路（通信子网）互相连接起来，辅以功能完善的网络软件（协议）实现网络资源共享和信息传递的系统。计算机网络向用户提供的最重要的功能有两个，即连通性和共享性。

（1）连通性是指计算机网络使上网用户之间都可以交换信息，好像这些用户的计算机都可以彼此直接连通一样。

（2）共享性即资源共享，可以是信息共享、软件共享，也可以是硬件共享。

（3）C/S（Client/Server）结构即客户端/服务器结构。C/S结构也可以看作是胖客户端结构，因为在客户端需要实现绝大多数的业务逻辑和界面展示。在这种结构中，作为客户端的部分需要承受很大的压力。

（4）B/S（Browser/Server）结构即浏览器/服务器结构。它是随着因特网技术的兴起，对C/S结构的一种变化或者改进的结构。在这种结构下，用户工作界面通过WWW浏览器来实现，把极少部分的事务逻辑在前端实现。

（5）网关是在采用不同体系结构或协议的网络之间进行互通时，用于提供协议转换、路由选择、数据交换等网络兼容功能的设施。

（6）局域网（Local Area Network，LAN），是在一个局部的地理范围内，将各种计算机、外部设备和数据库等互相连接起来组成的计算机通信网。

（7）虚拟局域网（Virtual Local Area Network，VLAN）是一种将局域网设备从逻辑上划分（注意，不是从物理上划分）成一个个网段，从而实现虚拟工作组的新兴数据交换技术。

（8）网络地址转换（Network Address Translation，NAT）属接入广域网（WAN）技术，是一种将私有地址转化为合法IP地址的转换技术，它被广泛应用于各种类型因特网接入方式和各种类型的网络中。NAT不仅完美地解决了IP地址不足的问题，而且还能够有效地避免来自网络外部的攻击，隐藏并保护网络内部的计算机。

1.2.3 互联网、因特网和万维网

互联网、因特网和万维网都是指网络的互联，是必须分清的三个概念。

1. 互联网

互联网（internet，首字母i小写）是指将两台计算机或者是两台以上的计算机终端、客户端、服务端通过计算机信息技术的手段互相联系起来的结果，以便人们可以与远在千里之外的朋友相互发送邮件、共同完成一项工作、共同娱乐等。

2. 因特网

因特网（Internet，首字母I大写）是一个以TCP/IP网络协议连接各个国家、地区、机构的计算机网络的数据通信网。它将数万个计算机网络、数千万台主机互连在一起，覆盖全球，是全球最大的一个电子计算机互联网，也称"国际互联网"。它的前身就是1969年12月开通的ARPANET（阿帕网，美国国防部研究计划署）它是一个信息资源极其丰富的计算机互联网络。

3. 万维网

万维网英文为World Wide Web，缩写为WWW。只要应用层使用的是HTTP协议的因特网，就称为万维网。

互联网包含因特网，因特网包含万维网，凡是能彼此通信的设备组成的网络就叫互联网。所以，即使仅有两台机器，不论用何种技术使其彼此通信，也叫互联网。因特网是由上千万台设备组成的互联网，它使用TCP/IP协议让不同的设备可以彼此通信。但使用TCP/IP协议的网络并不一定是因特网，一个局域网也可以使用TCP/IP协议。

1.2.4 因特网的主要特性

因特网的主要特性主要表现为以下几个方面。

（1）因特网采用分组交换技术。

分组交换技术（Packet switching technology）也称包交换技术，是将用户传送的数据划分成一定长度的部分，每个部分叫做一个分组，通过传输分组的方式传输信息的一种技术。每个分组的前面有一个分组头，用以指明该分组发往何处的地址，然后由交换机根据每个分组的地址标志，将他们转发至目的地，这一过程称为分组交换。

（2）因特网使用TCP/IP协议。

TCP/IP是Transmission Control Protocol/Internet Protocol的简写，中译名为传输控制协议/因特网互联协议，又名网络通信协议，是因特网最基本的协议，也是国际互联网络的基础，由网络层的IP协议和传输层的TCP协议组成。TCP/IP定义了电子设备如何连入因特网，以及数据如何在它们之间传输的标准。该协议采用了4层的层级结构，上一层呼叫它的下一层所提供的协议来完成自己的需求。通俗而言：TCP负责发现传输的问题，一有问题就发出信号，要求重新传输，直到所有数据安全、正确地传输到目的地。而IP是给因特网的每一台联网设备规定一个地址。

（3）因特网通过路由器将各个网络互联起来。

交换机将各个电脑连起来组成局域网，路由器将各个交换机连起来，也就是将局域网连起来，组成城域网、广域网。

（4）因特网上的每台计算机都必须给定一个唯一的IP地址。

1.2.5 因特网构成

众所周知，因特网是一个十分复杂的网络，可从下述两方面认识它。

1. 因特网逻辑结构

从网络设计者的角度考虑，因特网是由分布在世界各地的计算机网络相互连接而成的全球性的互联网络；从使用者的角度考虑，它是一个信息资源网，图1-4所示为因特网逻辑结构。

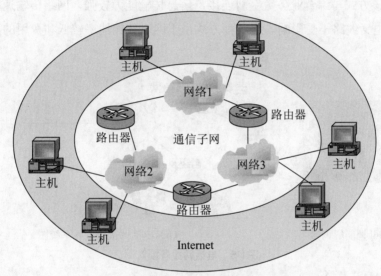

图1-4　因特网逻辑结构

因特网是由大量主机通过连接在单一、无缝的通信系统上而形成的一个全球范围的信息资源网，接入因特网的主机既可以是信息资源及服务的提供者（服务器），也可以是信息资源及服务的消费者（客户机）。

2. 因特网组成

因特网由硬件和软件两大部分组成。

（1）硬件部分主要包括通信线路、路由器和主机等设备。

- 通信线路主要包括有线线路和无线线路两类，通常用"数据传输速率"和"带宽"来衡量通信线路的传输能力；
- 路由器负责路由选择和存储转发，是因特网中最为重要的设备；
- 服务器与客户机：服务器统称为"主机"，是信息的提供者，客户机是信息的消费者。

（2）软件部分主要是指信息资源。信息资源主要包括文本、声音、图像或视频等类型。

1.2.6 因特网的接入方式

因特网的接入按传输介质的不同可以分为电缆接入、光纤接入以及无线接入。

1. 电缆接入

1）通过电话网拨号接入

用户计算机和ISP（Internet Service Provider，因特网服务供应商）的远程访问服务器RAS（Remote access servers）通过调制解调器（Modem，俗称"猫"）与电话网相连，如图1-5（a）所示。

拨号上网是以前使用最广泛的因特网接入方式，主要有两种：个人电脑经过调制解调器，电话线和公用电话网连接，网络传输速率较低，网络传输速率最高为56kbps，且上网过程中不能接打电话；另一种采用ISDN方式，即窄带综合业务数字网，如图1-5（b）所示。该方式与综合业务数字网连接，信息传输能力较强，网络传输速率最高可达128kbps，且电话线路不受影响。这两种方式由于网络传输速率较低和费用的原因，已经快被淘汰了。

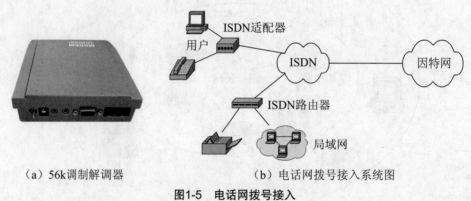

（a）56k调制解调器　　　　（b）电话网拨号接入系统图

图1-5　电话网拨号接入

2）利用ADSL接入

ADSL（Asymmetric Digital Subscriber Line，非对称数字用户线路）是目前常用的一种因特网接入方式，如图1-6所示。

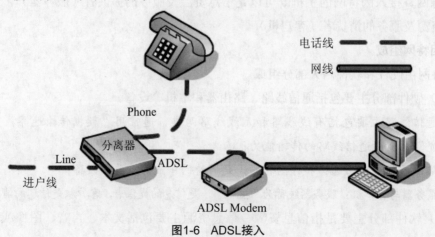

图1-6　ADSL接入

ADSL的非对称性表现在交换局端到用户端（ADSL调制解调器）的下行速率和用户端到交换局端的上行速率不同。高速下行信道向用户传送数据、视频、音频信息及控制、开销信号，在5km的范围内速率一般在1.5 Mbps～9Mbps，低速上行信道包括通向网络的控制开销信号，速率一般在16kbps～640kbps。

ADSL需要的电话线资源分布广泛，具有传输速率高、使用费用低、无须重新布线和建设周期短的特点。

3）混合光纤同轴电缆接入

混合光纤同轴电缆（Hybrid Fiber-Coaxial，HFC）是广电有线网络经常采用的一种接入方式，它采用非对称的数据传输速率，下行速率要大于上行速率。上行速率一般在120Mbps左右，下行速率一般在800Mbps到1000Mbps之间，典型的如图1-7所示。

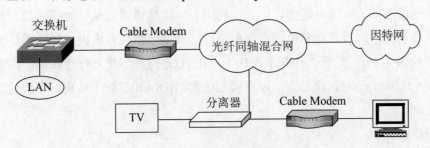

图1-7　HFC接入系统图

HFC接入的特点是速率高，且接入主机可以24小时在线。HFC接入的缺点是它采用共享式的传输方式，HFC网上的用户越多，每个用户实际可使用的带宽就越窄。

4）局域网接入

局域网通过路由器或Modem接入到因特网，通过代理服务器可以满足局域网中每个用户接入因特网的需求，如图1-8所示。用户通过代理服务器上网还可以隐藏自己，不用直接与目标机器打交道，提高了上网安全性。

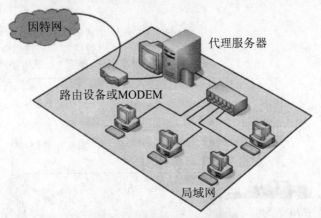

图1-8　局域网接入系统图

2. 光纤接入

光纤接入是指局端与用户之间完全以光纤作为传输媒体，如图1-9所示。光纤接入可以分为有源光接入和无源光接入。光纤用户网的主要技术是光纤传输技术。根据光纤深入用户区域的程度,可分为光纤到路边(Fiber-To-The-Curb,FTTC)、光纤到楼(Fiber to The Building,FTTB)、光纤直接到家庭(Fiber To The Home,FTTH)等。

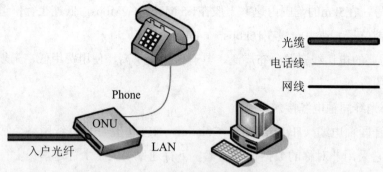

图1-9 光纤接入

光纤通信不同于有线电通信,后者是利用金属媒体传输信号,光纤通信则是利用透明的光纤传输光波。虽然光和电都是电磁波,但频率范围相差很大。一般通信电缆最高使用频率约为10^7Hz,光纤工作频率在10^{14}~10^{15}Hz之间。因此光纤接入能够向用户提供100Mbps~1000Mbps的高速带宽,可直接汇接到CHINANET骨干结点。主要适用于因特网高速互联。

3. 无线接入

无线接入包括3G/4G接入和通过WiFi接入。

1)3G/4G接入

使用具备3G/4G功能的移动电话接入到因特网,下载资料和通话是可以同时进行的。3G/4G具有实时在线、按流量计费、快捷登录、高速传输、自如切换等优点,是移动电话接入因特网的主要技术之一,如图1-10所示。

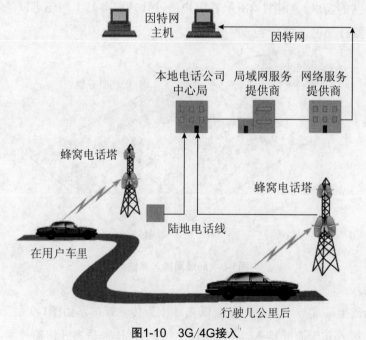

图1-10 3G/4G接入

2）WiFi接入

用户在接入网络的计算机中安装无线网卡，通过接入访问点连接网络，实现数据共享、因特网接入等功能，如图1-11所示。

图1-11　WiFi接入

1.2.7　IPv4协议

1. OSI七层模型

OSI七层模型从下到上分别为物理层、数据链路层、网络层、传输层、会话层、表示层和应用层。

（1）物理层：定义了为建立、维护和拆除物理链路所需的机械的、电气的、功能的和规程的特性，其作用是使原始的数据比特流能在物理媒体上传输。

（2）数据链路层：在物理层提供比特流服务的基础上，建立相邻结点之间的数据链路，通过差错控制提供数据帧（Frame）在信道上无差错的传输，并完成各电路上的动作序列。

（3）网络层：在计算机网络中进行通信的两台计算机之间可能会经过很多个数据链路，也可能还要经过很多通信子网。网络层的任务就是选择合适的网间路由和交换结点，确保数据及时传送。

（4）传输层：是两台计算机经过网络进行数据通信时，第一个端到端的层次，具有缓冲作用。当网络层服务质量不能满足要求时，它将服务加以提高，以满足高层的要求；当网络层服务质量较好时，它只用很少的工作。

（5）会话层：其主要功能是组织和同步不同的主机上各种进程间的通信（也称为对话）。会话层负责在两个会话层实体之间进行对话连接的建立和拆除。

（6）表示层：为上层用户提供共同的数据或信息的语法表示和变换。即提供格式化的表示和转换数据服务。数据的压缩和解压缩，加密和解密等工作都由表示层负责。

（7）应用层：是开放系统互连环境的最高层，为操作系统或网络应用程序提供访问网络服务的接口。应用层协议包括：Telnet、FTP、HTTP、SNMP等。

2. TCP/IP层次模型

TCP/IP的层次模型分为四层。

（1）TCP/IP的最高层相当于OSI七层模型的5～7层，该层中包括了所有的高层协议，如常见的文件传输协议FTP、电子邮件SMTP、域名系统DNS、网络管理协议SNMP、访问WWW的超文本传输协议HTTP等。

（2）TCP/IP的次高层相当于OSI七层模型的传输层，该层负责在源主机和目的主机之间提供端到端的数据传输服务。在这一层中主要定义了两个协议：面向连接的传输控制协议TCP和无连接的用户数据报协议UDP。相对于IP协议，UDP唯一增加的功能是提供协议端口以保证进程通信。许多基于UDP的应用程序在局域网上运行的很好，而一旦到了通信质量较低的互联网环境下，可能根本无法运行，原因就在于UDP不可靠。因此，基于UDP的应用程序必须自己解决可靠性。UDP的优点在于其高效率。因为UDP没有连接过程，对传输不作确认，因此一些对效率要求较高，传输数据量特别小的应用，或者数据量大但是传输信道质量好（如光纤信道），UDP使用的较多。

（3）TCP/IP的第二层相当于OSI七层模型的网络层，该层负责将分组独立地从信源传送到信宿，主要解决路由选择、阻塞控制级网际互联问题。在这一层中定义了互联网协议IP、地址转换协议ARP、反向地址转换协议RARP和互联网控制报文协议ICMP等协议。

（4）TCP/IP的最低层为网络接口层，该层负责将IP分组封装成适合在物理网络上传输的帧格式并发送出去，或将从物理网络接收到的帧卸装并取IP分组递交给高层。这一层与物理网络的具体实现有关，自身并无专用的协议。网络接口层涉及到在通信信道上传输的原始比特流，它提供传输数据所需要的机械、电气性能和过程等手段，提供检错、纠错、同步等措施，使之对网络层显现一条无错线路；并且进行流量调控。TCP/IP协议族如图1-12所示。

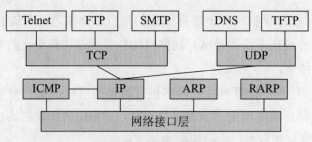

图1-12　TCP/IP协议族

3. IPv4编址

网际协议（IP）的规范是在1982年发布的文件名为RFC791。该规范规定了IP地址的结构，为每个主机和路由器接口提供32位的二进制逻辑地址。

为方便书写及记忆，一个IP地址通常采用用0～255之间的4个十进制数表示，数与数之间用点分开。每一个十进制数都代表32位地址中的八位，即所谓的八位位组，称为点分表示法。

按照原来的定义，IP寻址标准并没有提供地址类，为了便于管理后来加入了地址类的定义。将地址空间分解为数量有限的特大型网络（A类），数量较多的中等网络（B类）和数量非常多的小型网络（C类），每类均规定了网络标识和主机标识在32位中所占的范围。这三类IP地址的表示范围分别为：

A类地址：0.0.0.0～127.255.255.255

B类地址：128.0.0.0～191.255.255.255

C类地址：192.0.0.0～223.255.255.255

另外，还定义了特殊的地址类，D类（用于多点传送）和E类，通常用于试验或研究类。

D类地址：224.0.0.1～239.255.255.254

D类地址第一个字节以"1110"开始，用于多点播送，D类地址称为组播地址，供特殊协议向选定的节点发送信息时用。这些地址并不用于标准的IP地址。相反，D类地址指一组主机，这些主机作为多点传送小组的成员而注册，多点传送小组和电子邮件分配列表类似。

E类地址，如果第1个八位位组的前4位都设置为1111，则表示该地址是一个E类地址。E类地址的范围为240～254，这类地址并不用于传统的IP地址。这个地址类有时候用于实验室或研究。

IP地址分为公有地址和私有地址。公有地址由世界各大地区的权威机构InterNIC（Internet Network Information Center）负责管理和分配，这些IP地址分配给注册并向InterNIC提出申请的组织机构。私有地址（Private address）属于非注册地址，专门为组织机构内部使用，以下列出保留的内部私有地址：

A类 10.0.0.0～10.255.255.255

B类 172.16.0.0～172.31.255.255

C类 192.168.0.0～192.168.255.255

子网掩码是在IP地址的某个网络标识中，可以包含大量的主机（如A类地址的主机标识域为24位、B类地址的主机标识域为16位），而在实际应用中不可能将这么多的主机连接到单一的网络中，这将给网络寻址和管理带来不便。为解决这个问题，可以在网络中引入"子网"的概念。

将主机标识域进一步划分为子网标识和子网主机标识，通过灵活定义子网标识域的位数，可以控制每个子网的规模。将一个大型网络划分为若干个既相对独立又相互联系的子网后，网络内部各子网便可独立寻址和管理，各子网间通过跨子网的路由器连接，这样也提高了网络的安全性。

子网掩码中的二进制位构成了一个过滤器,利用子网掩码可以判断两台主机是否在同一子网中。子网掩码与IP地址一样也是32位二进制数,不同的是它的子网主机标识部分为全"0"。若两台主机的IP地址分别与它们的子网掩码相"与"后的结果相同,则说明这两台主机在同一网中。

MAC(Medium/Media Access Control)地址,是厂商生产的网络设备的物理地址,对于每一台设备是唯一的,该地址定义了计算机间的网络连接,通常记录在网络接口卡上的硬件上。

ARP即地址解析协议,其任务是把IP地址转化成物理地址,这样做,就消除了应用程序需要知道物理地址的必要性。

MAC地址绑定可以防止内部IP地址被非法盗用,增强网络安全。当绑定机器要发送数据包的时候,接收数据包的设备如果检测到IP与对应的MAC地址不相符就会自动丢弃该数据包。

网络层设备(例如路由器等)使用网络地址来代表本网段内的主机,大大减少了路由器的路由表条目。

带子网划分的编址。对于没有子网的IP地址组织,外部将该组织看作单一网络,不需要知道内部结构。例如,所有到地址172.16.X.X的路由被认为同一方向,不考虑地址的第3和第4个八位分组,这种方案的好处是减少路由表的项目。但这种方案没办法区分一个大的网络内不同的子网网段,这使网络内所有主机都能收到在该网络内的广播,会降低网络的性能,另外也不利于管理。

1.2.8　IPv6协议

1. IPv6协议的产生

IPv6是互联网工程任务组(Internet Engineering Task Force,IETF)设计的用于替代现行的IP协议IPv4的下一代IP协议,IPv6的地址由128位二进制数表示。IPv4使用了32位地址,理论上可以容纳43亿个不同的地址。但采用A、B、C三类编址方式后,可用的网络地址和主机地址的数目大打折扣,以至IP地址已于2011年2月3日就分配完毕。对于IP地址的分配,其中北美占3/4,约30亿个,而人口最多的亚洲只有不到4亿个,自2011年开始我国IPv4地址总数基本维持不变。中国互联网络信息中心(CNNIC)发布《第37次中国互联网络发展状况统计报告》指出,截至2015年12月,我国IPv4的地址数量为3.37亿个,拥有IPv6地址20594块/32。IP地址不足,严重地制约了中国及其他国家互联网的应用和发展。要解决IP地址耗尽的问题有3个措施。

(1)采用无类别域间路由编址(Classless Inter-Domain Routing,CIDR),使IP地址的分配更加合理。

(2)采用网络地址转换NAT方法以节省全球的IP地址。

(3)采用具有更大地址空间的新版本的IP协议IPv6。

IPv4是一个非连接的协议,即独立地传输每个信息分组报文,报文中指定起始地址和目的地址,其目标是尽力传送每个分组报文。每个分组报文既没有标记为属于哪个流,或哪个连接,也没有进行编号。尽力传送的非连接的IPV4协议的优点是实现容易,开销小,缺点是难以有效地支持服务质量(Quality of Service,QoS)。为了克服IPv4这些缺点,在IPv6中,网际协议修改了很多。

(1)IPv6采用128位编码,相对于IPv4,增加了296倍的地址空间。按保守方法估算IPv6实际可分配的地址,整个地球的每平方米面积上仍可分配1000多个地址。这样几乎可以不受限制地提供IP地址,从而确保了端到端连接的可能性。表1-1给出IPv4和IPv6的可用地址空间。与IPv4一样,IPv6一样会造成一定数量的IP地址浪费,因此准确地说,使用IPv6的网络并没有$2^{128}-1$个能充分利用的地址。

表1-1 IPv4和IPv6的可用地址空间

IP版本	可用地址空间
IPv4	4,294,967,296
IPv6	340,282,366,920,938,463,607,431,768,211,456

如果说IPv4实现的只是人机对话,那么IPv6则扩展到任意事物之间的对话。IPv6不仅可以为人类服务,还将服务于众多的硬件设备,它将是无时不在,无处不在的深入社会每个角落实现物联网的核心技术之一。

(2)IPv6使用更小的路由表。IPv6的地址分配一开始就遵循聚类(Aggregation)的原则,这使得路由器能在路由表中用一条记录(Entry)表示一片子网,大大减小了路由器中路由表的长度,提高了路由器转发数据包的速度。

(3)IPv6增加了增强的组播(Multicast)支持以及对流的支持(Flow Control),这使得网络上的多媒体应用有了长足发展的机会,为服务质量(QoS)控制提供了良好的网络平台。

(4)IPv6加入了对自动配置(Auto Configuration)的支持。这是对DHCP协议的改进和扩展,使得网络(尤其是局域网)的管理更加方便和快捷。

(5)IPv6具有更高的安全性。在使用IPv6网络中用户可以对网络层的数据进行加密并对IP报文进行校验,极大的增强了网络的安全性。

(6)IPv6支持长期演进。

2. IPv6编址

1)地址表达方式

IPv6采用128位二进制数来表示一个IP地址,IPv6中取消了广播地址。

IPv6地址用X:X:X:X:X:X:X:X来表示,其中X是一个4位十六进制数。由于地址太长,IPv6地址允许用"空隙"来表示一长串零,也称为零压缩(zero compression)法,即一连串连续的零可以用一对冒号来代表。如2000:0:0:0:0:0:0:1等同于2000::1;再如0:0:0:0:0:0:128.10.2.1可用::128.10.2.1来表示。

2）地址种类

IPv6 数据报的目的地址可以是以下三种基本类型地址之一：单播（unicast），就是传统的点对点通信；多播（multicast），是一点对多点的通信；任播（anycast），这是IPv6 增加的一种类型，任播的目的站是一组计算机，但数据报在交付时只交付其中的一个，通常是距离最近的一个。IPv6 将实现 IPv6 的主机和路由器均称为"结点"。IPv6地址是分配给结点上面的接口，一个接口可以有多个单播地址。一个结点接口的单播地址可用来唯一地标志该结点。IPv6 将128 位地址空间分为两大部分：第一部分是可变长度的类型前缀，它相当于IPv4地址中的网络地址。第二部分是地址的其余部分，其长度也是可变的，标识单个接口或一组接口，如图1-13所示。

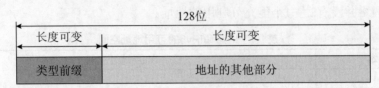

图1-13　IPv6地址空间分配

内嵌IPv4地址格式。为了实现与IPv4的兼容，便于IPv4升级和平滑过渡，IPv6定义了内嵌IPv4的地址格式。前缀为0000 0000是保留一小部分地址与IPv4 兼容的，这是因为必须要考虑到在比较长的时期内IPv4和IPv6将会同时存在，而有的结点不支持 IPv6。因此数据报在这两类结点之间转发时，就必须进行地址的转换，如图1-14所示。

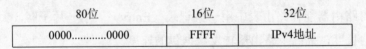

图1-14　IPv4映射的IPv6地址

1.2.9　IPv4向IPv6过渡

IPv4嵌入到TCP/IP组件的许多层和许多应用程序中。如果实现到IPv6的切换，那么使用IP的各个应用、驱动程序和TCP栈不得不进行改变。这会涉及到成百上千的变化，牵扯到数以百万行代码的改动。这么多的生产商。不可能在一个特定的时间范围内改变它们的代码。这也意味着IPv4和IPv6必定会共存相当一段时间。IETF已经设计了三种策略使过渡时期更加平滑，分别是双协议栈、隧道技术与首部转换。IETF推荐，在所有的主机完全过渡到IPv6之前，要使用双协议栈。换言之，一个站点必须同时运行IPv4和IPv6，直到整个的因特网都使用IPv6。当两个使用IPv6的计算机彼此要通信，但其分组要通过使用IPv4的区域时，就要使用隧道技术这种策略。要通过这样的区域，分组就必须具有IPv4地址，因此当进入这种区域时IPv6分组要封装成IPv4分组，而当分组离开这个区域时再去掉这个封装，为了清楚地表示IPv4分组携带了IPv6分组，其协议值被置为41。当因特网的大部分系统已经过渡到IPv6但某些系统仍使用IPv4时，首部转换就成为必要的。发送端希望使用IPv6，但接收端不能识别IPv6，这种情况使隧道技术无法工作，因为这个分组必须是IPv4格式才能被接收端识别。

1.3 云计算

云计算的概念是Google公司于2006年正式提出来的，云计算的目的就是把计算能力变成像水电等公共服务一样，随用随取，按需使用。目前业内对云计算还没有特别统一的定义，根据美国国家标准技术研究院（NIST）的定义，云计算是一种新型模式，它将计算任务分布在大量计算机构成的资源池上，使各种应用系统能够根据需要获取计算能力、存储空间和信息服务。

云计算（Cloud Computing）是网格计算（Grid Computing）、分布式计算（Distributed Computing）、并行计算（Parallel Computing）、效用计算（Utility Computing）、网络存储（Network Storage Technologies）、虚拟化（Virtualization）、负载均衡（Load Balance）等传统计算机和网络技术发展融合的产物。简言之，云计算将计算任务分布在大量计算机构成的资源池上，使各种应用系统能够根据需要获取计算能力、存储空间和信息服务。

1.3.1 云计算技术特点

云计算技术有如下的特点。
- 弹性服务：服务规模可快速伸缩，以自动适应业务负荷变化。
- 资源池化：资源以共享资源池的方式统一管理。利用虚拟化技术，将资源分享给用户，资源的放置、管理与分配策略对用户透明。
- 按需服务：以服务的形式为用户提供应用程序、数据存储、基础设施等资源，并可以根据用户需求，自动分配资源。
- 服务计费：可根据资源的使用情况对服务计费。
- 泛在接入：用户可以利用各种终端设备随时随地通过网络来访问云服务。

1.3.2 云计算基本构架

云计算的核心是将计算资源、存储资源、网络资源以虚拟化和自动化的方式通过网络来呈现，但是除了技术实现手段外，云计算更多地体现为一种商业模式。从用户体验角度出发，云计算具有由基础设施提供的服务（Infrastructure as a Service，IaaS）、由平台提供的服务（Plantform as a Service，PaaS）以及由软件提供的服务（Software as a Service，SaaS）三种服务模式，它们之间的关系如图1-15所示。

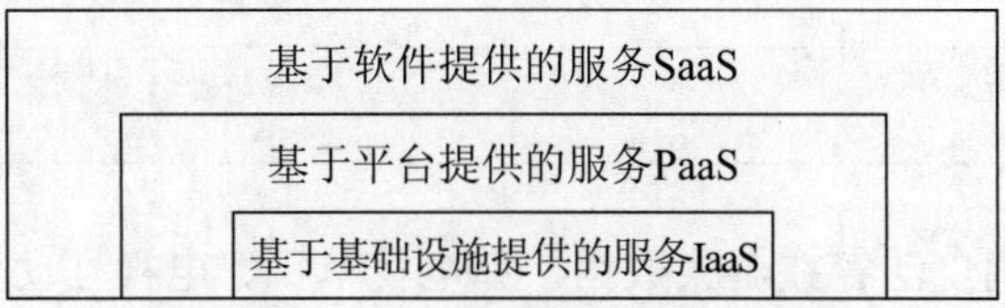

图1-15 云计算服务模式示意图

- IaaS：基础设施即服务，提供了整个信息处理的基础架构，包括计算资源、存储资源、网络资源等基础的云服务，典型应用是Salesforce online CRM。
- PaaS：平台即服务，提供了可弹性调度的平台服务层，为不同业务应用提供标准化的应用工具和服务，类似于操作系统层次的服务与管理，典型应用是Google AppEngine。
- SaaS：软件即服务，提供了面向业务的系统化解决方案，就是我们所熟悉的软件即服务。事实上SaaS的概念的出现要早于云计算，只不过云计算的出现让原来的SaaS找到了自己更加合理的位置。本质上，SaaS的理念是：有别于传统的许可证付费方式（比如购买Windows Office），SaaS强调按需使用付费。典型应用是Amazon AWS。

1.3.3 云计算核心技术

云计算的核心技术是虚拟化，所谓虚拟化是将硬件、操作系统和应用程序一同装入到一个可迁移的虚拟机档案文件中。

虚拟化前软件必须与硬件相结合，每台计算机上只有单一的操作系统镜像，每个操作系统只有一个应用程序负载，虚拟化后每台计算机上有多个负载，软件相对于硬件独立，如图1-16所示。

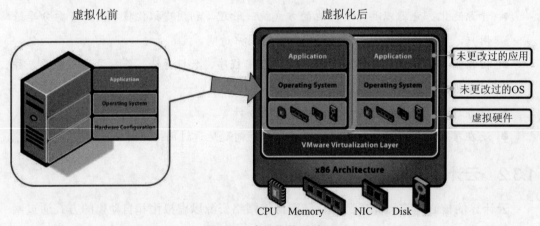

图1-16　虚拟化前后对比

云计算以虚拟化为基础，采用分布式计算和存储，结合优化的硬件，通过集群化运维管理系统，实现计算、存储、网络等资源的动态分配及部署，真正实现"按需取用"。虚拟化能通过资源共享和分时共享技术提高系统资源的利用率。

1.4 大数据

在广电传媒领域内广泛存在着大数据，如电视节目、电视互动业务、用户流动分析中的应用等方面。下面介绍一下有关大数据的基本知识。

1.4.1 大数据定义

大数据指无法在可承受的时间范围内用常规软件工具进行捕捉、管理和处理的数据集合，是需要新处理模式才能具有更强的决策力、洞察发现力和流程优化能力的海量、高增长率和多样化的信息资产。

在维克托·迈尔-舍恩伯格及肯尼斯·库克耶编写的《大数据时代》中，大数据是指不用随机分析法（抽样调查）这样的捷径，而采用对所有的数据进行分析处理。大数据的4V特点：Volume（海量）、Velocity（高时效）、Variety（多样）、Veracity（真实性），如图1-17所示。

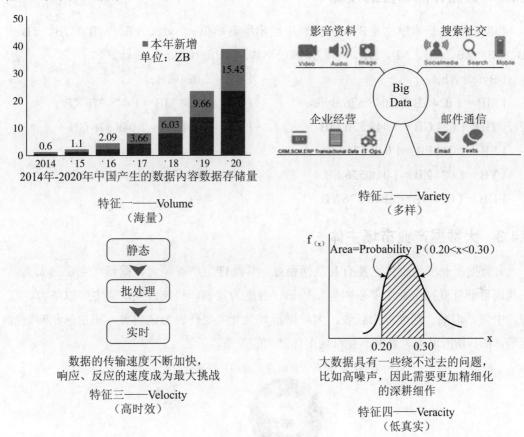

图1-17 大数据的特点

- Volume（海量）。根据IDC作出的估测，数据一直都在以每年50%的速度增长，也就是说每两年就增长一倍（大数据摩尔定律）。这意味着人类在最近两年产生的数据量相当于之前产生的全部数据量，预计到2020年，全球将总共拥有35ZB的数据量，相较于2010年，数据量将增长近30倍。
- Velocity（高时效）。从数据的生成到消耗，时间窗口非常小，可用于生成决策的时间非常少。

每秒钟，人们发送290万封电子邮件；每分钟像Youtube上传60小时视频；每天在

Twitter发送1.99亿条微博，3.44亿条消息；每天在Facebook发出40亿条信息。
- Variety（多样性）。大数据是由结构化和非结构化的数据组成，其中有10%的结构化数据，和90%的非结构化数据。它们与人类信息密切相关，非结构化数据类型多样，主要有：邮件、视频、微博；位置信息、链接信息；手机呼叫、网页点击以及长微博等。
- Veracity（真实性）。价值密度低，商业价值高。以视频为例，在连续不间断地监控过程中，可能有用的数据仅仅有一两秒，但是却具有很高的商业价值。

1.4.2 数据存储单位的换算

数据的最小基本单位是Byte，按顺序给出所有单位：Byte、kB、MB、GB、TB、PB、EB、ZB、YB、NB、DB。它们按照进率1024（2的10次方）来计算。

1 Byte = 8 bit

1 KB = 1 024 Bytes

1 MB = 1 024 kB = 1 048 576 Bytes

1 GB = 1 024 MB = 1 048 576 KB

1 TB = 1 024 GB = 1 048 576 MB

1 PB = 1 024 TB = 1 048 576 GB

1 EB = 1 024 PB = 1 048 576 TB

1 ZB = 1 024 EB = 1 048 576 PB

1 YB = 1 024 ZB = 1 048 576 EB

1 NB = 1 024 YB = 1 048 576 ZB

1 DB = 1 024 NB = 1 048 576 YB

1.4.3 大数据产业市场主体

大数据产业市场主体主要有互联网企业、传统IT生产商和大数据新兴企业三大类。在我国目前互联网企业主要以阿里、腾讯、百度为代表，传统IT生产商主要以华为、联想、中兴、浪潮、曙光等为代表，大数据新兴企业主要代表为亿赞普、拓尔思和海量数据等。图1-18所示为大数据产业市场主体之间的关系。

图1-18 大数据产业市场主体之间的关系

1.4.4 大数据的特点

大数据的特点主要表现在以下几个方面。

- 多源异构：描述同一主题的数据由不同的用户、不同的网站产生。网络数据有多种不同的呈现形式，如音视频、图片、文本等，导致网络数据格式上的异构性。
- 交互性：不同于测量和传感获取的大规模科学数据，微博等社交网络的兴起导致大量网络数据具有很强的交互性。
- 时效性：在网络平台上，每时每刻都有大量新的网络数据发布，网络信息内容不断变化，导致了信息传播的时序相关性。
- 社会性：网络上用户根据自己的需要和喜好发布、回复或转发信息，因而网络数据成了对社会状态的直接反映。
- 突发性：有些信息在传播过程中会在短时间内引起大量新的网络数据与信息的产生，并使相关的网络用户形成网络群体，体现出网络大数据以及网络群体的突发特性。
- 高噪声：网络数据来自于众多不同的网络用户，具有很高的噪声。

1.4.5 大数据技术

大数据需要特殊的技术，主要包括大规模并行处理（MPP）数据库、数据挖掘网络、分布式文件系统、分布式数据库、云计算平台、互联网和可扩展的存储系统。

大数据技术分为整体技术和关键技术两个方面。

1. 整体技术

整体技术主要有数据采集、数据存取、基础架构、数据处理、统计分析、数据挖掘、模型预测和结果呈现等。

2. 关键技术

大数据处理关键技术一般包括：大数据采集、大数据预处理、大数据存储及管理、大数据分析及挖掘、大数据展现和应用（大数据检索、大数据可视化、大数应用、大数据安全等）。

（1）大数据采集技术：数据采集是通过RFID射频技术、传感器以及移动互联网等方式获得的各种类型的结构化及非结构化的海量数据。大数据采集一般分为大数据智能感知层和基础支撑层。

- 大数据智能感知层：主要包括数据传感体系、网络通信体系、传感适配体系、智能识别体系及软硬件资源接入系统。实现对结构化、半结构化、非结构化的海量数据的智能化识别、定位、跟踪、接入、传输、信号转换、监控、初步处理和管理等。必须着重攻克针对大数据源的智能识别、感知、适配、传输、接入等技术。
- 基础支撑层：提供大数据服务平台所需的虚拟服务器，结构化、半结构化及非结构化数据的数据库及物联网络资源等基础支撑环境。重点攻克分布式虚拟存储技术，大数据获取、存储、组织、分析和决策操作的可视化接口技术，大数据的网络传输与压缩技术，大数据隐私保护技术等。

（2）大数据预处理技术：大数据预处理主要完成对已接收数据的抽取、清洗等操作。

- 抽取：因获取的数据可能具有多种结构和类型，数据抽取过程可以将这些复杂的数据转化为单一的或者便于处理的构型，以达到快速分析处理的目的。
- 清洗：对于大数据，并不全是有价值的，有些数据并不是我们所关心的内容，而另一些数据则是完全错误的干扰项，因此要对数据通过过滤"去噪"从而提取出有效数据。

（3）大数据存储及管理技术：大数据存储与管理要用存储器把采集到的数据存储起来，建立相应的数据库，并进行管理和调用。要解决大数据的可存储、可表示、可处理、可靠性及有效传输等几个关键问题。

（4）大数据分析及挖掘技术：数据分析及挖掘技术是大数据的核心技术。主要是在现有的数据上进行基于各种预测和分析的计算，从而起到预测的效果，满足一些高级别数据分析的需求。数据挖掘就是从大量的、不完全的、有噪声的、模糊的、随机的实际数据中，提取隐含在其中的、人们事先不知道的但又是潜在有用的信息和知识的过程。

（5）数据展现和应用：大数据技术能够将隐藏于海量数据中的信息挖掘出来，从而提高各个领域的运行效率。在我国，大数据重点应用于以下三大领域：商业智能、政府决策和公共服务。

1.4.6 大数据的媒体应用

大数据在媒体中的应用，主要有以下几种方式。

1. 大数据可能改变新闻采编方式

记者只要在采访过程中随时录下所需的音频数据，并且在音频数据末尾输入特殊的"符号"。其后通过专业的数据抓取平台提取相关数据并加以分析，由计算机后台按照一定的编写模式撰写稿件，在得到记者确认后提交给稿件库。

2. 大数据挖掘提升媒体信息的二次价值

所谓二次价值主要涉及两方面：其一，指对数据的重复使用所能产生的额外的经济效益；其二，指在对数据的二次利用过程中产生的对整个媒体的战略布局等产生深刻影响的作用。

信息的二次利用最易产生经济利益的方式就是授权其他媒体进行转发，但在目前知识产权保护不完善的情况下，这种二次利用的价值不高。信息二次利用的真正价值在于通过对庞大的数据进行分析、整合，从而预测出市场走向。

3. 大数据促进纸质媒体、网络平台融合

纸质媒体作为一种以文字为载体的传播媒介，有着可以保存、流传的特征，便于对数据进行分析，实现价值的二次挖掘。但由于大数据时代是建立在以云计算等数据大存储量的基础之上发展起来的，纸质媒体假如希望自身的数据能够得到大量地、快捷地分析和利用，首先应该完成由传统编辑平台向"电子平台"的转变。然后利用电子平台的大数据分析能力对新闻事件进行分析和预测。

对于网络媒体而言，虽然可在网络平台获取海量数据，但信源的不可靠性严重阻碍其在大数据时代的发展。而报纸媒体虽然近几年来遭受公信力下降的诟病，但与网络媒体相比，其数据的可靠性仍处在较高水平。

4. 大数据促进电视台、网络平台融合

电视媒体虽然具有强烈的画面冲击感以及新闻的时效性等天然优势，但近几年随着网络视频的发展，逐渐出现了收视率、广告量下降的趋势。在大数据时代的发展前景下，在媒体行业内或许电视媒体受到的冲击最大，因此，电视媒体谋求与网络媒体的融合发展势在必行。

有些电视台已经预见到大数据时代电视台的转型势在必行，正在摸索"多屏融合"的合作方式，即电视机、计算机、手机等平台相互合作，进行视频资源的共享。

1.5 虚拟现实

虚拟现实技术又称"灵境技术""虚拟环境""赛伯空间"，英文为Virtual Reality，简称VR技术。

1.5.1 虚拟现实定义

虚拟现实技术是一种综合应用计算机图形学、人机接口技术、传感器技术以及人工智能等技术，制造出逼真的人工模拟环境，并能有效地模拟人在自然环境中的各种感知的高级的人机交互技术。

虚拟现实系统包含操作者、机器、软件及人机交互设备四个基本要素。其中机器是指安装了适当的软件程序，用来生成用户能与之交互的虚拟环境的计算机，其中存有大量图像和声音的数据库。人机交互设备则是指将虚拟环境与操作者连接起来的传感与控制装置。人机交互设备将视觉、听觉、触觉、味觉、嗅觉等各种感官刺激传达给操作者，使人的意识进入到虚拟世界。目前已经开发出来的，在视觉方面有头盔式立体显示仪等，如图1-19（a）所示；听觉方面有立体音响；触觉、位置感方面有"数据手套""数据服装"等，如图1-19（b）所示，以及一些语音识别，眼球运动检测等装置，未来还会开发出模拟味觉和嗅觉的设备，那时虚拟现实将更加逼真。

（a）数据头盔　　　　　　　　（b）数据手套

图1-19　人机交互设备

1.5.2　基本特征

美国科学家Burdea G.和Philippe Coiffet在1993年世界电子年会上发表了一篇题为 *Virtual Reality System Application*（虚拟现实系统与应用）的文章，在该文中提出一个"虚拟现实技术的三角形"，它表现出虚拟现实技术具有的三个突出特征：沉浸感（Immersion）、交互性（Interaction）、构想性（Imagination），这就是虚拟现实的3I特性，如图1-20所示。

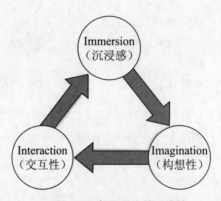

图1-20　虚拟现实的3I特性

- 沉浸感（Immersion）：又称临场感，指用户感到作为主角存在于模拟环境中的真实程度。
- 交互性（Interaction）：指参与者对虚拟环境内物体的可操作程度和从环境中得到反馈的自然程度。
- 构想性（Imagination）：指用户沉浸在多维信息空间中，依靠自己的感知和认知能力全方位获取知识，发挥主观能动性，寻求解答，形成新的概念。

此外一些学者还提出了多感知性（Multi-Sensory），它是指除了一般计算机技术所具有的视觉之外，还有听觉、力觉、触觉、运动感，甚至包括味觉、嗅觉等。

1.5.3　系统构成和实现过程

1. 系统构成

任何虚拟现实系统的构成都可以划分为6个功能模块，如图1-21所示。

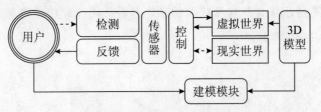

图1-21 虚拟现实系统的构成

- 检测模块：检测用户的操作命令，并通过传感器模块作用于虚拟环境。
- 反馈模块：接受来自传感器模块的信息，为用户提供实时反馈。
- 传感器模块：一方面接受来自用户的操作命令，将其作用于虚拟环境，另一方面将操作后产生的结果以相应的反馈形式提供给用户。
- 控制模块：对传感器进行控制，使其对用户、虚拟环境和现实世界产生作用。
- 3D模型库：现实世界各组成部分的三维表示，并由此构成对应的虚拟环境。
- 建模模块：获取现实世界各组成部分的三维数据，并建立它们的三维模型。

2. 实现过程

虚拟现实利用计算机技术生成逼真的、具备视、听、触、嗅、味等多种感知的虚拟环境。它借助于计算机生成一个三维空间，通过将用户置身于该环境中，借助轻便的多维输入输出设备（如跟踪器、头盔显示器、眼跟踪器、三维输入设备和传感器等）和高速图形计算机，并根据由此而产生的一种身临其境的感觉，去感知和研究客观世界的变化规律。

1.5.4 技术优点

虚拟现实的技术优点主要表现在以下两个方面。

- 虚拟现实的技术实质在于提供一种高级的人机接口。虚拟现实技术改变了人与计算机之间枯燥、生硬和被动的现状，给用户提供了一个趋于人性化的虚拟信息空间。
- 虚拟现实的出现，使人们从纷繁复杂的数据中解放出来，这种形式是传统表现方式所无法比拟的，它给人们提供了一个崭新的信息交流平台。

1.5.5 支撑技术

虚拟现实的支撑技术有计算机图形学、人工智能、人工交互技术和传感技术。它们之间的关系如图1-22所示。

- 计算机图形学是一种使用数学算法将二维或三维图形转化为计算机显示器的栅格形式的科学。
- 人工智能是研究、开发用于模拟、延伸和扩展人的智能的理论、方法、技术及应用系统的一门新的技术科学。
- 人工交互技术是指通过计算机输入、输出设备，以有效的方式实现人与计算机对话的技术。

- 传感技术是关于从自然信源获取信息，并对之进行处理和识别的一门多学科交叉的现代科学与工程技术。

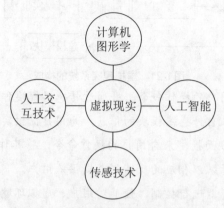

图1-22　虚拟现实支撑技术之间的关系

1.5.6　关键技术

虚拟现实的关键技术主要涉及下述几个方面。

1. 建模技术

虚拟环境建模的目的在于获取实际三维环境的三维数据，并根据其应用的需要，利用获取的三维数据建立相应的虚拟环境模型。

虚拟环境的建模是整个虚拟现实系统建立的基础，主要包括三维视觉建模和三维听觉建模。视觉建模包括几何建模、运动建模、物理建模和对象行为建模。

1）几何建模技术

几何建模描述了虚拟对象的形状（多边形、三角形、顶点和样条）以及它们的外观（表面纹理、表面光强度和颜色）。

几何模型一般可分为面模型和体模型两类。面模型用面片来表现对象的表面，其基本几何元素多为三角形；体模型用体素来描述对象的结构，其基本几何元素多为四面体。

几何建模通常采用的方法有人工的几何建模和自动的几何建模方法。人工方法主要是利用软件进行人工设定和导入，其工作量大，效率低；自动几何建模主要通过三维数字化仪进行自动扫描，其工作效率相对高，如图1-23所示为使用Polhemus FastScan 3D扫描仪自动建立几何建模。

（a）原始状态　　　（b）数据处理后的模型

图1-23　Polhemus FastScan 3D扫描仪自动建立几何建模

完成几何建模后接下来就是照亮场景，使得对象能够看得见。场景的光照可分为局部光照和整体光照。局部光照常用方法有Gouraud明暗处理和基于法向量插值的Phong明暗处理。整体光照模型中采用的一种方法是模拟对象的辐射度。

纹理映射是在图形流水线的光栅化阶段执行的一种技术，其目的是更改对象模型的表面属性，如颜色、漫反射率和像素法向量等。

2）物理建模技术

虚拟现实系统的物理建模是基于物理方法的建模。典型的物理建模方法有分形技术和粒子系统等。

- 分形技术可以描述具有自相似特征的数据集。自相似结构可用于复杂的不规则外形物体的建模。该技术首先被用于河流和山体的地理特征建模。
- 粒子系统由大量称为粒子的简单体素构成，每个粒子具有位置、速度、颜色和生命周期等属性，这些属性可根据动力学计算和随机过程得到。粒子系统常用于描述火焰、水流、雨、雪、旋风、喷泉等现象。

3）运动建模技术

对象位置包括对象的移动、旋转和缩放。在VR中，不仅要设计绝对的坐标系统，还要涉及每一个对象相对的坐标系统。碰撞检测是VR技术的一个重要技术，在运动建模中经常使用。

4）对象行为建模技术

对象行为建模是处理物体的运动和行为的描述，使虚拟环境随位置、碰撞、缩放和表面变形等变化而动态产生的变化。

其建模方法主要有基于数值插值的运动学方法与基于物理的动力学仿真方法。

- 运动学方法是指通过几何变换如物体的平移和旋转等来描述运动。例如在三维计算机动画中，常利用插值方法产生中间帧。另一种动画设计方法是用户给定物体运动的轨迹样条，由样条来驱动动画。
- 动力学仿真中一个重要的问题是对运动的控制。常见的控制方法有预处理方法与约束方法。

2. 场景调度技术

场景调度的目标是在不降低场景显示质量的情况下，尽量简化场景物体的表示，以减少渲染场景的算法时间，降低空间复杂度，并同时减少绘制场景物体所需的设备资源和处理时间。

- 基于场景图的管理。场景图是一种将场景中的各种数据以图的形式组织在一起的场景数据管理方式。
- 基于绘制状态的场景管理的基本思路是把场景物体按照绘制状态分类，对于相同状态的物体只设置一次状态并始终保存当前状态列表。
- 基于场景包围体的场景组织。对单个物体建立包围体（Bounding Volume），再在包围体的基础上对场景建立包围盒层次树（Bounding Volume Hierarchy），形成场景的一种优化表示。
- 场景绘制的几何剖分技术。几何剖分技术是将场景中几何物体通过层次性机制组织起来，灵活使用，快速剔除层次树的整个分支，并加速碰撞检测过程。

3. 碰撞检测技术

碰撞检测技术的基本任务是确定两个或多个物体彼此之间是否有接触或穿透，并给出相交部分的信息。碰撞检测技术是随着人们对场景真实性的要求而逐步发展的，只要场景中两个物体在移动就必须判断是否会与其他物体相接触。碰撞检测技术分为面向凸体的碰撞检测、基于一般表示的碰撞检测、基于层次包围体树的碰撞检测和基于图像空间的碰撞检测。

1）面向凸体的碰撞检测

面向凸体的碰撞检测算法大体又可分为基于特征的碰撞检测算法和基于单纯形的碰撞检测算法两类。

- 基于特征的检测算法主要是通过判别两个多面体的顶点、边和面之间的相互关系，并进行相交检测。所有基于特征的方法基本上都源自于Lin-Ganny算法，但是该算法无法判断是否刺穿，更不能求出刺穿深度。
- 面向单纯形的碰撞检测算法又称为GJK算法，这类算法除了可以检测出两物体是否相交外，还能返回刺穿深度。

2）基于一般表示的碰撞检测

面向不同的模型表示方法，人们研究出了针对于特定的具体模型的算法，例如CSG表示模型、面向参数曲面、面向体表示模型等。

3）基于层次包围体树的碰撞检测

物体的层次包围体树可以根据其所采用包围体类型的不同来加以区分，主要包括层次包围球树、AABB层次树、OBB层次树、k-dop层次树、QuOSPO层次树以及混合层次包围体树。

4）基于图像空间的碰撞检测

该技术是通过移动图形硬件的剪裁平面，判断平面上的每个像素是否同时在两个实体之内来确定物体是否相交。

4. 特效技术

常用的特效技术可以分为三大类：过程纹理模型、基于分形（fractal）理论的算法模型与基于动态随机生长原理的算法模型。

5. 交互技术

传统的人机交互设备仅仅是鼠标键盘，情景不会随着人们的主观意志而转移。随着科技的发展和人们对人机交互的更高要求，人机交互技术得到了迅猛发展。近年来，数字头盔、数字手套等复杂传感设备应运而生，为人们带来了意想不到的惊喜。现在我们可以走进场景，化虚为实，将自己与虚拟场景融为一体。三维交互技术与语音识别、语音输入技术都成为重要的人机交互手段。

1.5.7 虚拟现实系统的分类

虚拟现实系统可分为增强式虚拟现实系统和分布式虚拟现实系统。

1. 增强式虚拟现实系统

增强式虚拟现实系统是把真实环境和虚拟环境组合在一起的一种系统。它既允许用户看到真实世界，同时也可以看到叠加在真实世界的虚拟对象。这种系统既可减少对构成复杂真实环境的计算，又可对实际物体进行操作，真正达到亦真亦幻的境界。图1-24为增强式虚拟现实系统工作框图。

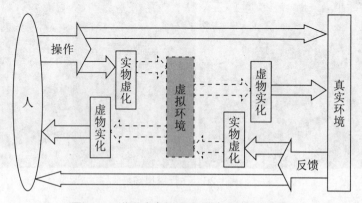

图1-24 增强式虚拟现实系统系统工作框图

增强式虚拟现实系统的应用领域主要为维修、医学检查、培训等，存在的主要问题是虚实一致性还不够协调。

2. 分布式虚拟现实系统

分布式虚拟现实系统是利用远程网络，将异地的不同用户联结起来。多个用户通过网络同时参加到一个虚拟空间中，共同体验虚拟经历。对同一虚拟世界进行观察和操作，达到协同工作的目的，从而将虚拟现实的应用提升到了一个更高的境界。图1-25为分布式虚拟现实系统工作框图。

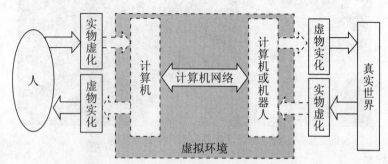

图1-25 分布式虚拟现实系统工作框图

分布式虚拟现实系统具有遥在性，即真实世界与操作人员相隔两地，主要应用领域为远程手术，远程探测等。

1.5.8 应用领域

虚拟现实技术作为一项新的技术，将对人们的生活、工作产生重大的影响，如飞行模拟、医学虚拟、战场虚拟等。

1. 飞行模拟

飞行模拟是虚拟现实技术应用的先驱。通过模拟器训练飞行员是一条有效的途径。同时，飞行模拟器可以作为一种试验床，对飞机的操纵性、稳定性和机动性进行测试和评定，较容易分析飞机气动参数的修改对飞行品质的影响，图1-26为虚拟现实在航天飞行中的应用。

图1-26 飞行模拟场景

2. 医学方面

虚拟现实可以用于教学、复杂手术过程的规划、在手术过程中提供操作和信息上的辅助、预测手术结果等。此外，远程医疗服务也是一个很有潜力的应用领域。也可以用于医学心理学，尤其是在与心理失调有关的恐惧和忧虑疾病方面，如图1-27所示。

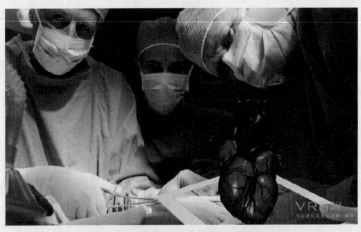

图1-27 虚拟现实应用于医学方面

3. 虚拟战场

虚拟战场既通过建立虚拟战场环境来训练军事人员，同时又可以通过虚拟战场来检查和评估武器系统的性能，如图1-28所示。

图1-28 虚拟战场

4. 电影电视

Sid Lee Collective为我们带来了一部特别的电影——11：57，如图1-29所示。这部电影很简短，但是，它是一部恐怖题材的虚拟现实电影，给观众带来了不同寻常的体验。为了拍摄出360度的视觉效果，他们特意制作了器材，使用了6台GoPro HERO3+相机。

图1-29 虚拟现实应用于电影电视

5. 娱乐游戏

如家庭中的桌面游戏，公共场所的各种仿真等。目前基于虚拟现实技术的游戏主要有驾驶型游戏、作战型游戏和智力型游戏三类，如图1-30所示。

图1-30 虚拟现实应用于娱乐游戏

1.6 未来的媒体技术

未来的媒体技术有下一代网络技术、光传输技术以及纳米技术。它们的主要应用在网络技术的全业务运营、虚拟桌面、增强现实、手机网络游戏、人机互动以及光传输的视频网站、电子商务、纳米技术之直播报道、海量存储等。

1.6.1 下一代网络技术

下一代网络是一个综合性的网络平台，它以IP技术、分组网络技术为基础，致力于成为综合接入能力强、能运行各类通信业务、媒体业务的多业务网络。下一代网络大致分为三种形态：NGN（Next Generation Network）、NGB（Next Generation Broadcasting Network）、NGI（Next Generation Internet）、IMS（IP Multimedia Subsystem，IP多媒体子系统）。

1. NGN

ITU-T对NGN的定义："NGN是一个基于分组的网络，它能够提供包括电信业务在内的各种业务并能够利用多种带宽、有QoS支持能力的传送技术；能够为用户提供无限制接入到多个运营商；能够支持普遍的移动性，确保用户的一致性、普遍的业务提供能力。"

NGN的网络架构主要分为四层：业务管理层、网络控制层、核心交换层、边缘接入层。NGN是一个的业务驱动网络，以软件交换为核心，采用能够提供语音、数据、视频和多媒体业务的基于分组交换技术的综合开放的网络架构。同时具有标准的协议接口和统一的IP承载，因此更有利于网络的统一融合。

由于移动接入网络的发展和普及固网NGN网络与IMS（IP Multimedia Subsystem，IP多媒体子系统）网络的融合是大势所趋

IMS最早是由第3代移动通信合作计划（3GPP）R5版本在核心网引入的，IMS是开放的网络架构，提供了基于IP承载的，与接入无关的IP多媒体业务控制能力，它采用SIP作为核心控制协议，并通过SIP进行业务管理，IMS可以使运营商充分利用SIP的优势，更快速、更灵活地开发管理各类融合业务。IMS可以实现包括固定接入（LAN/WLAN/xDSL/xPON等）和移动PS域接入，为全业务运营提供了更广泛的应用前景。

2. NGB

NGB以有线电视网数字化整体转换和移动多媒体广播电视（CMMB）的成果为基础，以自主创新的"高性能宽带信息网"核心技术为支撑，构建适合我国国情的、"三网融合"的、有线无线相结合的、全程全网的下一代广播电视网络。NGB的核心传输带宽将超过每秒1千千兆比特、保证每户接入带宽超过每秒40兆比特，可以提供高清晰度电视、数字视音频节目、高速数据接入和话音等"三网融合"的"一站式"服务，使电视机成为最基本、最便捷的信息终端，使宽带互动数字信息消费如同水、电、暖、气等基

础性消费一样遍及到千家万户。同时NGB还具有可信的服务保障和可控、可管的网络运行属性。

3. NGI

NGI以提高网络接入速率为目标，突破网络瓶颈的限制，解决交换机、路由器和局域网络之间的兼容问题。NGI的核心技术有：IPv6、全光网络和移动互联网。

1.6.2 光传输技术

光传输是发送方与接收方之间以光信号形态进行传输的技术。光纤的全称是光导纤维，一般由三部分组成：纤芯、包层与保护层，保护层以颜色区分。

光传输是以光波为载波，以光导纤维为传输介质的信息传递过程或方式。

光传输利用半导体激光器或发光二极管作为光源，将电信号变成光信号并耦合进光纤中进行传输，在接收端使用光检测器、如光电二极管或雪崩二极管等，将光信号还原成电信号。

光传输技术的将来的发展方向主要是向大容量，多波长的方向发展，其中光传送网（Optical Transport Network，OTN）就是代表，它以波分复用技术为基础、在光层组织网络的传送网，是下一代的骨干传送网。OTN是通过G.872、G.709、G.798等一系列ITU-T的建议所规范的新一代"数字传送体系"和"光传送体系"，解决传统WDM网络无波长/子波长业务调度能力差、组网能力弱、保护能力弱等问题。

1.6.3 纳米技术

纳米是一个十亿分之一米数量级的单位。纳米技术在0.10～100纳米尺度的空间内研究电子、原子和分子运动规律及特性。纳米技术是以许多现代先进科学技术为基础的科学技术，它是现代科学（混沌物理、量子力学、介观物理、分子生物学）和现代技术（计算机技术、微电子和扫描隧道显微镜技术、核分析技术）结合的产物。纳米技术又将引发一系列新的科学技术，例如：纳米物理学、纳米生物学、纳米化学、纳米电子学、纳米加工技术和纳米计量学等。

纳米技术决定了相关产品的体积越来越小，集成度越来越高。纳米存储设备可依靠小巧的体积解决超大容量存储问题，海量采集到的高清音视频和图片等都可以更好地存放，纳米CPU可以为计算机带来更的高运行速度，纳米技术的发展将对下一代多媒体技术产生巨大的推动作用。

1.7 思考与练习

1. 什么是融媒体？
2. 什么是全媒体？

3. 简述融媒体的特征。
4. 什么是融媒体技术？
5. 简述计算机组成。
6. 互联网、因特网和万维网区别和联系？
7. 因特网接入按传输介质可以分为几种？
8. TCP/IP协议可分为哪几层？
9. 什么是云计算？
10. 简述云计算的特点。
11. 云计算的核心技术都有哪些？
12. 简述云计算的核心技术。
13. 什么是大数据？大数据与大量数据的区别？
14. 什么是大数据的4V特点？
15. 什么是虚拟现实？
16. 虚拟现实的关键技术是什么？

第2章 电声基础

本章主要介绍声音与声波的关系、声学物理概念、人耳听觉特性、分贝的概念、立体声原理与拾音方法以及音频的数字化处理方法等内容。

2.1 声音的产生与传播

声音对每个人来说都是可以说是司空见惯的,那么声音是如何产生和传播的呢?

2.1.1 声音和声波

声音是由物体通过机械振动产生或气流扰动引起弹性媒质发生波动而产生的,如人们日常听到的风声、雨声、鸟鸣、电话铃声等,如图2-1所示。声音是声波通过气体、液体或固体等介质传播,并能被人或动物的听觉器官所感知的主观听觉印象,所以声音的本质就是声波的主观听觉反应。严格说来声音和声波是有较大区别的,但有的时候我们并不做严格区分。

图2-1 人们可以听到的声音

2.1.2 声波的产生与传播

1. 声波的产生

声波靠物体机械振动产生,声波以波的形式向远方振动传播。频率在一定范围内的声波是可以被人耳识别的。

任何振动的物体都可能发出声音。例如拉小提琴时,琴弦受到琴弓的摩擦产生振动,会发出琴声;击槌敲击音叉,使音叉产生振动而发出声响,如图2-2所示;人在讲话的时候，由于肺部气流冲击咽喉声带产生振动，使口鼻腔内的空气产生共鸣而发出声音。

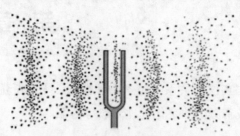

图2-2　击槌敲击音叉发出声响

2. 声波的传播

声波的传播需要物质，物理学中把这样的物质叫做介质。这个介质可以是气体、液体和固体。在真空中，声波是不能传播的。声波在不同的介质中传播的速度也是不同的。

声波还会因外界物质的不同会发生折射和反射，例如面对群山呼喊，就可以听得到自己的回声，这是反射，当反射波与直射波时差小于50毫秒时，人们就无法区分。再如晚上的声波传播的要比白天远，是因为白天声波在传播的过程中，遇到了上升的热空气，它把声波快速折射到了空中；晚上冷空气下降，声波会沿着地表传播，因此传播距离更远，这是由于声波折射的缘故。

声波产生的两个必要条件：机械振动和传播介质。

自然状态下从物体的振动发出声音到人们感知到声音，大体上经过这样几个过程：首先是策动力策动物体产生弹性振动，形成声波；声波通过介质传导到人耳；人耳再通过神经元的变换把刺激信息输送到大脑，这时大脑就听到了声音，如图2-3所示。

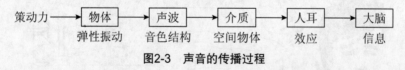

图2-3　声音的传播过程

2.2　重要声学物理量

声学讨论与实践的研讨，牵涉到很多声学物理量，为了应用方便，这里就常常应用到的声学量进行介绍。

2.2.1　频率、周期、波长和声速

1. 频率

声音的频率指的就是声源在单位时间内振动的次数，记作f，单位是Hz。在声学中常用单位还有kHz和MHz等。

物体机械振动的频率低，相对的音调就低，声音就越低沉；物体机械振动的频率高，相应的音调就高，声音就越尖锐。人耳可以听到的声波的频率范围，通常认为是20Hz～20kHz，在该频率范围内的声音称为可闻声，即通常所说的声音。频率低于20Hz

的声波叫次声波，高于20kHz的声波叫超声波。次声波和超声波都是人耳听不到的，但有的动物可以听到。

2. 周期

周期是波振动一次所需的时间，是频率的倒数，记作T，单位为秒（s）。

$$T=1/f \tag{2-1}$$

3. 波长

波长是沿声波传播方向，一个振动周期所传播的距离，或在波形上相位相同的相邻两点间距离，记为λ，单位为m。

波长、周期的在波形图上的关系如图2-4所示。

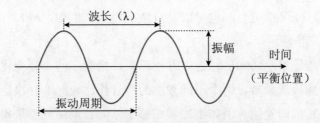

图2-4　波长、周期在波形图上的关系

4. 声速

声速是声波每秒在介质中传播的距离，记作v，单位为m/s。声速跟介质的反抗平衡力有关，反抗平衡力越大，声速越快。液体的反抗平衡力要比气体的大，而固体的反抗平衡力又比液体的大。在15℃空气中声速约为340m/s，在水中声速约为1440m/s，在钢铁中声速约为5100m/s。

声速还与气压和温度有关。在空气中，声速v和温度t的关系可简写为：

$$v = 331.4+0.607t \tag{2-2}$$

我们可以近似认为温度每上升/下降5℃，声波的速度上升/下降3m/s。常温25℃下，声速约为345m/s。

此外声速随物质的坚韧性的增大而增加，随物质的密度减小而减少。

5. 频率、波长和声速之间的关系

频率f、波长λ和声速v三者之间的关系是（如图2-5所示）：

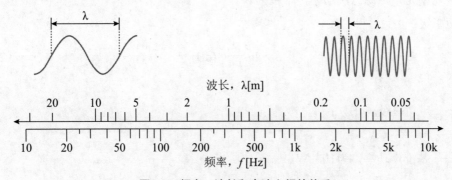

图2-5　频率、波长和声速之间的关系

$$v=\lambda f \tag{2-3}$$

2.2.2 倍频程

两个声波的频率之比或音调之比用2为底的对数表示称为倍频程,其数学表达式为:

$$n=\log_2\frac{f_2}{f_1} \tag{2-4}$$

式中:

f_1——参考频率;

f_2——求倍频程数的信号频率;

n——倍频程数,n可正可负,也可以是分数或整数。例如,$n=1$、$1/3$,则分别称为"1倍频程"和"1/3倍频程"。

可闻声的频率高低相差1000倍。为了方便起见,把宽广的声频变化范围划分为若干较小的段落,叫做频段或频带。两个不同频率的声音作比较时,有决定意义的是两个频率的比值,而不是它们的差值。例如小提琴相邻空弦的音调高低差是相同的,在音乐中称作相差"五度音程",相应的频率比值都是2∶3,也是相同的,但频率差值分别是98Hz、146Hz和220Hz,相差越来越大;又如C调的la,基音频率是440Hz,高八度la的基音频率是880Hz,而低八度la的基音频率则是220Hz。从低八度的la提高至la,或从la提高至高八度la,频率都正好提高一倍,而听起来音调的提高也是相同的。

在声学工程中,倍频程也可理解为与频率作相对比较的单位。两个频率相差1个倍频程,意味着其频率之比为2∶1;两个频率相差2个倍频程,意味着其频率之比为2^2∶1,3个倍频程则为2^3∶1,依次类推,相差n个倍频程,意味着两个频率之比为2^n∶1。在一般情况下,n不一定是整数,可以是任意的正实数。按倍频程均匀划分频率区间,相当于对频率按对数关系加以标度。

2.2.3 声功率

声功率是指单位时间内,声波通过垂直于传播方向某指定面积的声能量。在噪声监测中,声功率是指声源总声功率,单位为W。

声功率级:

$$L_W=\lg\frac{P}{P_0} \text{ (dB)} \tag{2-5}$$

式中:

L_W——声功率级(dB);

P——声功率(W);

P_0——基准声功率,为10^{-12} W。

2.2.4 声强

声传播时也伴随着能量的传播，用单位时间内通过垂直于声波传播方向的单位面积的能量（声波的能量流密度）表示，声强的单位是W/m^2。声强的大小与声速成正比，与声波的频率的平方、振幅的平方成正比。超声波的声强大是因为其频率很高，炸弹爆炸的声强大是因为振幅大。

2.2.5 声强级

声波的响度主要由声强来决定，声强越大声音就越响，但两者之间并不成正比关系，一般来说，声强每增加10倍，响度才增加1倍。因此，用声强来说明声音的强度与人的主观感觉有很大差异。为了使声音的强弱量度能与主观感觉相符，人们规定了另一个物理量，叫做"声强级"——用对数尺度来表示声音强度的等级，其单位为贝尔（B）或分贝（dB）。

$$L_I = 10\lg\frac{I}{I_0} \quad (dB) \tag{2-6}$$

式中：

L_I——声压级（dB）；

I——声强（W/m^2）；

I_0——基准声强，为10^{-12} W/m^2，听阈所对应的声级被视为0dB。但需注意的是0dB并不是没有声音，而是可闻声的起点。声强每递增10倍，其声级就增加10dB，意味着人耳感觉到的强度将增加一倍。

2.2.6 声压

声压是由于声波的存在而引起的压力增值，单位为Pa。声波在空气中传播时形成压缩和稀疏交替变化，所以压力增值是正负交替的。但通常讲的声压是取均方根值，叫有效声压，故实际上总是正值，对于球面波和平面波，声压与声强的关系是

$$I = \frac{P^2}{\rho v} \tag{2-7}$$

式中：

ρ——空气密度；

v——为声速。

如以标准大气压与20℃的空气密度和声速代入，得到ρv=408国际单位值，也叫瑞利。称为空气对声波的特性阻抗。

2.2.7 声压级

声压级以符号SPL表示，其定义为将待测声压有效值P_e与基准声压P_0的比值取常用对

数，再乘以20，其单位是分贝（dB），即

$$SPL=20\lg\frac{P_e}{P_0} \quad (dB) \tag{2-8}$$

式中：

SPL——声压级（dB）；

P_e——待测声压有效值（Pa）；

P_0——基准声压，为2×10^{-5}Pa。

基准声压这个数值是正常人耳对1000Hz声音刚刚能觉察其存在的声压值，也就是1000Hz声音的可听阈声压。感到疼痛的声音的声压值为20Pa声压与声压级的关系及范围如图2-6所示。

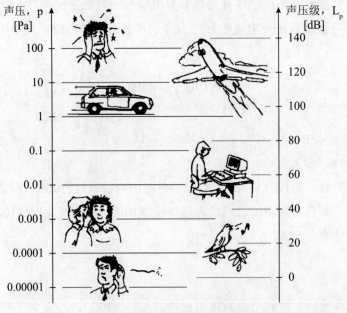

图2-6　声压与声压级的关系及范围

2.3　音质的三要素

随着人们生活水平的提高，对音响效果的要求也越来越高。公共场所、数字影剧院、家庭音响、电子乐器和各种新型个人音响设备也越来越多，怎样辨别这些音响效果的好坏，又如何来欣赏它们的美妙已成为人们十分关心的话题。声音的质量含有多种成分，这里所介绍的响度（音量）、音调、音色便是评价音响效果（音质）的三要素。

2.3.1　响度

响度又称音量。人耳感受到的声音强弱，它是人对声音大小的一个主观感觉量。响度的大小决定于声音接收处的波幅，就同一声源来说，波幅传播的愈远，响度愈小；当传播距离一定时，声源振幅愈大，响度愈大。响度的大小与声强密切相关，但响度随声

强的变化不是简单的线性关系，而是接近于对数关系。当声音的频率、声波的波形改变时，人对响度大小的感觉也将发生变化，经过研究其变化关系如图2-7所示。

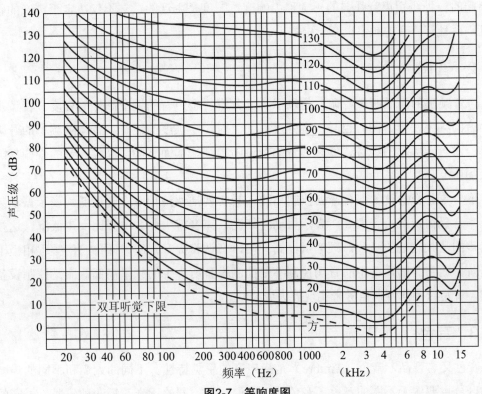

图2-7　等响度图

响度的计量单位是宋（sone），定义频率为1kHz，声压级为40dB纯音的响度为1宋。

大多数人对信号声级变化小于3dB时是感觉不出来的，因此对音响系统常以3dB作为允许的频率响应曲线变化范围。

人耳对声音的感觉，不仅和声压有关，还和频率有关。声压级相同，频率不同的声音，听起来响亮程度也不同。如空压机与电锯，同是100分贝声压级的噪声，听起来电锯声要响得多。按人耳对声音的感觉特性，依据声压和频率定出人对声音的主观音响感觉量，称为响度级，单位为方（phon）。

以频率为1000Hz的纯音作为基准音，其他频率的声音听起来与基准音一样响，该声音的响度级就等于基准音的声压级，即响度级与声压级是一个概念。例如，某噪声的频率为100Hz，强度为37dB，其响度与频率为1000Hz，强度为20dB的声音响度相同，则该噪声的响度级为20方。人耳对于高频噪声是 1000Hz～5000Hz的声音敏感，对低频声音不敏感。例如，同是40方的响度级，对1000Hz的声音来说，声压级是40dB；4000Hz的声音，声压级是32dB；100Hz的声音，声压级是52dB；30Hz的声音，声压级是78dB。也就是说，低频的80dB的声音，听起来和高频的32分贝的声音感觉是一样的。但是声压级在80分贝以上时，各个频率的声压级与响度级的数值就比较接近了，这表明当声压级较高时，人耳对各个频率的声音的感觉基本是一样的。

声强与响度是有一定关系的，声强是客观的，决定于单位时间内作用于单位面积上能量的大小，可以用物理仪器（如声级计）来测量。一定强度的声波作用于人听觉器官所引起的一种辨别声音强弱的感觉称为响度。响度是主观的，它不仅决定于声音的物理强度，而且与声音的频率也有一定关系。

2.3.2 音调

声音频率的高低叫做音调，是表示听觉分辨一个声音的调子高低的程度。音调主要由声音的频率决定，同时也与声音强度有关。对一定强度的纯音，音调随频率的升降而升降；对一定频率的纯音、低频纯音的音调随声强增加而下降，高频纯音的音调却随强度增加而上升。

不少专业音响设备都有音调控制功能，其实就是调控频率。音调低，表示振动频率低，声音显得深沉；音调高，表示振动频率高，声音就尖刺。男声比女声低沉，这是因为男声的基频较低的缘故。频率每提高一倍，音调将提升八度，即每一倍频程相当于八度音阶。通常音响设备中的音调控制不是控制设备所产生的频率高低，而是控制设备的频响，就是对不同音调信号来实现放大或衰减。

2.3.3 音色

音色又名音品，音色（Timbre）是指声音的感觉特性。不同的人声和不同的声响都能被区分主要源于不同的音色，音色的不同取决于不同的泛音。每一种乐器、不同的人以及所有能发声的物体发出的声音，除了一个基音外，还由于发声体的材料、结构的不同，会有许多不同频率（振动的速度）的泛音伴随，正是这些泛音决定了其不同的音色。因此人们就可以通过这些不同的泛音区分出发声体是钢琴还是黑管，如图2-8所示。例如即使在同一音高和同一声音强度的情况下，我们也能很容易地区分出是不同乐器，每一个人即使说相同的话也有不同的音色，因此可以根据其音色辨别出是不同的人。

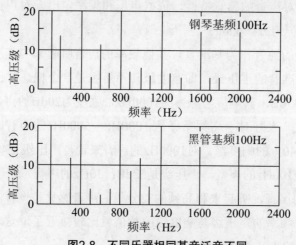

图2-8　不同乐器相同基音泛音不同

声音是由发声的物体振动产生的，当其整体振动时发出基音，但同时其各部分也有复合的振动，各部分振动产生的声音组合成泛音。由于部分小于整体，所有不同的泛音都比基音的频率高，但强度都相当弱，否则无法调准乐器的音高了。

2.4 人耳的听觉特性

人耳是接收声音信号的重要听觉器官，其听觉特性用掩蔽、双耳和哈斯三个电声效应来说明。双耳效应将在2.8小节中介绍。

2.4.1 听觉系统

人耳是声音的接收器官，由外耳、中耳和内耳等组成，如图2-9所示。由声源振动引起空气产生疏密波，后者通过外耳道、鼓膜和听骨链的传递，引起耳蜗中淋巴液和基底膜的振动，使耳蜗科蒂器官中的毛细胞产生兴奋。科蒂器官和其中所含的毛细胞，是真正的声音感受装置，外耳和中耳等结构只是辅助振动波到达耳蜗的传音装置。听神经纤维就分布在毛细胞下方的基底膜中；振动波的机械能在这里转变为听神经纤维上的神经冲动。并以神经冲动的不同频率和组合形式对声音信息进入编码，传送到大脑皮层中的听觉中枢，产生听觉。

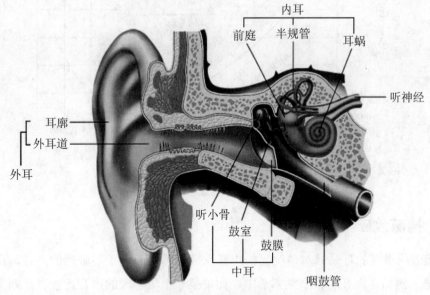

图2-9 人耳结构组成

2.4.2 听阈特性和听域

要引起人耳的听觉，不是任何大小的声音都可以，必须在声音的强度达到一定的量值才行。在人耳听觉率范围内，能引起人耳听觉的最小声音强度叫做听阈。

听阈（hearing threshold）就是听到声音的门槛。耳的适宜刺激是空气振动的疏密波,但振动的频率必须在一定的范围内,并且达到一定强度,才能被耳蜗所感受,引起听觉。在人耳听觉率范围内,对于其中每一种频率,都有一个刚好能引起听觉的最小振动强度,称为听阈。听阈直接反映了听觉感受器的灵敏程度,听阈越低,表示很小的声音就能听到,反之,听阈高,表示很大的声音才能听到。

当振动强度在听阈以上继续增加时,听觉的感受也相应增强,但当振动强度增加到某一限度时,它引起的将不单是听觉,同时还会引起鼓膜的疼痛感觉,这个限度称为最大可听阈。由于对每一个振动频率都有自己的听阈和最大或听阈,因而就能绘制出表示人耳对振动频率和强度的感受范围的坐标图,如图2-10所示。其中下方曲线表示不同频率振动的听阈,上方曲线表示它们的最大听阈,两得所包含的面积则称为听域。凡是人所能感受的声音,它的频率和强度的坐标都应在听域的范围之内。由听域图可看出,人耳最敏感的频率在1000Hz~3000Hz之间;而日常语言的频率较此略低,语音的强度则在听阈和最大可听阈之间的中等强度处。

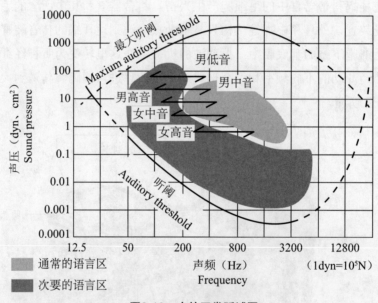

图2-10　人的正常听域图

2.4.3　掩蔽效应

掩蔽效应指人的耳朵只对最明显的声音反应敏感,而对于不敏感的声音,反应则较不为敏感。例如在声音的整个频率谱中,如果某一个频率段的声音比较强,则人就对其他频率段的声音不敏感了,图2-11为掩蔽效应的原理图。应用此原理,人们发明了MP3等压缩的数字音乐格式,在这些格式的文件里,只突出记录了人耳朵较为敏感的中频段声音,而对于较高和较低的频率的声音则简略记录,从而大大压缩了所需的存储空间。在人们欣赏音乐时,如果设备对高频响应得比较好,则会使人感到低频响应不好,反之亦然。

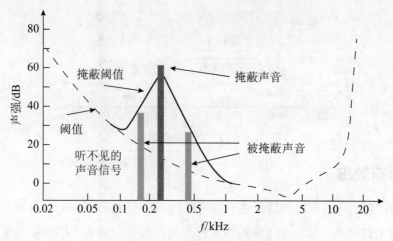

图2-11 掩蔽效应的原理图

人耳的掩蔽效应是一个较为复杂的心理学和生理声学现象，主要表现为频谱掩蔽效应和时间掩蔽效应。

1. 频谱掩蔽效应

表现为由一种频率的声音阻碍听觉系统感受另一种频率的声音。

人对各种频率可听见最小声级叫绝对可听域，在20 Hz～20 kHz的可听范围内，人耳对频率3kHz～4kHz附近的声音信号最敏感，对太低和太高频率的声音感觉都很迟钝。

如果有多个频率成分的复杂信号存在，那么绝对可听域曲线取决于各掩蔽音的强度、频率和它们之间的距离。图2-12（a）是存在多个声音，只能听到掩蔽曲线以上的情况，图2-12（b）是人耳对各种频率的绝对可听域曲线，将图（a）和图（b）结合就成为图2-12（c）。低于图2-12（c）曲线的频率成分人就听不见了，当然不必传送了。音频压缩就是基于这个原理。

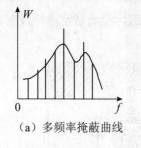 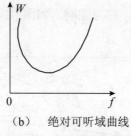 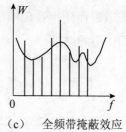

（a）多频率掩蔽曲线　　（b）绝对可听域曲线　　（c）全频带掩蔽效应

图2-12 全频带掩蔽效应

2. 时间掩蔽效应

表现为较强声音的存在掩蔽了另一个较弱声音的存在。

时间掩蔽效应分为前掩蔽、同期掩蔽和后掩蔽。在时域内，听到强音之前的短暂时间内，业已存在的弱音可以被掩蔽而听不到，这种现象称为前掩蔽；当强音和弱音同时存在时，弱音被强音掩蔽，这种现象称为同期掩蔽；当强音消失后，经过较长的持续时间，才能重新听到弱音信号，这种现象称为后掩蔽。三种时域掩蔽效应的时间关系如图2-13所示。

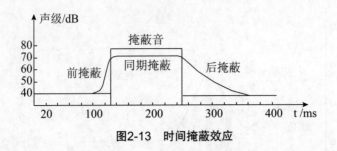

图2-13 时间掩蔽效应

2.4.4 哈斯效应

当几个内容相同的声音相继到达人耳的时间差在不大于50ms时,人耳不能分辨出这几个先后到来的声音。哪一个方位的声音首先传入人耳,那么人的听觉感觉就是全部声音都是从这个方位传来的。这种现象就是人类听觉的延迟效应、先入为主的聆听感觉特性,被称为"哈斯效应"。

2.5 声音的混响

声音混响时间的长短是音乐厅、剧院、礼堂等建筑物的重要声学特性。声波遇到障碍会反射,所以我们这个世界充满了混响。混响对于改善听觉质量有很大的作用。

2.5.1 混响和回声的概念

混响是室内的一种声学现象。声音由声源发出后,在空气中传播,传播过程中在房间的界面上产生反射、吸收、扩散、透射、干涉和衍射等波动作用,形成复杂的室内声场,使人产生混响感。在室内声场达到稳定的情况下,声源停止发声,由于声音的多次反射或散射而使声音延续的现象,称为混响,如图2-14所示。混响是室内声反射和声扩散共同作用的结果。

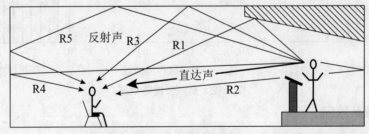

图2-14 混响示意图

声源的直达声和近次反射声相继到达人耳,根据"哈斯效应"延迟时间小于50ms时,一般人耳不能区分出来,仅能觉察到音色和响度的变化,人们感觉到混响。但当两个相继到达的声音时差超过50ms时(相当于直达声与反射声之间的声程差大于17m),人耳能分辨出来自不同方向的两个独立的声音,这时有可能出现回声。回声的感觉会妨碍音乐和语言的清晰度(可懂度),是要尽量避免的。也就是说混响是耳朵不可辨的多次反射，回声是耳朵可辨的反射声，可见同样是源于反射，但由于人耳的听闻特性，混响和回声有明显的不同。

2.5.2 电子混响

普通的混响是靠自然环境和人工的建筑设计来调整和实现的，实现和改变混响的成本是比较高的，而电子混响则是采用模拟或数字手段（现代混响主要采用数字电子技术）在实现和改变混响参数上成本则大幅下降，甚至还可以模拟出一些美轮美奂的奇特效果。

数字混响的作用是产生声场效果和特殊的声音效果。它主要是对混响声及其频谱的调节、混响声频谱的处理、混响声的衰减特性以及混响声与直达声的比例等。这些参数的处理都是用一种数字信号处理模块通过机器面板上的旋钮或屏幕界面进行参数的调节设定来完成的。基本原理如图2-15所示。

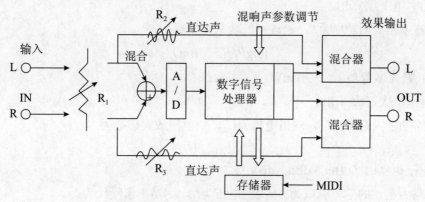

图2-15 数字混响器原理方框图

对于广播电视行业来说数字混响主要用于录音棚节目制作，大型研文艺演出的现场混响环境的调节。

2.6 分贝的概念

分贝（dB，deciBel）是量度两个相同单位之数量比例的单位，主要用于度量声音强度。

2.6.1 分贝定义

分贝是电学、电声学中重要的度量单位，用以表达电压、电流、功率、声压级的相对值以及设备的放大倍数等。以功率为例，如果有一个放大电路的输入功率为P_i，输出功率为P_0，将它们的比值取常用对数，就得到这个放大电路功率变化的"贝尔（Bel）"值。由于"贝尔"这个单位较大，因此通常取其1/10作计算单位，这就是分贝，即

$$分贝值_{(dB)} = 10\lg\frac{p_i}{p_0} = 10\lg\frac{U_i^2/R}{U_0^2/R} = 10\lg\frac{I_i^2 R}{I_0^2 R} = 20\lg\frac{U_i}{U_0} = 20\lg\frac{I_i}{I_0} \qquad (2-9)$$

对于电压和电流，由于$P=I^2R=U^2/R$，这样用分贝来表示时，系数要乘以20。

2.6.2 电信号的分贝值

电信号也常用分贝作单位。例如某放大器的放大倍数为20dB，电路上某点的电平为15dBV，调音台的信噪比（信号与同时出现的噪声之比）为80dB等。以下是电信号分贝值的几种方法：

1）功率放大倍数（dB）

设电路的输入功率为P_i，输出功率为P_0，则功率放大倍数为：

$$10\lg P_0/P_i \tag{2-10}$$

2）功率信噪比（dB）

设电路中某点的信号功率为S，噪声功率为N，则功率信噪比为：

$$10\lg S/N \tag{2-11}$$

3）功率电平级（dB）

设电路中某点的功率为P，则该点的功率电平级为：

$$10\lg P/P_r \text{（dBm）}$$

式中：P_r为参考功率，$P_r=1\text{mW}$。

4）电压放大倍数（dB）

设电路的输入电压为U_i，输出电压为U_0，则电压放大倍数为：

$$20\lg U_0/U_i \tag{2-12}$$

5）电压信噪比（dBm，dBu，dBV）

设电路中某点的信号电压为S，噪声电压为N，则功率信噪比为：

$$20\lg S/N \tag{2-13}$$

6）电压电平级

某一电压U与一基准电压U_r相比求常用对数乘以20表示的值为电压U的电压电平，即：

$$Lv=20\lg U/U_r \tag{2-14}$$

由于基准电压U_r的取值不同，常用单位有下列三种：

- dBm：在特定的600Ω阻抗条件下，由于1mW电功率在600Ω阻抗上的电压可算得为0.775V，所以$U_r=\sqrt{PR}=\sqrt{0.001\times 600}=0.775\text{V}$，为基准电压所求得的电压电平值，单位为dBm。这样如某点的电压电平级为20 dBm，则相应电压为7.75 V。
- dBu：不考虑阻抗是否为600Ω，以U_r等于0.775V为基准电压时所求得的电压电平值，单位为dBu。
- dBV：以U_r等于1V为基准电压时所求得的电压电平值，单位为dBV。

2.6.3 声音的分贝值

声音的大小可用声压和声强表示，也可以用其对数表示，即声压级和声强级。

研究发现当声音成对数关系10、100、1000倍地增长时,人耳所能感觉到的只是1、2和3倍,这说明人耳所感到的声音响度,并不与输入功率成正比关系,当输入扬声器的功率增大时,人耳所听到的声响是以10为底的对数关系增长的。研究表明,采取对数概念表示这两个电量的相对关系,大致上符合人体感官对电量的辨别规律。

2.7 VU、PPM表与dBFS

音量表是电台节目监测的专用仪表,它的技术性能与质量好坏,会直接影响播出质量。目前使用最广的音量表是VU表和PPM表。随着数字音频技术的应用,又有必要去衡量数字满度电平,这样就又出现了dBFS参量。

2.7.1 VU表

VU表(Volume Unit,音量单位表)是一种准平均值计量表,如图2-16所示。VU表不能反映出声音信号的峰值变化,它基本上反映出声音信号的听感强度(所以叫音量单位表),所以在扩音、电台的广播中运用较多。VU值有时也与听感强度有误差。

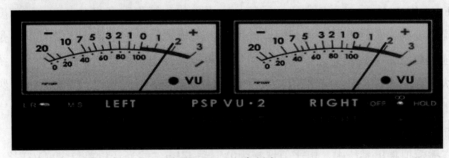

图2-16　VU表刻度

VU表跟不上信号的实际准平均值电平(dB值)的变化,不能将VU值与dB值相混淆。不能完全反映出声音信号的听感响度(需要更短的积分时间);不能反映声音信号的幅摆峰尖情况(声音信号峰平比随其波形的不同而异)。

基准参考电平值以0VU表示,标准VU表的0VU相当于信号的准平均值1.228伏,并以0VU对应100%的刻度,从0VU至满刻度有3dB的红色警示区域,在0VU之下至指针的起点的范围,有从-20VU~0VU(dB)的指示刻度。

2.7.2 PPM表

PPM表(Peak Program Meter,峰值节目表),如图2-17所示。PPM表实际上是准峰值电平表,因为它是采用峰值检波器按简谐信号的有效值确定刻度的。PPM表可以准确地反映出那些突然上来的强信号的包络变化(上升快),而且又便于眼睛的观察(下降慢),能及时地反映出声音信号的过载失真情况。但PPM表不能直接反映出信号给人的听觉强弱感,因此PPM表的指示值不能表示信号的响度。

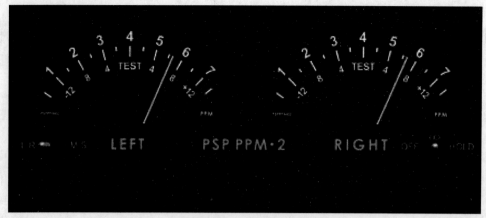

图2-17　PPM表刻度

标准PPM表0dB相当于1.55伏的声音信号准峰值，从0dB至满刻度有5dB的余量，以红色作为警示，从指示的起点至0dB一般有50dB的有效指示刻度，比VU表可指示更大的动态变化。

2.7.3　数字满度电平

dBFS（dB Full Scale）是数字音频信号电平单位，简称满度相对电平，满刻度电平0dBFS就是设备在正常设置下达到削波时所对应的模拟信号电平值。"满刻度"是指转换器可能达到"数字过载"之前的最大可编码模拟信号电平。数字音频信号以系统能处理的最大音频信号的编码为基准值，数字音频信号幅度的编码相对于这个最大音频编码所代表的幅度之比，即为满度相对电平。因为规定最大值为基准，所以，实际数字音频信号的相对电平都为负值。

在广播模拟播出系统中，电平值选择为0VU=+4dBu，即当音量单位表（VU表）指示为0VU值时，所对应的电平值为+4dBu。

根据国家广电总局发布的《数字音频设备的满度电平》行业标准（GY/T192-2003），满刻度电平0dBFS对应+24dBu，即峰值储备量选择为20dB。

目前许多广电音频设备遵循的标准为：−20dBFS = 0VU = +4dBu。

2.8　立体声原理

立体声信号的采集和还原对于现代电声技术来说是至关重要的，这里将设计到双耳效听觉特性、立体声概念以及环绕立体声技术等内容。

2.8.1　双耳听觉特性

双耳效应是人们依靠双耳间的音量差、时间差和音色差判别声音方位的效应，如图2-18所示。

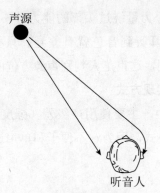

图2-18 双耳效应

如果声音来自听音者的正前方,此时由于声源到左、右耳的距离相等,从而声波到达左、右耳的时间差(相位差)、音色差为零,此时感受出声音来自听音者的正前方,而不是偏向某一侧。当声音强弱不同时,听者可感受出声源与听音者之间的距离。

1. 辨别声源的几个物理因素

1)声音达到两耳的时间差 Δt

由于左右两耳之间有一定的距离,因此,除了来自正前方和正后方的声音之外,由其他方向传来的声音到达两耳的时间就有先后,从而造成时间差。如果声源偏右,则声音必先到右耳后到达左耳。声源越是偏向一侧,则时间差也越大。实验证明,当声源在两耳连线上时,时间差约为0.62ms。

对于瞬态声,可以有效地利用时间差来判别声音方位,这时的定位作用取决于声音传来的最初瞬间。这也是人耳对打击乐器、语言、求救声等瞬态声更易判别方位的重要原因。对于持续音,由于它们分别先后到达两耳所引起的遮蔽效应,致使定位效果稍差。

2)声音达到两耳的声级差 ΔL

两耳之间的距离虽然很近,但由于头颅对声音的阻隔作用,声音到达两耳的声级就可能不同。如果声源偏左,则左耳感觉声级大一些,而右耳声级小一些。当声源在两耳连线上时,声级差可达到25dB左右。

3)声音到达两耳相位差 $\Delta \varphi$

声音是以波的形式传播,而声波在空间不同位置上的相位是不同的(除非刚好相距一个波长)。由于两耳在空间上的距离,所以声波到达两耳的相位就可能有差别。耳朵内的鼓膜是随声波而振动的,这个振动的相位差也就成为我们判别声源方位的一个因素。当然频率越低,相位差定位感觉越明显。

4)人的头部对高频分量的遮蔽作用产生的音色差 Δf

声波如果从右侧的某个方向上传来,则要绕过头部的某些部分才能到达左耳。已知波的绕射能力同波长与障碍物尺度之间的比例有关。人头的直径约为20cm,相当于1700Hz声波的波长,所以频率为1000Hz以上的声波绕过头颅的能力较差,衰减越大。

也就是说，同一个声音中的各个力量绕过头部的能力各不相同，频率越高的分量衰减越大。于是左耳听到的音色同右耳听到音色就有差异。只要声音不是从正前方（或正后方）来，两耳听到音色就会不同，这也是人判别声源方位的一种依据。

2. 立体声广播效果的实际实现方式

立体声广播效果实际应用中，主要使用声级差（强度差）方式来实现，便于和单声道系统兼容，没有使用时间差方式，因为它不便于和单声道系统兼容。

2.8.2 立体声的概念

立体声是指具有具有层次分明并有立体感的声音效果。自然界发出的声音都是立体声，当把这些立体声经记录、放大等处理后再重放时，如果所有的声音都从一个扬声器播放出来，原来的空间感（特别是声群的空间分布感）就消失了，这种重放声称为单声重放。如果从记录到重放整个系统能够在一定程度上恢复原发生的空间感，那么，这种具有一定程度的方位层次感以及空间分布特性的重放声就是立体声。

立体声系统是由两个或两个以上的传声器、传输通路和扬声器（或耳机）组成的系统，经过适当安排，能使听者有声源在空间分布的感觉。立体声系统按还原声道数，可分为双声道立体声、环绕立体声等。

1. 双声道立体声

双声立体声道就是有两个声音通道，其原理是人们听到声音时可以根据左耳和右耳对声音相位差来判断声源的具体位置，在电路上它们往往各自传递的电信号是不一样的，电声工程师在追求立体声的过程中，由于技术的限制，在最早的时候只能采用双声道来实现。

2. 环绕立体声

环绕立体声通常是与双声道立体声相比，是指声音好像把听者包围起来一样的一种重放方式。这种方式所产生的重放声场，除了保留着原信号的声源方向感外，还伴随产生围绕感和扩展感（声音离开听者扩散或有混响的感觉）的音响效果。在聆听环绕立体声时，聆听者能够区分出来自前后左右的声音，即环绕立体声可使空间声源由线扩展到整个水平面乃至垂直面，因此可以逼真地再现演出厅的空间混响过程，具有更为动人的临场感。如果与大屏幕的电视或电影的图像结合起来，使视觉和听觉同时作用，则这种临场感就更逼真，更生动，也更具感染力。环绕立体声还有5.1、7.1、9.1声道之分，所谓环绕立体声5.1是指左、中、右、左后、右后和超低音，图2-19所示的是杜比数字5.1环绕声布局，7.1是在5.1的基础上又多加了2个侧环绕音箱来补充侧方位环绕声。有文献显示有些实验环境下已经做到了22.1声道的环绕立体声。

要实现多声道环绕立体声往往需要在信源处理上进行适当的技术变换，以满足在现行双通道上进行传输的需求，这个处理过程的算法是比较复杂的，主要掌握在少数国外公司手中，如美国的杜比实验室、日本的索尼公司等。这部分内容将在后面介绍。

图2-19 杜比数字5.1环绕声布局

3. 3D环绕声

3D环绕声与目前流行的家庭影院环绕声（如杜比定向逻辑环绕和杜比AC-3）同属音频定位技术的范畴，它也能使听音者产生声音来自周围的环绕感觉，但它的主要用途和基本原理与环绕声还是存在着较大的差别。

- 3D环绕声对音源没有严格要求，无需编码，可对任何双声道立体声音源进行处理，某些类型的3D环绕声（如SRS环绕声）也可处理单声道和杜比环绕声音源。它不需装备5-7声道功放及音箱，仅用原有的双声道功放及音箱即可实现3D环绕声，可大幅度节省成本。
- 3D环绕声对音箱摆位及播放空间要求不高，可在近距离聆听或在狭小空间内聆听，特别适用于多媒体电脑、汽车音响、随身听及我国城乡居住面积狭小的情况。
- 3D环绕声对音响软硬件要求不高，而且接线简单，使用方便。在录像机、CD唱机、多媒体电脑、电视机、移动播放终端等中均可得到应用。
- 3D环绕声配合多媒体电脑或电子游戏机，可方便地实现交互式环绕声，即允许用户经常性地改变声音的类型和顺序。

2.8.3 双声道立体声拾音技术

所谓拾音是指用传声器拾取声音信号的过程，其中包括传声器的选择、摆放等。

立体声广播要求有声源方位感觉，拾音时要分别得到左、右两路信号。双声道立体声拾音主要有两大类：声级差方式和时间差方式，其中声级差方式主要有X/Y、M/S等方式；时间差方式主要有A/B、仿真头、真人头等方式。

强度差拾音方法是将两只传声器置于声场中的一个点，声场中来自任何方向的声音都同时到达两只传声器，记录的声信号不存在时间差，也就不存在相位差，是依靠两只传声器的指向特性和设置角度使拾取的声音信号产生强度差，或将两只传声器拾取的声音信号经过技术处理生成强度差，来实现立体声重放声像定位的拾音方法。

1. X/Y拾音方式

X/Y拾音方式借助平面正交坐标的名称而得名（是英国人首先提出来的）。X/Y拾音方式是将两只传声器彼此重叠设置，使两只传声器的膜片在垂直的轴线上尽量靠近，彼此张开一定的角度，所采用的两只传声器必须严格匹配、特性一致。主轴指向左边的传声器称为X传声器，所拾取的信号作为立体声的左声道，主轴指向右边的传声器称为Y传声器，所拾取的信号作为立体声的右声道，如图2-20所示。重放时，X、Y传声器拾取的信号分别送入左、右扬声器。

（a）使用托架固定的X/Y拾音装置　　　（b）新款的X/Y拾音装置，一连动齿轮使两只传声器同时调整主轴张开角度

图2-20　X/Y拾音方式

当声源置于两传声器的垂直平分线上时，两只传声器将拾取同样的声级，左右声道之间的声级差为零，重放听音时，声像将恰好位于两扬声器连线的中点。如果将声源沿着圆弧向右移动，则两传声器之间的声级差将逐渐增加，声像也将相应的逐渐向右边扬声器移动。当两只传声器拾取到的声级差达到18dB时，如图2-21所示，声源到达S_1处，则声像S_1'将感觉来自右边扬声器，因此，S_1的位置便确定为最外部的拾音点，即传声器对的有效拾音角。当声源超过S_1，沿着圆弧继续向右移动时，声像仍将固定在右扬声器处。

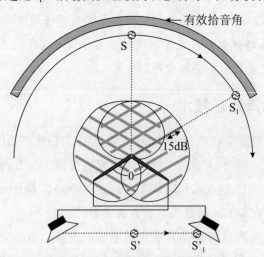

图2-21　X/Y拾音方式的声像定位

2. M/S拾音方式

M/S是英语Middle-Side的缩写，是"中间"和"旁边"的意思（该方法是丹麦人首先提出来的）。采用M/S方式的两只传声器的膜片同样需要上下尽可能的重合，M传声器可以采用任何一种指向性，传声器的轴向指向声源，拾取前方声源总的声音信号，即声源左右方向的和信号；S传声器则必须采用8字形指向性，传声器的轴向指向左边，与

M传声器的轴向垂直,主要拾取的是两边混响成分比例较高的声音信号,即声源左右方向的差信号,如图2-22所示。

图2-22 常用的M/S拾音制式传声器组合

M和S传声器拾取的和、差信号需要经过一个和差变换才能形成双声道立体声的左右声道信号。M/S拾音方式的声像定位原理如图2-23所示。

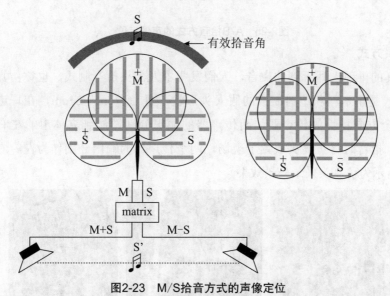

图2-23 M/S拾音方式的声像定位

3. A/B方式

通常用两个型号、性能完全相同的传声器,彼此间隔几十厘米(通常相距15cm~30cm),并排平行设置于声源的前方,如图2-24所示,声源到传声器的距离要远远大于传声器间的距离,声音经左、右两传声器拾音后将信号送至左右两个声道,这样可使由于两传声器间的距离而造成的声级差忽略不记。

图2-24 使用托架固定的A/B拾音装置

A/B拾音方式的声像定位如图2-25所示,两传声器不能相距过近,否则会使立体声效果不明显,两传声器相距又不能过远,否则中间声源的信号将很弱,出现中间空洞和中间凹陷的现象。

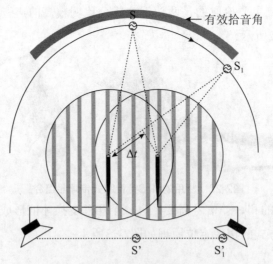

图2-25 A/B拾音方式的声像定位

4. 仿真头方式

为了逼真的再现人耳听到的声音，人们发明了人工头拾音制式，也称仿真头拾音制式。这种方式是用木料和塑料制成的假人头形状，直径17cm～21cm，在耳道的末端分别装有两只全方向特性的传声器，两传声器的输出分别馈送到立体声的左右通道，如图2-26所示。拾音时将仿真头放置于现场，两个传声器的输出分别作为左、右声道的信号。图2-27所示为仿真头采录外景效果。

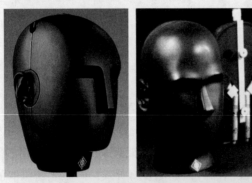

图2-26 人工头（仿真头）拾音装置

图2-27 仿真头采录外景效果

5. 真人头拾音制式

真人头拾音制式的原理同人工头拾音制式相同,利用人头的遮蔽效应拾取声道间的时间差,区别是该拾音制式是借助听音人自己的人头进行录音。录音人在耳道口佩戴两只微型传声器,就同人戴耳塞机一样,录音的效果同人工头录音相同,如图2-28所示。需要注意的是录音时人头不可晃动,否则重放声像就会混乱,录音时不能出噪声,尤其注意不能出现衣服的摩擦声。另外,录音时,录音人应该选择厅堂最好的听音位置录音。当然重放时也必须使用耳机作立体声重放。

图2-28 真人头拾音装置

6. 多声道拾音方式

将大型演播室分隔成小房间,乐器组分别在自己的小房间中演奏,并由各自的传声器拾音上传,经控制、放大后记录在对应的磁迹上。后期加工时,各条磁迹声音分别进行必要延时,也可加入人工混响或频响补偿。最后通过声像移动器分配到左声道L和右声道R。将和信号M和用差信号S经加减矩阵电路转换成左声道L和右声道R。分别送入左声道和右声道。

主要优点是乐器组互不干扰,录音层次分时;录音安排灵活,可先后录音,然后合成;对乐器组录音处理更细致和理想;便于修正演奏或演唱中的失误;便于实现一名演员多重唱和一名演奏员多乐器演奏。

2.9 音频的数字化与编码

音频的数字化和编码对于音频的加工、存储和传输有着重要意义。

2.9.1 数字音频

数字音频是一种利用数字化手段对声音进行录制、存放、编辑、压缩或播放的技术,它是随着数字音频信号处理技术、计算机技术、多媒体技术的发展起来的音频技术革命。它涉及到音频的数字化、数字音频格式等内容。

1. 音频的数字化

数字音频数据的存储是以0和1的形式存取的。因此首先应将模拟音频信号采样,然后进行量化,接着转为数字信号,如图2-29所示,最后再将这些电平信号转化成二进制数据保存。数字化后的信号有存储方便、存储成本低廉、存储、传输的过程中没有失真、编辑和处理非常方便等特点。播放的时候再把这些数据转换为模拟信号送到喇叭播出。数字音频的主要应用领域是音乐后期制作和录音。

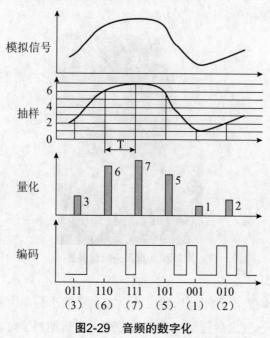

图2-29 音频的数字化

1)采样率

根据奈奎斯特(Nyqust)采样定理,只要采样频率大于或者等于信号中所包含的最高频率的两倍;即当信号是最高频率时,每个周期至少采样两个点,则理论上就可以完全恢复原来的信号。

简单地说44.1kHz采样率的声音就是要花费44100个数据来描述1秒钟的声音波形。原则上采样率越高,声音的质量越好。常用音频采样率:8kHz、11.025kHz、16kHz、22.05kHz、44.1kHz 及48kHz。

2)量化和编码

在幅度轴上将连续变化的幅度值用有限位的数字表示,也即将幅度离散化。量化之后,连续变化的幅值就被有限个量化等级所取代。再将这些有限个量化等级信号幅值用二进制数码表示的过程就是编码。

3)量化级

简单地说就是描述声音波形的数据是多少位的二进制数据,通常用bit做单位,如16bit、24bit。16bit量化级记录声音的数据是用16位的二进制数,因此,量化级也是数字声音质量的重要指标。我们形容数字声音的质量,通常就描述为24bit(量化级)、

48kHz采样，比如标准CD音乐的质量就是数字音频16bit、44.1kHz采样。不同的量化级量化精度会有所不同，如图2-30所示。

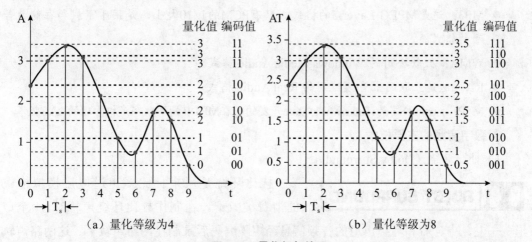

（a）量化等级为4　　　　　　　　　（b）量化等级为8

图2-30　量化级与编码

4）压缩率

通常指音乐文件压缩前和压缩后大小的比值，用来简单描述数字声音的压缩效率。

5）比特率

是另一种数字音乐压缩效率的参考性指标，表示记录音频数据每秒钟所需要的平均比特值（比特是电脑中最小的数据单位，指一个0或者1的数），通常我们使用kbps作为单位。CD中的数字音乐比特率为1411.2kbps，近乎于CD音质的MP3数字音乐需要的比特率大约是112kbps～128kbps。

6）数字音频码率

数字音频码率=取样频率×量化比特数×声道数（bit）

例如CD标准，取样频率44.1kHz，量化比特数16 bit，立体声，码率为：

44.1（k）×16×2=1411.2 kb/s

2. 数字音频格式

数字音频格式有非压缩格式、无损压缩格式、有损压缩格式等。

（1）非压缩格式，如WAV、AIFF和AU。

（2）无损压缩格式，如 FLAC、Monkey's Audio（文件扩展名为APE）、WavPack（文件扩展名为WV）、Shorten、Tom's lossless Audio Kompressor（TAK）、TTA、无损的ATRAC Advanced、Apple和无损的Windows Media Audio（WMA）。

（3）有损压缩格式。如 MP3、Vorbis、Musepack、ATRAC、有损的Windows Media Audio（WMA）和AAC。

（4）几种主要格式说明。

● WAV：主要用于在电脑中存储非压缩的PCM，WAV文件采用 RIFF 结构。

● FLAC：一种无损压缩方式，适合于重要的PCM档案保存。

- AIFF：Apple公司的音频文档标准。类似Windows的WAV文件。
- MID：用于电子乐器、计算机和其他设备之间进行通信控制和同步的标准协议。
- MP3：这是MPEG Layer-3的格式，只有PCM的1/10大小，是用于下载和存储最普及的格式。
- WMA：微软公司的 Windows Media Audio 格式。
- RA：这是互联网上音频流用的 Real Audio 格式。
- M4P：Apple公司为iTunes Music Store开发的，在MP4中加了数字产权管理的AAC版本。

3. 数字音频的主要技术

1）杜比环绕（Dolby Surround）

杜比环绕是原来杜比多声道电影模拟格式的消费类版本。在制作杜比环绕声轨时，4个声道——左、中、右和环绕声道的音频信息经矩阵编码后录制在两路声轨上。这两路声轨可以由立体声格式的节目源如录像带及电视广播节目所携带并进入到家庭，经解码后原有4个声道的信息得以还原并产生环绕声。杜比环绕作为最初级的环绕声标准，提供了4个声道的环绕声支持，目前已经很少有应用。严格地说杜比环绕还不是数字音频。

2）杜比定向逻辑II（Dolby Surround Pro Logic II）

杜比定向逻辑II是一种改进的矩阵解码技术，在播放杜比环绕格式的节目时它拥有更佳的空间感及方向感。对于立体声格式的音乐节目，它可以营造出令人信服的三维声场，并且是将环绕声体验带入汽车音响领域的理想技术。传统的环绕声节目与杜比定向逻辑II解码器完全兼容，同样也可以制作杜比定向逻辑II编码的节目（包括分离的左环绕/右环绕声道）来发挥其还音的优势（杜比定向逻辑环绕声解码器兼容杜比定向逻辑II编码的节目）。总之，杜比定向逻辑II是一种可使用较少的声道来模拟环绕声效果的方法。严格地说杜比定向逻辑II也不是数字音频。

3）杜比数字（Dolby Digital）/杜比AC-3

杜比数字是杜比AC-3音频编/解码技术在DVD及DTV这类消费类格式的应用。在不断的发展普及过程中，Dolby Digital最终定型为5.1声道模式，这也是目前大多数家庭影院或者PC多媒体桌面影院所支持的标准。杜比数字能够提供了五个全频带声道，其中包括左、中、右屏幕声道，独立的左环绕及右环绕声道以及一个独立的用于增强低音效果的声道，中置声道很多时候也被用于强化对白，环绕声道主要用于营造整体声场的立体感。杜比数字首先被应用于电影音效，以5.1格式预先录制合成好的音频资料被储存在胶片齿孔的间隙中。而后杜比数字又被应用在DVD影碟中，成为家庭影院系统的组成部分。就目前的市场形式而言，它已经成为应用最为广泛的环绕音频标准，大部分DVD节目都支持这个最基本的环绕音频格式。

4）杜比数字环绕EX（Dolby Digital Surround EX）

杜比数字环绕EX是在杜比数字标准上加入了第三个环绕声道。第三个环绕声道被解码之后，通过影院或家庭影院系统中设置在观众座位正后方的环绕声扬声器来播放（也被称为后中置），而左/右环绕声道音频信息则通过设置在座位左右方的环绕声扬声器来播放。考虑到系统的兼容性，这个后中置声道经矩阵编码后录制在常规的5.1系统的左/右环绕声轨中，这样当影片在常规的5.1系统的影院系统播放时就不会发生信息丢失的现象。杜比数字环绕EX（Dolby® Digital Surround EX）的优势在于加入了新的环绕声道，从而使得后方声音效果得到较大的改善。目前已经有越来越多的高质量DVD影碟开始支持这个全新的标准。

5）数字影院系统DTS（Digital Theatre System）

DTS是一种用于电影和音乐的高质量多音轨环绕声技术。DTS采用声音的相关性高效地压缩数据，采样率在24bit下达到192kHz。

当将模拟声音信号转为数字信号时需要进行采样。CD由两条音轨组成，使用16bit PCM方式每秒采样44 100次（44.1kHz），采样可被量化为65 536（2的16次方）个级别。使用24bit方式采样可被量化为16 777 216个级别。这种巨大的差异会使声音能够被更真实的记录下来，并且更平滑、更具动态效果，使得声音在还原时更接近于原始的效果。

6）扩展环绕声数字影院系统DTS-ES

DTS-ES标准加入了对6.1声道模式的支持，与Dobly Digital EX不同的是，DTS-ES系统中的后中置是独立的，所以DTS-ES才是真正的6.1系统，Dobly数字音频Digital EX只是一个5.1系统的声道扩展而已。DTS-ES分为DTS-ES分离6.1及矩阵6.1两种。当DTS-ES采用分离6.1解码时，解码器将DTS信号恢复出环绕左/右声道和环绕中置声道，产生完全分离的6.1声场。采用矩阵6.1解码时只考虑信号的核心部分，忽略了扩展部分，但由于采用了DTS的专利后处理ES矩阵模块，仍然能产生6.1"扩展环绕"声场。目前支持Dobly Digital EX的DVD影碟节目相对较多，而支持DTS ES的影碟则屈指可数。

7）THX（Tomlinson Holman Experiment）

美国卢卡斯影业公司制定的一种环绕声标准，它对杜比定向逻辑环绕系统进行了改进，使环绕声效果得到进一步的增强。THX实质是一种"产品认证"，它对重放器材例如影音源、放大器、音箱甚至连接线材都有一套严格而具体的要求，达到这一标准并经卢卡斯认证通过的产品，才授予THX标志。通过THX认证的系统有以下几个突出的特点：

- 功率大，功率是回放声音不失真的前提条件，尤其是低音，如果功率不够的话在大动态下必然会失真。而通过THX认证的系统动辄就是几百瓦的输出功率，足以

保证在最大音量下也不会失真。
- 频响平直、范围宽。通过THX认证的系统的频响范围都很宽阔，这样可以保证不同的声音都能够得到完好的回放，不漏过任何一个微小的细节。
- 音乐还原效果好，通过THX认证的系统的音质都很好，这样可以保证音乐有足够感人的效果。

综合上面的说明，THX认证的好处是显而易见的。但是其缺点也很明显，就是价格高昂。因为其要求很高，所以制造成本将会直线上升。并且THX的认证费用至少要2万美元。

2.9.2 音频编码压缩

1. 可闻声的种类

人耳可以听到的声音称为可闻声，音频信息就是指这一类声音，有语音声、音乐声和效果声等三类。

1）语音声

语音声由口腔发出的声波，频率大致在300Hz～3400Hz之间，主要用于信息解释说明、叙述、答问，也可以作为命令参数输入语言。

2）音乐声

音乐声是由各种乐器产生的，频谱分布整个音频范围本身可供欣赏，也可作为烘托气氛，是音频信息的重要组成部分之一。

3）效果声

大自然产生的，如刮风、下雨、打雷等。还有一些人工产生的，如爆破声、拟音等，对语音和音乐起补充作用。

2. 音频信息的冗余

根据统计分析，音频信号中存在着多种时域冗余和频域冗余，考虑人耳的听觉机理，也能对音频信号实行压缩。

1）时域冗余

音频信号的时域冗余主要表现为：①幅度分布的非均匀性；②样值间的相关性；③周期之间的相关性；④基音之间的相关性；⑤长时自相关函数；⑥静止系数。

2）频域冗余

音频信号在频域的冗余主要表现在两方面：长时功率谱密度的非均匀性；语音特有的短时功率谱密度。

3）听觉冗余

音频信号最终是给人耳听的，可以利用人耳的听觉特性——人耳的掩蔽效应对音频信号进行压缩。

3. 压缩编码

音频压缩编码技术指的是对原始数字音频信号流（PCM编码）运用适当的数字信号

处理技术，在不损失有用信息量或所引入损失可忽略的条件下，降低（压缩）其码率。它必须具有相应的逆变换，称为解压缩或解码。音频信号在通过一个编解码系统后可能引入一定的噪声和失真。

4. 数字音频压缩方法

对于数字音频压缩，常用的有以下三种：
- 时域编码，包括预测编码、增量编码。
- 频域编码，包括变换编码、子带编码。
- 统计编码，包括熵编码、哈夫曼编码以及多种技术相互融合的混合编码等。

不同的压缩编码方法，其算法的复杂程度（包括时间复杂度和空间复杂度）、重建音频信号的质量、算法效率（即压缩比）以及编解码延时等都有很大的不同，数字音频广播要挑选最合适的方法。

5. 音频广播常用的编码标准

音频广播常用的编码标准有三种，下面分别进行介绍。

1）MUSICAM

MUSICAM编码的全称叫做"掩蔽型自适应通用子频带集成编码与复用"。它是MPEG-1标准中的ISO/IEC11172-3，是1993年公布的音频压缩编码国际标准。我国现有的卫星和有线标清数字电视系统的音频压缩编码标准采用的是MPEG-1第Ⅱ层即MUSICAM。

MPEG-1音频压缩编码器输入双声道（L、R）PCM数字音频信号，

用滤波器阵分割成等宽的32个相同大小的子带，每个子带的量化和比特分配用心理声学模型确定，该模型符合人类听觉的掩蔽特性。

量化后的取样值与比特因子和其他编码信息合成为所谓的"帧结构"，由此生成压缩数据流。

MPEG-1算法由层Ⅰ、层Ⅱ、层Ⅲ三种算法构成，其共同点是算法都建立在32个子带编码的基础之上，层Ⅰ与层Ⅱ的最大不同是帧长度，层Ⅰ汇集384个取样加以处理，而层Ⅱ汇集3倍于此的1152个取样加以处理。层Ⅱ使用较低的比特率，采用较长的帧长度，通道数为2，取样频率是32kHz、44.1kHz、48kHz中的任意一个。MPEG-1算法的层Ⅰ、层Ⅱ、层Ⅲ主要参数性能如表2-1所示。

表2-1 MPEG-1算法的层Ⅰ、层Ⅱ、层Ⅲ的主要参数与性能

层 号	Ⅰ	Ⅱ	Ⅲ
每声道数码率	192kHz	128kHz	64kHz
压缩比	1∶3.6	1∶5.6	1∶11
滤波器	子频带编码	子频带编码	子频带编码+变换编码
频谱分辨率	32个子带	32个子带	32个子带、18条子带
特 征	基本算法	最佳编码	滤波器组和熵编码的联合应用
应 用	VCD	DAB、DVB-C/S	通过ISDN传送声音，计算机多媒体

2）AAC和AAC+

AAC是Advanced Audio Coding的缩写，即"高级音频编码"，出现于1997年，是基于MPEG-2的音频编码技术。该编码由Fraunhofer IIS、Dolby、苹果、AT&T、索尼等公司共同开发，以取代MP3格式。2000年，MPEG-4标准出台，AAC重新整合了其特性，故现又称MPEG-4 AAC，即M4A。

作为一种高压缩比的音频压缩算法，AAC压缩比通常为18∶1，也有资料说为20∶1，远胜MP3，而音质由于采用多声道，和使用低复杂性的描述方式，使它比几乎所有的传统编码方式在同规格的情况下更胜一筹。

AAC所采用的运算方式，与MP3的运算有所不同。AAC同时可以支持多达48个音轨，15个低频音轨，支持更多种取样率、比特率以及更高的解码效率，同时还具有多种言语的兼容能力，AAC可以在对比MP3缩小30%的前提下提供更好的音质。

High Efficiency AAC（HE-AAC），又称为 ACC Plus v1或AAC+，它结合了 SBR（Spectral Band Replication）和AAC技术，适用于低码率。

HE-AAC v2，又称为 AAC Plus v2，它结合了参数立体声（Parametric Stereo，PS）和 HE-AAC技术。

3）DRA

这是我国具有自己知识产权的编码方式，这种格式的主要目标是数字电视，特别是高清，它的竞争对象是AC-3，DTS等，但也常用于音频广播。

2.10 思考题

1. 声波产生的两个必要条件是什么？
2. 举例说明什么是倍频程？
3. 声压级是如何定义的？
4. 音质的三要素是什么？
5. 什么是掩蔽效应？
6. 什么是哈斯效应？
7. 混响和回声的区别？
8. 音频0dBV相当于多少V？
9. 辨别声源的几个物理因素是什么？
10. 双声道立体声拾音技术主要有哪些？
11. 数字音频的主要技术主要有哪些？
12. 音频广播常用的编码标准主要有哪些？

第3章 电视基础

本章主要介绍光与视觉特性的基础、图像特性、模拟电视与数字电视基础以及视频编码压缩技术等内容。

3.1 视觉和光学基础

电视是光和影的采集和再现,在认识电视之前先介绍一些视觉和光学的基础。

3.1.1 光的基础

1. 光的本质

光是一种客观存在的物质,兼有波动性和粒子性,并以电磁波的形式传播。电磁波谱如图3-1所示,其中只有人们眼睛可看到的那一小部分叫做光,准确的叫可见光。其波长范围为380nm～780nm。光有颜色感觉和亮度感觉。

(1)颜色感觉:对人眼产生不同的色觉。

(2)亮度感觉:辐射功率相同但波长不同的光给人眼的亮度不相同。

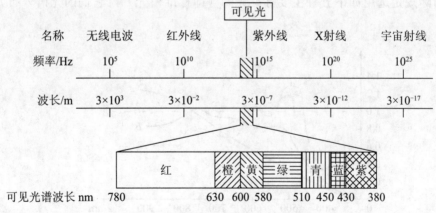

图3-1 可见光在电磁波谱中的位置

2. 可见光谱

可见光谱是能够引起人眼的视觉反应的电磁波的光谱范围。不同波长的光波所呈现的颜色各不相同,随着波长的缩短和频率的升高,依次为:红、橙、黄、绿、青、蓝、紫。

只含有单一波长成分的光称为单色光或谱色光。包含有两种或两种以上波长的光称为复合光。白光可以被分解为单色光,称为白光的分解,如图3-2所示。

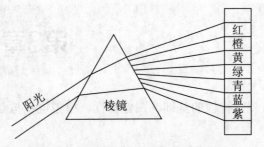

图3-2 白光可以被分解为多个单色光

3. 光源与色温

广义地讲，一切能在可见光波长范围内辐射电磁波的东西都可以称为光源；狭义地讲，就是指照明，能在可见光整个波段范围内能提供较均匀分布的光能辐射体才是光源。有天然光源和人造光源，天然光源主要是日光和火焰，人造光源主要是各种各样的灯，如白炽灯、日光灯、LED灯等。

色温即光源色品质量的表征，是指当光源发射光的相对辐射功率谱及相应颜色与绝对黑体在某一温度下辐射光色完全相同时，绝对黑体的温度称为该光源的色温，单位以绝对开氏温度（K）表示。这里的绝对黑体是既不反射也不透射光线，而能完全吸收入射光的物体。绝对黑体在自然界是不存在的。其实，色温并非光源本身的实际温度，而是表征光源波谱特性的参量。在几种标准白光中，色温较低者，偏红；色温较高时，偏蓝。

4. 五种标准光源

按国际规定选用如下五种主要标准光源（即标准白光），它们的光谱分布如图3-3所示。

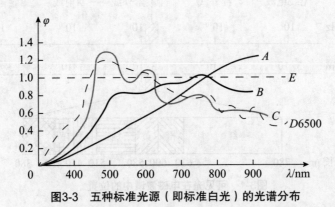

图3-3 五种标准光源（即标准白光）的光谱分布

1）A光源

它相当于钨丝灯在2800 K时发出的光。其波谱能量分布如图中曲线A所示，它的灯光常带橙红色，不如太阳光白，A光源的相关色温为2854K。

2）B光源

它接近于中午直射的阳光，相关色温为4800K，可以用特制的滤色镜从A光源获得。

3）C光源

它相当于白天的自然光，相关色温为6800K，也可以用特制的滤色镜从A光源获得。

由图中的曲线C可以看出，其波谱能量在400nm～500 nm处较大，所含蓝光成分多。

4）D_{65}光源

它相当于白天的平均照明光，相关色温为6500K，被作为彩色电视中的标准白光，可以由彩色显像管荧光屏上的三种荧光粉发出的光适当配合而获得。相应的光谱分布如图中的虚线D6500所示，它与C光源很接近。

5）E光源

它是一种假想的等能白光（E白），光谱分布为一条直线，即所有波长的光都具有相等辐射功率时所形成的白光，这实际上是不可能的。采用它纯粹是为了进行理论研究和简化色度学的计算。

3.1.2 视觉特性

人的视觉特性是人能感觉到图像的颜色和亮度是眼睛的生理结构所决定的，是电视技术发展的重要依据。电影和电视都是根据人眼的视觉特性发明的。

1. 视觉灵敏度

波长不同的可见光光波，给人的颜色感觉、亮度感觉也不同，人眼对不同波长光的灵敏度是不同的，研究表明人眼对波长为555nm的黄绿光最敏感，如图3-4所示。

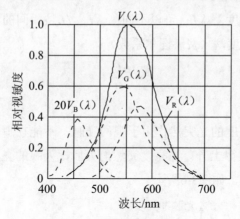

图3-4　相对视敏函数曲线

人眼的灵敏度因人而异，同一个人眼睛的灵敏度也随年龄和健康状况有所变化，所以采用统计方法，用许多正常视力的观察者来做实验，取其平均值。

2. 亮度感觉

在不同的亮度环境下，人眼对于同一实际亮度所产生的相对亮度感觉是不相同的，如图3-5所示。当人眼分别适应了A、B、C点的环境亮度时，人眼感觉到"白"和"黑"的范围如虚线所示，它们所对应的实际亮度范围比人眼的视觉范围小很多。并且A点的实际亮度对于适应了B点亮度的眼睛来说感觉很暗；而对于适应了C点亮度的眼睛来说，却感觉很亮。

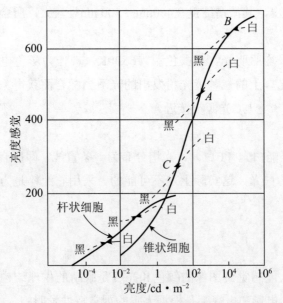

图3-5 眼睛的亮度感觉

(1) 要使人眼感觉到两个画面有亮度差别,必须使两者的亮度差≥$\Delta L\min$

$\Delta L\min$是有限小量,而不是无限小量。因此,人眼察觉亮度变化的能力是有限的。

(2) 对于不同的环境亮度L

人眼可觉察的最小亮度差$\Delta L_{\min}$可以不同;$\Delta L_{\min}/L$是相同的,并等于一个常数,这个系数叫相对对比度灵敏度阈(费赫涅尔系数):

$$\xi = \frac{\Delta L_{\min}}{L} \tag{3-1}$$

3. 视觉惰性

实验证明,当一定强度的光突然作用于视网膜时,不能在瞬间形成稳定的主观亮度感觉,而是按近似指数规律上升;当亮度突然消失后,人眼的亮度感觉并不立即消失,而是按近似指数规律下降,如图3-6所示。

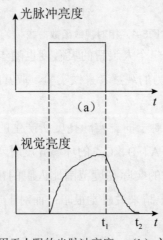

(a) 作用于人眼的光脉冲亮度　(b) 主观亮度感觉

图3-6 人眼的视觉惰性

人眼的亮度感觉总是滞后于实际亮度的,这一特性称为视觉惰性或视觉暂留。

视觉惰性是现代电视和电影的基础。电影和电视都是将一幅幅静止的画面以一定的频率在屏幕上轮流显示。虽然人眼看到的是静止的画面,但是由于视觉暂留特性,前一幅画面的印象尚未消失,后一幅画面的印象又开始建立,因此人眼感觉不到画面是断续的。

视觉产生连续感的前提是静止画面的时间间隔小于视觉暂留时间,即画面的换幅频率大于视觉暂留时间的倒数。

如果取视觉暂留时间为0.05秒,则画面的换幅频率必须要大于20Hz才能产生连续感。

电影在拍摄和放映时是按每秒24格进行的,因此其换幅频率为24Hz,满足人眼产生连续感的需求。电视的帧频为25Hz或30Hz,同样也满足连续感的需要。

4. 人眼的分辨力

分辨力是指人眼在观看景物时对细节的分辨能力。对人眼进行分辨力测试的方法,如图3-7所示,在眼睛的正前方放一块白色的屏幕,屏幕上面有两个相距很近的小黑点。逐渐增加画面与眼睛之间的距离,当距离增加到一定长度时,人眼就分辨不出有两个黑点存在,感觉只有一个黑点。这说明眼睛分辨景色细节的能力有一个极限值。

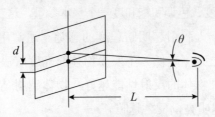

图3-7 人眼的分辨角

我们将这种人眼分辨景物细节的能力称为分辨力,又称为视觉锐度。它等于人眼视敏角的倒数,即分辨力$=1/\theta$。影响分辨力的因素:

(1)与物体在视网膜上成象的位置有关。黄斑区锥状细胞密度最大,分辨力最高。越是偏离黄斑区,光敏细胞的分布越稀,分辨力也就低。

(2)与照明强度有关。照度太低,仅杆状细胞起作用,分辨力大大下降,且无彩色感;照度太大,分辨力不会增加,甚至由于"眩目"现象而降低。

(3)与对比度C_r有关。$C_r = \dfrac{B-B_0}{B_0} \times 100\%$,其中$B$为物体亮度,$B_0$为背景亮度,当两者接近,分辨力要降低。

(4)与被观察物体的运动速度有关。运动速度快,分辨力将要下降。

分辨力是指人眼在观看景物时对细节的分辨能力。人眼对彩色细节的分辨力比对黑白细节的分辨力要低。如表3-1所示。

表3-1 人眼分辨能力与细节颜色的关系

细节色别	黑白	黑绿	红绿	绿蓝
相对分辨力	100%	94%	40%	19%

因为人眼对彩色细节的分辨力较差,所以在彩色电视系统中传送彩色图像时,只传

送黑白图像细节，而不传送彩色细节，这样做可减少色信号的带宽，这就是大面积着色原理的依据。人眼对运动景物的分辨力要低于对静止景物的分辨力。

3.1.3 色度学基础

1. 物体的颜色

物体的颜色就是物体的发（反、透）射光作用于人眼所引起的主观感觉。黑白是亮度不是颜色。自然界中的物体可以分为发光体（光源）和不发光体两大类。不发光体分为透明和不透明两类：透明体的颜色是由该物体透射的光谱成分决定的；不透明物体的颜色取决于物体对各种波长光的反射特性。

不发光体的颜色与照射光的光谱和不发光体对照射光的反射、透射特性有关。如红旗反射太阳光中的红色光、吸收其他颜色的光而呈红色；绿叶反射绿色的光、吸收其他颜色的光而呈绿色；白纸反射全部太阳光而呈白色；黑板能吸收全部太阳光而呈黑色。

物体的颜色还与照明光源的光谱分布有关。绿叶拿到暗室的红光下观察成了黑色，这是因为红光源中没有绿光成分，树叶吸收了全部红光而呈黑色。

描述一种色彩需要用亮度、色调和饱和度三个基本参量，这三个参量称为彩色三要素。

亮度是指彩色光作用于人眼引起明暗程度的感觉，通常用Y来表示。彩色光辐射的功率越大，亮度越高，反之亮度越低。不发光物体的亮度取决于它反射光功率的大小。若照射物体的光强度不变，物体的反射性能越好，物体越明亮，反之越暗。对于一定的物体，照射光越强，物体越明亮，反之越暗。

色调反映彩色的类别，通常所说的红色、绿色、黄色等，就是指不同的色调。不同波长的光所呈现的颜色不同就是指其色调不同。如果改变彩色光的光谱成分，就必然引起色调的变化。例如，在红光中混入绿光就会使人们感觉到色调变成黄色。发光物体的色调由光的波长决定，不同波长的光呈现不同的色调，不发光物体的色调由照明光源和该物体的吸收、反射或透射特性共同决定。

饱和度是指颜色的深浅程度，即颜色的浓度。对于同一色的彩色光，其饱和度越高，它的颜色就越深；饱和度越低，它的颜色就越浅。在某一色调的彩色光中掺入白光，会使其饱和度下降，掺入的白光越多，其饱和度就越低。同一色调的彩色光，会给人以深浅不同的感觉，深红、粉红是两种不同饱和度的红色，深红色饱和度高，粉红色饱和度低。

谱色光就是纯色光，其饱和度为100%。饱和度低于100%的彩色称为非饱和色，日常生活中所见到的大多数彩色是非饱和色。白光的饱和度为0。

色调和饱和度合称为色度。色度即说明彩色光颜色的类别，又说明了颜色的深浅程度。在彩色电视系统中，所谓传输彩色图像，实质上是传输图像像素的亮度和色度。

2. 人眼的彩色视觉特性

实验表明，人眼相同的彩色感觉可以来源于不同的光谱组合，颜色感觉相同，光谱组成不同的光称为同色异谱色。

3. 三基色原理与混色法

1）视觉三色假说

人的锥状细胞又分为三类，分别称为红敏、绿敏和蓝敏。如果某束光线只能引起某一种光敏细胞兴奋、而另外两种光敏细胞仅受到很微弱刺激，我们感觉到的便是某一种色光；若红敏细胞受刺激，则感觉到的是红色；若红、绿敏细胞同时受刺激，则产生的彩色感觉与由黄单色光引起的视觉效果相同。这三种光敏细胞各有各的光谱光效率曲线，如图3-8所示，其对颜色的感觉，就形成主观上的彩色感觉。

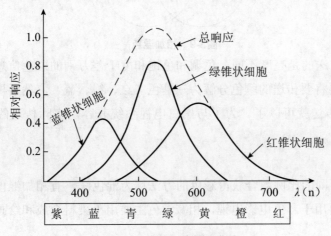

图3-8 锥状细胞敏感曲线

根据人眼的视觉特性，在电视机中重现图像时并不要求完全重现原景物反射或透射光的光谱成分，而是应获得与原景物相同的彩色感觉。

2）混色的含义

仿效人眼三种锥状细胞，可以选出三种单色，任一种单色都不能由其他两种单色混合得到，将它们按不同比例进行组合，可得到自然界中绝大多数的彩色。具有这种特性的三个单色光叫基色光，并总结出三基色原理：

- 三基色必须是相互独立地产生的；
- 自然界中的大多数颜色，都可以用三基色按一定比例混合得到；
- 三个基色的混合比例，决定了混合色的色调和饱和度；
- 混合色的亮度等于构成该混合色的各个基色的亮度之和。

因为人眼的三种锥状细胞对红光、绿光和蓝光最敏感，所以在红色、绿色和蓝色光谱区中选择三个基色按适当比例混色可得到较多的彩色。在彩色电视中，选用了红、绿、蓝作为三基色，分别用R、G、B来表示。国际照明委员会（CIE）选定了红基色的波长为700nm，绿基色的波长为546.1nm，蓝基色的波长为435.8nm。

三基色原理是彩色电视技术的基础，摄像机把图像分解成三基色信号，电视机又用三基色信号还原出原图像的色彩。

三基色光相混合得到的彩色光的亮度等于三种基色亮度之和，这种混合色称为相加混色。将三束等强度的红、绿、蓝圆形单色光同时投射到白色屏幕上，会出现三基色的圆图，其混合规律如图3-9所示。

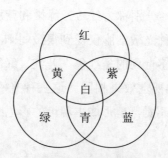

图3-9 相加混色

彩色电视要传送的是亮度不同、色调和色饱和度千差万别的彩色信息，有了三基色原理，我们只需要将要传送的颜色分解为三基色（红、绿、蓝），然后再分别以对应的一种电信号进行传送就可以了。为了与黑白电视系统兼容，实际传送的是亮度和色差（表示色度）信号。

3）混色法

三基色按照不同的比例混合获得彩色的方法称为混色法，有相加混色法和相减混色法。相加混色主要用于彩色电影电视，相减混色主要用于染料合成和绘画。其中相加混色又可以分为：

- 空间混色法。利用人眼空间细节分辨力差的特点，将三种基色光在同一平面的对应位置充分靠近，只要三个基色光点足够小且充分近，人眼在离开一定距离处将会感到是三种基色光混合后所具有的颜色。这种空间混色的方法是同时制彩色电视的基础。
- 时间混色法。利用人眼的视觉惰性，顺序地让三种基色光出现在同一表面的同一处，当相隔的时间间隔足够小时，人眼会感到这三种基色光是同时出现的，具有与三种基色相加后所得颜色相同的效果。这种相加混色方法是顺序制彩色电视的基础。
- 生理混色法。人的两眼同时分别观看不同颜色的同一彩色景像时，使之同时获得两种彩色印像，两种彩色印像在大脑中产生相加混色的效果。

3.1.4 颜色的度量与亮度方程

1. 配色实验

给定一种彩色光，可通过配色实验来确定其所含三基色的比例，配色实验装置如图3-10所示。实验装置是由两块互成直角的理想白板将观察者的视场一分为二，在一块白板上投射待配色，另一块白板上投射三基色。

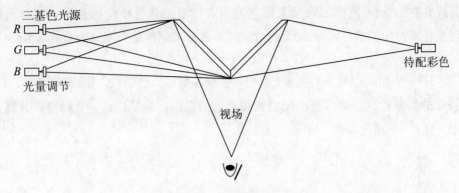

图3-10 配色实验

调节三基色光的强度,直至两块白板上彩色光引起的视觉效果完全相同。记下三基色调节器上的光通量读数,便可写出配色方程:

$$F=R(R)+G(G)+B(B) \tag{3-2}$$

式中,F为待配色的彩色光的彩色量,(R)、(G)、(B)为三基色单位量。

经过试验发现要配成标准白光$E_白$所需红、绿、蓝三基色的光通量比为1∶4.5907∶0.0601,为了简化计算,规定红基色光单位量的光通量为1lm,绿基色光和蓝基色光单位量的光通量分别为4.5907 lm和0.0601 lm。

2. XYZ制色度图

配色实验的物理意义明确,但进行定量计算却比较复杂,实际使用很不方便,为此进行了坐标变换:

$$(X)=0.4185(R)-0.0912(G)+0.0009(B) \tag{3-3}$$

$$(Y)=-0.1587(R)+0.2524(G)+0.0025(B) \tag{3-4}$$

$$(Z)=-0.0828(R)+0.0157(G)+0.1786(B) \tag{3-5}$$

但是(X)、(Y)、(Z)不代表实际彩色,故称其为计算三基色。

在XYZ计色制中,任何一种彩色的配色方程式可表示为

$$F=X(X)+Y(Y)+Z(Z) \tag{3-6}$$

式中X、Y、Z为标准三色系数,(X)、(Y)、(Z)为标准三基色单位。在XYZ计色制中标准三色系数均为正数,系数Y的数值等于合成彩色光的全部亮度,系数X、Z不包含亮度,合成彩色光色度仍由X、Y、Z的比值决定。当$X=Y=Z$时,配出等能白光$E_白$。

色度是由三色系数X、Y、Z的相对值确定的,与X、Y、Z的绝对值无关,如果仅考虑色度值时,可以用三色系数的相对值表示。

$$\begin{aligned} m &= X+Y+Z \\ x &= \frac{X}{X+Y+Z} = \frac{X}{m} \\ y &= \frac{Y}{X+Y+Z} = \frac{Y}{m} \\ z &= \frac{Z}{X+Y+Z} = \frac{Z}{m} \end{aligned} \tag{3-7}$$

公式3-7中，m为色模，表示某彩色光所含标准三基色单位的总量，它与光通量有关，对颜色不产生影响；x、y、z为相对色度系数，又叫色度坐标。由公式（3-6）可知

$$x+y+z=1 \tag{3-8}$$

式（3-7）表明，当某一彩色量F的相对色度系数x、y已知时，则z也为已知，即z是一个非独立的参量。这样就可将由配色实验得到的数据，换算成x、y坐标值，并画出其平面图形，即x - y标准色度图，如图3-11所示。

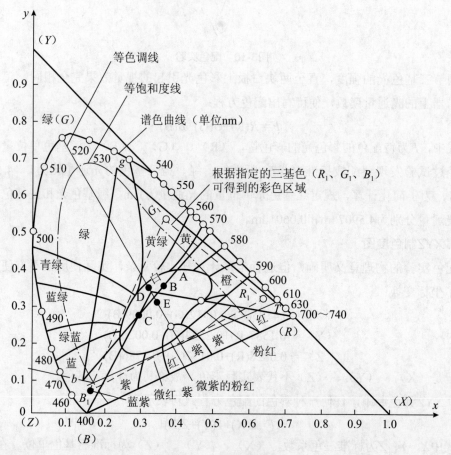

图3-11 XYZ色度图

该色度图具有如下特点：

- 舌形曲线全部位于第一象限，所有的单色光都位于舌形曲线上，舌形曲线称为谱色轨迹。它们的饱和度均为100%，曲线旁注有单色光波长值。
- 舌形曲线上任一点与E白点的连线称为等色调线。
- 不在同一等色调线上的任意两点，表示了两种不同的颜色，由这两种颜色组成的全部混合色都处在这两点的连线上。
- 饱和度相同的彩色所对应的各点的连线称为等饱和度线，见图中所注。
- 在谱色曲线内任取三点对应的彩色作基色（例如，图中R_1、G_1、B_1），则由此三基色混合而成的所有彩色都包含在以这三点为顶点的三角形内。

3. 显像三基色

彩色电视重现图像是靠彩色显像管屏幕上的三种荧光粉在电子束轰击下发出红、绿、蓝三种基色光混合而得到的，这三种基色称为显像三基色。

我们希望选出的显像三基色在色度图上的三角形面积尽可能大些，这会使混合出来的色彩更丰富，同时还要求荧光粉的发光效率尽可能高。

不同彩色电视制式所选用的显像三基色是不同的，选用的标准白光也不一样。NTSC制和PAL制采用的显像三基色和标准白光的色度坐标如表3-2所示，在色度图中的位置分别见图3-11中的虚线三角形和实线三角形。

表3-2 显像三基色和标准白光的色度坐标

制式		NTSC制				PAL制			
基色和标准白光		R_{e1}	G_{e1}	B_{e1}	$C_白$	R_{e2}	G_{e2}	B_{e2}	$C_白$
色度坐标	X	0.67	0.21	0.14	0.31	0.64	0.29	0.15	0.313
	Y	0.33	0.71	0.08	0.316	0.33	0.60	0.06	0.329

4. 亮度公式

由显像三基色和标准白光的色度坐标经线性矩阵变换可导出NTSC制中显像三基色R_{e1}、G_{e1}、B_{e1}和X、Y、Z之间的关系式为

$$X=0.607R_{e1}+0.174G_{e1}+0.200B_{e1}$$

$$Y=0.299R_{e1}+0.587G_{e1}+0.114B_{e1}$$

$$Z=0.000R_{e1}+0.066G_{e1}+1.116B_{e1}$$

式中，Y代表彩色的亮度，由显像三基色配出的任意彩色光的亮度为：

$$Y=0.299R_{e1}+0.587G_{e1}+0.114B_{e1} \tag{3-9}$$

通常简化为：

$$Y=0.3R+0.59G+0.11B \tag{3-10}$$

公式（3-10）称为亮度公式。

由表3-2可知在PAL制彩色电视中，选用的显像三基色和标准白光的色度坐标与NTSC制不一样，亮度公式中的系数有所不同，但是两者差别不大，所以在PAL制中也采用公式（3-10）作为亮度公式。

3.2 图像特性

3.2.1 图像的重要参数

1. 分辨率（Resolution）

确立组成一幅图像的像素数目，用每英寸多少点（DPI）来表示，指组成一幅图像像素密度的度量方法。

图像分辨率以像素乘以像素来说明，第一个像素值指的是水平方向的像素数量，第

二个像素值指的是垂直方向的像素数量。一个图像所含的像素数量越大，图像所含的信息就越多，被清楚还原的尺寸也就越大。在输出大小相同的情况下，像素值越大，单个细节就显示得越清楚，就越会形成清晰的视觉效果，如图3-12所示。

图3-12　分辨率为72dpi（左）和300dpi（右）的图像示例

2. 显示分辨率（Display Resolution）

确定屏幕上显示图像区域的大小，即构成全屏显示的像素点的个数，以每行拥有的像素点数乘以屏幕显示行数来表示。例如目前高清电视的显示分辨率为1920×1080，4k电视的显示分辨率为3840×2160。

显示分辨率有最大显示分辨率和当前显示分辨率之分：最大显示分辨率由物理参数，即显示器和显示卡（显示缓存）来决定，当前显示分辨率由当前设置的参数决定。

若图像像素的点数大于显示分辨率像素的点数，则该图像在显示器上只能显示一部分。只有当二者相同时，一幅图像才能充满整屏。图3-13显示了不同显示分辨率与图像分辨率之间的关系。

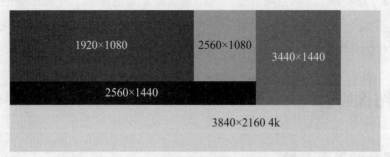

图3-13　不同显示分辨率与图像分辨率之间的关系

3. 像素深度

描述图像每个像素数据所占的二进制位数。它决定了彩色图像中可出现的最多颜色数，或灰度图像中最大的灰度等级数。颜色位数越多，描述的图像越艳丽，产生的数据量也越大。图3-14所示为不同颜色位数的同一图像。

　　　　2色　　　　　　　　16色　　　　　　　　真彩

图3-14　不同颜色位数的图像

像素深度与色彩的关系如表3-3所示。

表3-3　像素深度与色彩的关系

彩色深度	彩色信息数量	彩色模式
1位	2^1=2种颜色	位图模式（Bitmap）
8位	2^8=256种颜色	索引模式（Indexed）、灰度模式（Grayscale）
24位	2^{24}=16 777 216种颜色	RGB色彩模式、CMYK色彩模式

4. 图像容量

指图像文件的数据量，其计量单位是字节（byte）。对图像容量有影响的因素包括色彩的数量、图像的分辨率、图像的格式等。

图像容量的计算公式：

$$图像数据量大小 = 垂直像素总数 \times 水平像素总数 \times 色彩深度/8 \quad (3-11)$$

3.2.2　矢量图和位图

1. 矢量图

矢量图是计算机通过数学运算而产生的图形，如画点、画线、画曲线、画圆、画矩形等，因此，该图所占容量很小，缩放、旋转、移动时图像不会失真，而且它的显示效果不受幅面大小或显示器分辨率的影响。矢量图的缺点是图像显示时花费时间比较长以及真实世界的彩色图像难以转化为矢量图等。

矢量图的文件格式视生成它的软件的不同而不同，如Adobe Illustrator的.AI、.EPS和SVG、AutoCAD的.dwg和dxf、CorelDRAW的.cdr、Windows标准图元文件.wmf和增强型图元文件.emf等等。

2. 位图

位图是将一副图像在空间上离散化，即将图像分成许许多多的像素，每个像素用若干个二进制位来指定该像素的颜色或灰度值，如图3-15所示。根据是否采用压缩的方法，位图文件又分为许多种格式，如：.bmp、.tif、.gif和.jpg等。

位图有显示速度快以及真实世界的图像可以通过扫描仪、数码相机、摄像机等设备方便的转化为位图等优点。

位图的缺点主要有存储和传输时数据量比较大以及缩放、旋转时算法复杂且容易失真。

（a）矢量图　　　　　　　　（b）位图

图3-15　矢量图与位图

3. 常用的图像文件格式

常用的图像文件格式有BMP、GIF、JEPG、JPG、TIFF、TIF、PNG、PSD、PCX。

BMP格式图像鲜艳、细腻，但文件较大；GIF格式文件较小，有小动画效果；JEPG、JPG格式质量高，文件较小，略失真；TIFF、TIF格式主要用于扫描仪、OCR系统；PNG格式适合在网络上传输与打开；PSD格式为Photoshop专用，图像细腻；PCX格式压缩比适中，能快速打开。

3.3　模拟电视基础

电视指利用电子技术及设备传送活动的图像画面的装置，图像采集端通过把空间光信号变成时序电信号，图像还原端则需要利用人眼的某些特性把时序电信号在变回空间光信号。

3.3.1　黑白电视图像采集原理

1. 图像的分解与传送

1）图像的分解

图像的分解的实质就是将景物图像化整为零，将图像转化为构成图像的基本单位——像素是组成图像的基本单元，也是传送图像的基本单元，它的集合代表图像的总信息，如图3-16所示。我国采用PAL制式，一帧图像的像素约为44万个（576×768）。

每个像素具有单值的光特性（亮度和色度）和几何位置。像素的亮度和色度既是空间（二维）函数，同时又是时间函数。

图3-16　图像与像素

每幅画面上的亮度与色度都是景物之光学特性Ψ是空间坐标x，y，z和时间t的四维函数。

$$\Psi=f(x,\ y,\ z,\ \lambda,\ t) \tag{3-12}$$

公式（3-12）中：t表示时间；x，y，z表示空间坐标；λ是光波长（颜色）；Ψ表示某点光学特性，既包括亮度有包括色度。

对于平面黑白电视亮度信息B，可以简化为：

$$B=f(x,\ y,\ t) \tag{3-13}$$

平面彩色电视亮度和色度信息既是空间（二维）函数，同时又是时间函数。

根据人眼对细节分辨力有限的视觉特性，可以将平面图像看成由许多像素组成，像素越小，单位面积上的像素数目越多，图像越清晰。

我们可以通过扫描方法获得图像像素，它是按时间顺序逐一传送空间分布的每一个像素的亮度和色度，实现把空间坐标（x，y）也转换成时间t的函数。

2）图像的传送

- 同时制传送（并行传输）：将构成一幅图像的所有像素同时转换成电信号，并同时传送出去。该模式的关键点是每一像素需占用一个传输通道，由于在技术和经济上都不现实，该模式并没有真正实现，只是一种启蒙设想。
- 图像的顺序制传送：按一定顺序将每像素的光学信息轮流转换成电信号，用一条传输通道依次传送出去，接收端依次接收并重现，如图3-17所示。该模式的关键

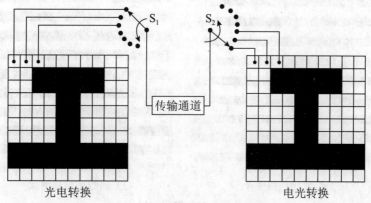

图3-17　图像的顺序制传送原理

是传送速度要快,传送时刻要准确,收发双方应同步工作。收发同步是电视系统中一个非常重要的问题。

2. 扫描原理

电视图像的采集和重现中的关键是通过扫描来实现的。所谓扫描是电视系统中顺序分解像素和重现像素的实现过程,它是将组成一帧图像的像素按顺序转换成电信号的过程(或逆过程)。扫描是顺序制传送系统的核心,包含两个过程:发送端光电转换过程中的扫描和接收端电光转换过程中的扫描。扫描的实质就是空时——时空转换。

电视系统的扫描轨迹为直线型的线性扫描,分为水平扫描(行扫描)和垂直扫描(场扫描)两种。

1)行扫描

行扫描是指其正程自左至右,逆程自右至左。行扫描在应用中又分为逐行扫描和隔行扫描。

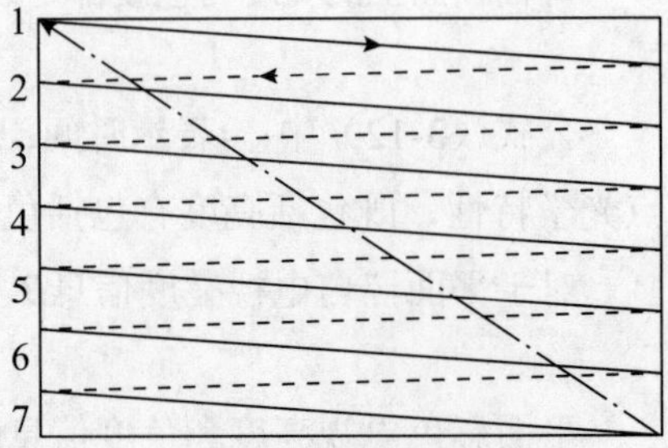

- 逐行扫描(Interleaved scanning)是电子束在光电靶或荧光屏上自左向右,从上到下均匀地一行接一行地扫描,如图3-18所示。
- 隔行扫描(Progressive scanning)将一帧画面的图像分为两场扫描。第一场只扫描奇数行,第二场只扫描偶数行,如图3-19所示。

图3-18 逐行扫描

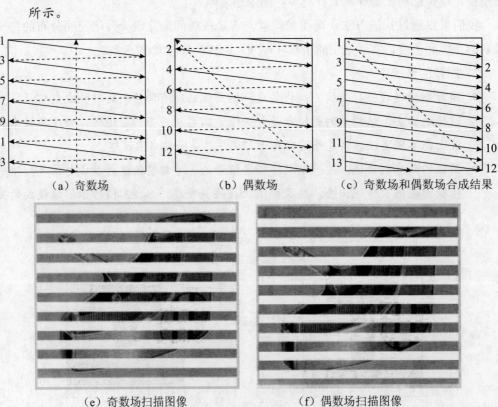

(a)奇数场　　(b)偶数场　　(c)奇数场和偶数场合成结果

(e)奇数场扫描图像　　(f)偶数场扫描图像

图3-19 隔行扫描

在传输方面由于隔行扫描能克服逐行扫描电视信号的对传输带宽要求过宽的缺点，同时还具有在不改变帧频的条件下克服闪烁现象的优点。

研究发现，人眼对小面积闪烁的感觉比大面积闪烁的感觉弱得多，特别是相邻的行间闪烁更不易被察觉。

隔行扫描的优点是在保证基本不影响图像分解力和画面无大面积闪烁的前提下，将图像信号带宽减小一半；在画面无闪烁的前提下，对给定的通频带，隔行扫描能以更多的行数分解图像。缺点是行间闪烁效应，并行现象同时垂直边沿锯齿化。

2）场扫描：垂直方向正程自上至下，逆程自下至上。

3. 同步

所谓同步是指收发两端按照相同的规律进行扫描，收发双方扫描规律必须严格一致。同步有两方面含义：同频，收发两端的扫描速度相同；同相，收发两端的时空对应关系一致。同步分行同步和场同步。

4. 模拟电视的扫描参数

我国的电视标准规定：

（1）一帧扫描总行数为625行，其中，帧正程575行，帧逆程50行；

（2）采用隔行扫描方式，每场扫描312.5行，场正程287.5行，场逆程25行；

（3）电视图像每秒传送25帧图像，一帧分两场，因此场频为50Hz，场周期为20ms；

（4）行频为15 625Hz，行周期为64μs，行正程时间为52μs，行逆程时间为12μs；

（5）扫描光栅的宽高比为4∶3。

3.3.2 光电转换

光电转换过程（摄像过程）的工作原理与所使用的摄像材料有关。产生图像信号的主要原理是基于电荷储能原理（Charge Storage Principle）。目前主要有三类可用于图像采集的摄像材料：摄像管、CCD和CMOS器件。

1. 摄像管

1）结构

摄像管是利用了光电靶的作用和电子束的扫描来实现光电转换的，其结构如图3-20所示，由灯丝、光电靶、电子枪、镜头、聚焦线圈以及偏转线圈等组成。

- 光电靶：产生一束聚焦很细的电子束，将光学图像变成电子图像。
- 电子枪：将光学图像变成电子图像对电子束进行聚焦。
- 偏转线圈：对电子束进行聚焦。
- 聚焦线圈：实现水平和垂直方向的扫描。
- 校正线圈：将电子束校正到沿管轴方向运动。

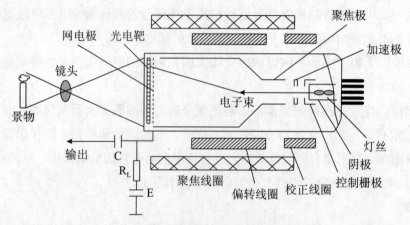

图3-20 摄像管的结构示意图

2）光电转换过程

摄像管阴极发射出来的电子束，在电子枪的电场及偏转线圈的磁场力作用下，高速、顺序地扫过靶面各单元。

当电子束按一定的顺序在靶面上扫描时，轮流接通各个靶单元，形成闭合回路。对应于图像上的亮点，靶单元的等效电阻小，电子束扫描此单元时，在回路中产生的电流大，在负载RL上产生的压降就大，输出电压就小；反之，在负载RL上产生的压降就小，输出电压就大，如图3-21所示。

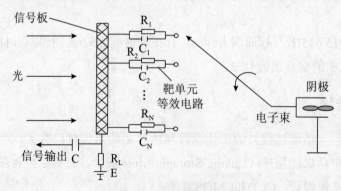

图3-21 摄像管工作原理

2. CCD器件

CCD（Charge Coupled Device）器件又称电荷耦合器件。它无需电子束的扫描就能实现光电转换，而且在体积、重量、功耗等方面的性能都明显优于摄像管。目前，CCD摄像机已逐步取代了摄像管摄像机。

CCD器件以电荷的多少代表图像信号的亮暗，以时钟信号控制代替电子束扫描实现图像信号的摄取、光电变换和输出的摄像器件。

1）CCD光敏像元的构造

CCD是由许多个光敏像元按一定规律排列组成的。每个像元就是一个MOS电容器（大多为光敏二极管），如图3-22所示。当MOS结构金属电极加上正栅压时，在P型半导体内部空穴被排斥，在绝缘层界面下形成一个电子势能低的空间电荷区（耗尽层，电子势阱）。电子势阱可以用来存放电子，势阱内存储的电子电荷通常称为电荷包。电子电荷是通过光注入或电注入方式注入的外来信号电荷。电荷量大小由外来信号决定。

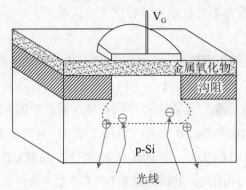

图3-22　CCD光敏像元构造

2）CCD芯片的工作过程

（1）光电转换：CCD光敏像元把入射到每一个感光像素上的光子转化为相应数量的电荷。

（2）电荷储存：当电极上加有正偏压（对于N型Si衬底则加负偏压），它形成的电场穿过SiO_2薄层排斥P型Si中的多数载流子（空穴），于是在电极下形成一个耗尽层，即得到一个储存少数载流子（电子）的势阱，如图3-23所示。

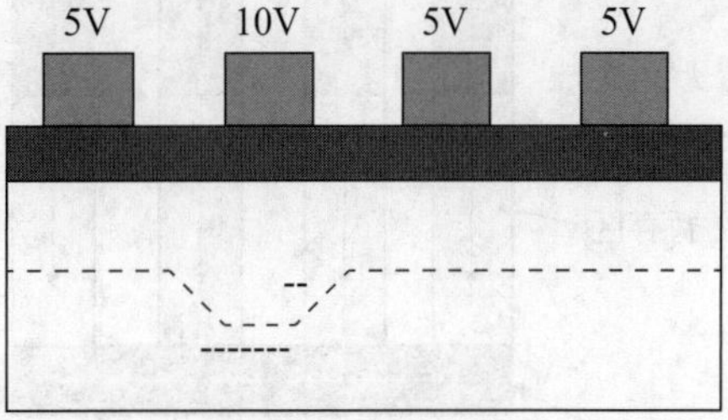

由于极板上的正电荷总量恒等于势阱中自由电荷加上负离子的总和，随着电荷的不断注入，势阱会不断变浅，直至饱和。

图3-23　电荷储存

在这一过程中当一个像素聚集过多的电荷后，就会出现电荷溢出，溢出的电荷会跑到相临的像素势阱里去，这样电荷的电量就不能如实反映原物。要避免这种情况发生可以增大单位像素尺寸，缩短曝光时间，其缺点是对于暗的部分曝光不足；间歇开关时钟电压缺点是会降低速度；设置溢出沟道和溢出门，缺点是制作复杂，且还有缺陷。所以，增大像素尺寸是最完善的做法。

（3）电荷转移：当一个CCD芯片感光完毕后。每个像素所转换的电荷包，就按照一行的方向转移出CCD感光区域，为下一次感光放空间。电荷转移出感光区域的时间，需要抑制新的电荷注入到芯片。在此环节，还可以加入电子快门。

CCD中电荷包的转移是由各极板下面的势阱不对称引起的。电压高的地方，就会产生相对的势阱，电荷会聚集在势阱里。当高电压的位置按照一定方向转移时，势阱的位置也会随之转移，如此，电荷就会随着移动，如图3-24所示。

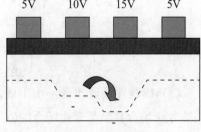

图3-24　电荷转移

把CCD的电极分为几组,相同组的电极施加相同的电压来实现势阱的移动。按照分组情况,可分为:2相,3相和4相CCD。

(4)电荷转换:电荷都要经过放大器转化为电压量。

3)分类

按照光敏区和暂存区的不同排列,二维CCD可分为三种结构。

(1)帧传输型(FTCCD)。由上、下两部分组成,上半部分是集中了像素的光敏区域,下半部分是被遮光而集中垂直寄存器的存储区域,如图3-25所示。该类型的优点是结构较简单并容易增加像素数,缺点是CCD尺寸较大,易产生垂直拖影。

(2)行间转移型(ILTCCD)。行间转移型CCD是目前CCD的主流产品,它们是像素群和垂直寄存器在同一平面上,其优点是在1个单片上,价格低,并容易获得良好的摄影特性,如图3-26所示。

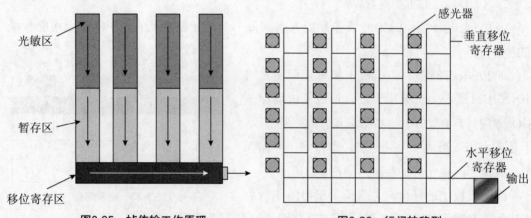

图3-25 帧传输工作原理　　　　图3-26 行间转移型

(3)帧行间转移型(FITCCD)。是第一种和第二种的复合型,结构复杂,但具有能大幅度减少垂直拖影并容易实现可变速电子快门等优点。

3. COMS器件

CMOS和CCD最大的区别是CMOS的电荷到电压转换过程是在每个像素上完成的,如图3-27所示。

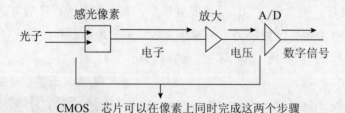

图3-27 COMS器件工作过程

COMS器件经过改良,由于成本低和制造简单、集成度高,目前也部分用于替代一些非专业场合甚至是专业场合的CCD器件。

3.3.3 电光转换

1. 阴极射线管CRT

1）基本结构

阴极射线管CRT（Cathode-Ray Tubes）由管内部分、管外部分及管体本身构成。管体是一个真空玻璃管；管内部分有电子枪、荧光屏等部件；管外有偏转线圈等，如图3-28所示。

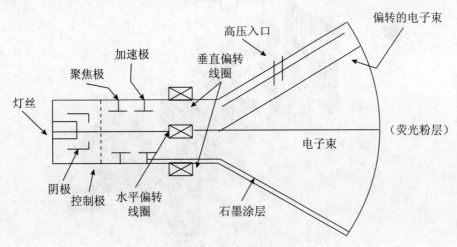

图3-28 阴极射线管CRT结构

- 电子枪：由灯丝、阴极、控制栅极、加速极、聚焦极、阳极等构成，用来产生电子束，并使其聚焦良好。
- 荧光屏：玻璃内侧涂有荧光粉，在电子的轰击下能发光，其发光强度与电子束能量成正比。
- 偏转线圈：可提供偏转磁场，使电子束实现水平和垂直方向的扫描。

2）CRT的工作原理

由阴极发射出的电子束，在偏转线圈所产生的磁场作用下，从上到下一行一行地扫描整个荧光屏，而且扫描过程与摄像端完全同步。

屏幕内表面上涂的荧光粉在电子轰击下发光，其发光亮度正比于电子束所携带的能量。

若将摄像端送来的信号加到显像管电子枪的阴极与栅极之间，就可以控制电子束携带的能量，使荧光屏的发光强度受图像信号的控制。

若显像管的电-光转换是线形的，那么，屏幕上重现的图像时，其各像素的亮度基本正比于所摄图像相应各像素的亮度，屏幕上就会重现发送端的原图像。

把不同时刻的图像信号大小转换成荧光屏上不图位置的亮度大小，在完成时间-空间转换的同时，实现了电光转换过程，即将一帧时间域的图像信号在屏幕上变成了一幅平面的光学图像。

2. 液晶显示器LCD

1）液晶屏结构

液晶屏内有两片偏光片及两片玻璃，只要加电就可以让液晶改变光的方向。除了偏光片外，液晶屏里还包括一片制有很多薄膜晶体管的玻璃，一片有红绿蓝（RGB）3种颜色的彩色滤色片及背光源，如图3-29所示。

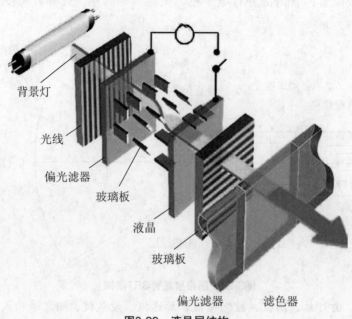

图3-29 液晶屏结构

2）工作原理

工作时，液晶显示必须先利用背光源，也就是荧光灯管（LED）投射出光源。这些光源会先经过一个偏光板，然后再经过液晶，利用液晶的物理特性：液晶分子的排列在电场作用下发生变化，通电时排列变得有秩序，使光线容易通过；不通电时排列混乱，阻止光线通过。将液晶置于两片导电玻璃基板之间，靠两个电极间电场的驱动引起液晶分子扭曲向列的电场效应，这时液晶分子的排列方式将会改变穿透液晶的光线角度。接下来，这些光线还必须经过前方的彩色的滤色膜与另一块偏光板。这样，控制施加在液晶电极上的电压，就能调整光线的穿出量和颜色，产生具有不同色饱和度、层次及颜色的图像。

3. 等离子显示器PDP

等离子体是物质存在的第四种形态。当气体被加热到足够高的温度，或受到高能带电粒子轰击，中性气体原子将被电离，形成大量的电子和离子，但总体上又保持电中性。PDP是一种利用了惰性气体放电时产生的紫外线辐射来激发荧光粉发光的一种主动发光电视平板显示器。

等离子管（PDP一个像素发光元件）：每个小室内都充有氖、氙等惰性气体。在等离子管电极之间加上高压后，封在两层玻璃基板之间的等离子管小室中的气体会产生紫外线，并激励平板显示屏上的红、绿、蓝三基色荧光粉发出特定波长的可见光。

1）PDP的结构

在两层玻璃板之间一层惰性气体混合物，玻璃板的内表面上分布有电极阵列，每副电极外有密闭容器包裹，内部填充不同的惰性气体，在惰性气体上施加电场，就可以发出不同颜色的光，如图3-30所示。

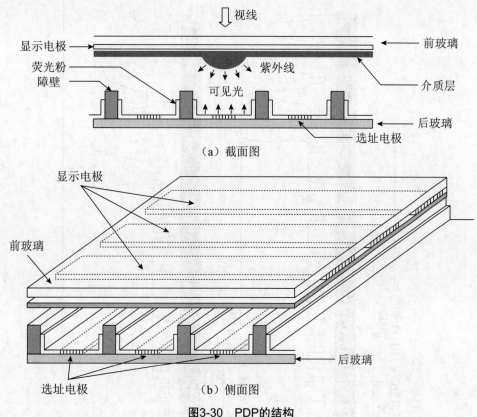

图3-30　PDP的结构

2）PDP原理

PDP将每个等离子管作为单个像素（极小的"氖泡"），由这些像素的明暗和颜色变化组合产生各种灰度和色彩的图像。通俗一点讲，PDP是一种把"氖泡"做得极小，按矩阵方式排列，利用气体放电发光而产生图像的显示器。

当在一对水平和垂直电极上施加足够的电压时，在两个电极的交汇处会发生气体放电，辐射出紫外线。紫外线可诱发附近的彩色荧光粉发出可见光，产生了一个彩色光点。PDP的输入信号可以是纯数字信号。

3.3.4　黑白全电视信号

完整的黑白全电视信号是由黑白图像信号、复合消隐脉冲（包括场消隐脉冲和行消隐脉冲）和复合同步脉冲（包括场同步脉冲和行同步脉冲）按一定方式组合在一起形成的。

1. 全电视信号波形

将图像信号、复合同步、复合消隐、槽脉冲和均衡脉冲等叠加，即构成黑白全电视信号，通常也称其为视频信号，波形如图3-31所示。

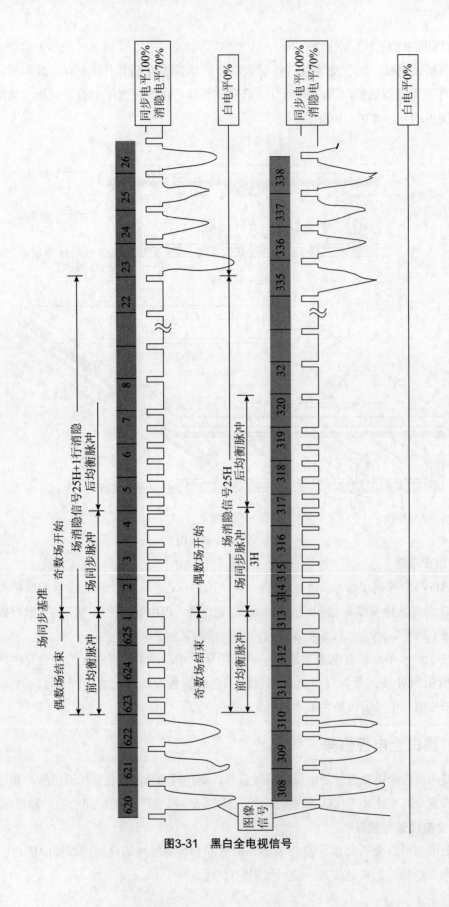

图3-31 黑白全电视信号

- 复合消隐脉冲：包括行消隐、场消隐，分别截止行、场回扫时的电子束。
- 复合同步脉冲：包括行同步、场同步，使行、场扫描保持同步。

2. 我国现行的电视标准

以同步信号的幅值电平作为100%；则黑色电平和消隐电平的相对幅度为75%；白色电平相对幅度为10%～12.5%；图像信号电平介于白色电平与黑色电平之间。各脉冲的宽度为：

- 行同步4.7μs；
- 场同步160μs（2.5行，H表示行，V表示场）；
- 均衡脉冲2.35μs；
- 槽脉冲4.7μs；
- 场消隐脉冲1612μs；
- 行消隐脉冲12μs。

在黑白电视中，图像信号是携带图像明、暗（白、黑）信息的电信号，它是通过扫描把图像上不同明暗的像素分布变换成强弱随时间变化的电信号，如图3-32所示。

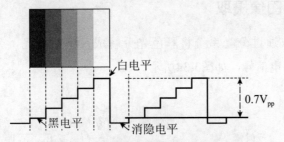

图3-32　图像信号与灰度之间的关系

图像信号有正极性和负极性两种。白电平高、黑电平低的图像信号称为正极性图像信号；反之，黑电平高、白电平低的图像信号称为负极性图像信号。

全电视信号不包括伴音，可用一个通道传输。

3. 图像信号最高频率和传输通道通频带

图像信号最高频率出现在传输图像丰富的水平细节上。产生最高频率的图像应该是宽度恰好等于像素宽度的黑白相间竖条。

行正程为52μs，如果水平分解力N是104TVL，1μs时间有黑白两个像素，图像（视频）信号的带宽为1MHz，即1MHz的通频带对应于水平分解力为104TVL，如果和垂直分解力统一标志，1MHz通频带对应于水平分解力为（3/4）N，为78TVL（通常说，1MHz带宽给出80TVL水平分解力）。7.37MHz能给出575TVL水平分解力（宽度等于高度，和理想垂直分解力相匹配），或766TVL水平分解力（实际宽度）。

3.3.5　光电转换中的非线性灰度系数γ

γ校正（灰度校正）是用来克服由于显像管调制特性非线性引起的收、发间图像的亮度失真，在调像台设置附加电路加以校正。

一般要求传输特性的总$\gamma_{总}=1$，使重现图像亮度和被摄景物亮度成正比。若$\gamma_{总}>1$，重现图像表现为暗压缩、亮扩张失真；若$\gamma_{总}<1$则相反，为暗扩张、亮压缩。

光电转换摄像器件非线性要求$\gamma_1\approx1$，电光转换显像管非线性$\gamma_3=2.8$。

γ校正思路是为了使最终显示出来的图像的亮度层次不出现畸度，必须在将R、G、B信号加到彩色显像管之前进行的非线性校正。人为改变传输特性的非线性失真系数γ_2，使整个电视系统的$\gamma_{总}=\gamma_1\times\gamma_2\times\gamma_3=1$。根据上面条件得$\gamma$校正电路的$\gamma_2=0.36$。为了降低接收机的成本，$\gamma$校正通常预先在摄像机内进行。图3-33所示为光电-电光转换系统的非线性校正的过程。

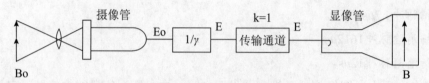

图3-33　光电-电光转换系统的非线性灰度系数γ

3.3.6　彩色电视图像摄取

彩色图像的摄取通过分光系统将彩色光分解成三基色的光，分别用三个摄像管摄取，得到三个基色的电信号，如图3-34所示。

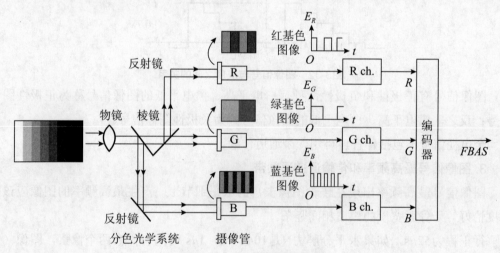

图3-34　彩色电视图像摄取

3.3.7　电视制式

黑白电视机能接收彩色电视广播，显示的是黑白图像，反过来彩色电视机能接收黑白电视广播，显示的也是黑白图像，这叫逆兼容性。简单地讲，兼容是指彩色和黑白电视能互相收看。目前世界三大彩色兼容制式是NTSC制、PAL制和SECAM制。

● NTSC制式：NTSC（National Television Systems Committee）彩色电视制式是1952

年美国国家电视标准委员会定义的彩色电视广播标准，称为正交平衡调幅制。这种电视制式是世界上第一个彩色电视制式，优点是制式电路比较简单，成本低。缺点是存在相位失真敏感的问题，即如果电路中色度信号相位有失真，对图像影响较大。美国、加拿大等大部分西半球国家，以及日本、韩国、菲律宾和中国台湾采用这种制式。

- PAL制式：由于NTSC制式存在着相位敏感失真的缺点，因此德国于1962年制定了PAL（Phase Alternative Line）制彩色电视广播标准，称为逐行倒相正交平衡调幅制。该制式的最大特点是克服了NTSC制式的相位失真敏感问题，但接收机较采用NTSC制式的接收电路复杂一些。德国、英国等一些西欧国家，中国以及朝鲜等国家采用这种制式。

- SECAM制式：法国制定了SECAM（Sequential Couleur Avec Memoire）彩色电视广播标准，称为顺序传送彩色与存储制。1966年法国首次使用，这种制式与前两种不同的是，两个色差不是同时传送，而是轮流交换传送，两个色差分别对两个不同的副载波进行调频，然后将两个调频行波行轮换插入亮度信号频谱的高端。由于这种制式采用顺序传送图像，使得接收机比较复杂，图像质量也比前两种差，并没有得到推广。

比较这三种制式，它们的相同点是彩色图像都传送亮度Y、红色差$R-Y$、绿色差$B-Y$三种信号。不同点是色差调制副载波的方法不同。所以，电视接收机的电路也不同。

要实现彩色电视与黑白电视兼容，应满足以下条件：

（1）彩色电视信号中必须含亮度信号和色度信号。

亮度信号包含了彩色图像的亮度信息，它与黑白电视机的图像信号一样，能使黑白电视机接收并显示出无彩色的黑白画面。色度信号包含了彩色图像的色调与饱和度等信息，被彩色电视机接收后，与亮度信号一起经过处理显示出彩色画面。

（2）彩色电视信号通道的频率特性与黑白电视通道的频率特性基本一致。

要有相同的频带宽度、图像载频和伴音载频。图像和伴音的调制方式也应与黑白电视系统一致。如我国规定图像占有6MHz，且频宽相同都是8MHz。

（3）彩色信号与黑白信号的扫描方式、扫描频率和同步方式一致。

彩色信号与黑白信号的高频调制，图像信号都采用残留边带调幅方式，伴音信号都采用调频方式。行场扫描参数一致。

（4）尽量减少亮度（黑白信号）与色度信号之间的干扰。

在制作彩色电视信号时，应尽可能减小黑白电视机收看彩色节目时所受到色度信号的干扰，以及彩色电视中色度信号对亮度信号的干扰（彩色图像中，没有使用三基色RGB，而是引入红色差$R-Y$，蓝色差$B-Y$，就是这个原因）。

要实现扫描方式和扫描频率一致，具有相同的图像及伴音载频相对较容易。而如何形成亮度与色度信号，如何保证彩色与黑白电视具有相同的频带宽度，并尽可能地在减少干扰的情况下传送这些信号，是制作彩色信号的关键。

3.4 数字电视基础

数字电视是指节目摄制、编辑、发送、传输、存储接收和显示等环节全部采用数字处理的电视系统。它在信源、信道和信宿上全面实现了数字处理和数字化。

3.4.1 数字电视的概念

国际上的精确定义是将活动图像、声音和数据，通过数字技术进行压缩、编码、传输、存储，实时发送与广播，供观众接收、播放的视听系统。

3.4.2 数字电视的主要优势

数字电视的主要优势表现在如下方面。

1. 数字信号处理、传输使信号质量大大提高

数字信号在记录/重放、信号传输和处理等过程中不会引起信号劣化，通过整形和纠错编码等技术可将数字信号有效还原，使得收端图像质量与发端基本一致。

2. 频谱资源利用率高

有线电视数字化，节目容量大大提高。如1个8MHz标准频道可以传送10～20套标清数字电视节目（H.264压缩）。

3. 存储方便，播出方便，能采用各种各样的数字信号处理技术

4. 可以提供全新的业务

数字技术有利于电视节目与数据的融合，大大扩展了服务内容。如电子节目指南、财经信息、视频点播、歌唱点播、新闻选取、远程教育、电视购物、交互游戏等新颖的增值服务。

5. 人机界面友好

由于采用了EPG（Electrnic Program Guide，电子节目指南）可以实现灵活和实用的人机交互界面，便于用户操作。

6. 节省发送功率，覆盖范围广

无线数字电视发射在相同覆盖服务区所需要的平均功率，比模拟电视的峰值功率要低一个数量级。

7. 易于实现条件接收

数字化使得信号非常容易实现加扰、解扰和加密、解密，便于开展各类收费业务。条件接收系统（Conditional Access System，CAS）的应用，可以实现对用户的有效管理，确保运营商的资金回报。

3.4.3 数字广播电视系统的基本构成

1. 数字电视硬件系统组成

数字广播电视系统由信源编码、多路复用、信道编码、调制、信道和接收机组成。

数字电视系统包括数字节目源采集、节目数据处理、编码压缩、数据复用、信号调制以及信号发送传输等环节。其系统方框图如图3-35所示,图3-36为数字电视系统模型图。

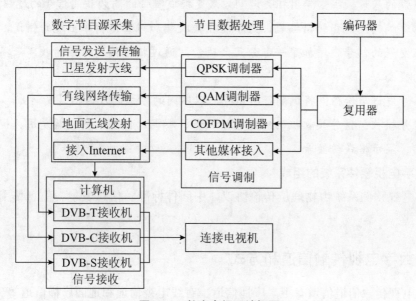

图3-35 数字电视系统框图

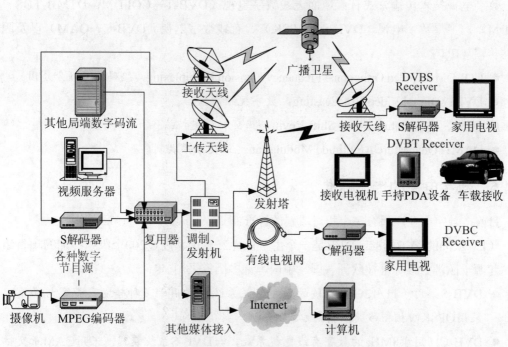

图3-36 数字电视系统模型图

- 节目数据处理:对节目进行非线性编辑/录制/字幕等操作。

- 信源编码是对视频、音频、数据进行压缩编码的过程。辅助数据可以是独立的数据业务，也可以是和视频、音频有关的数据，如字幕等。
- 复用：多路复用是将视频、音频和数据等各种媒体流按照一定的方法复用成一个节目的数据流，将多个节目的数据流再复用成单一的数据流的过程。
- 调制：将信息数据用相关调制方式进行调制。调制是指为了提高频谱利用率，把宽带的基带数字信号用相关调制方式变换成窄带的高频载波信号的过程。
- 信道编码：是指纠错编码，为了能在接收端和纠正传输中出现的错误，信道编码在发送的信号中增加了一部分冗余码，即通过牺牲信息传输的效率来换取可靠性的提高。
- 信号发送与传输：将调制好的信号，以不同的方式向外传输（发送）。
- 信号接收：信号接收机的功能包括调谐、解调、信道编码、解复用、视音频解压缩、显示格式转换等。

2. 数字电视软件系统的组成

数字电视软件系统由物理层传输协议、中间件标准、信息表示、信息使用以及内容保护等组成。

3.4.4 数字电视传输信道和方式

数字电视传输信道信道有卫星广播信道、有线电视信道和地面广播信道等。

数字电视技术传输方式有：地面无线数字电视（DVB-T—COFDM；DTMB-TDS—OFDM）、卫星数字电视（DVB-S—QPSK）、有线数字电视（DVB-C—QAM）以及因特网传输（IPTV）。

- COFDM：Coded Orthogonal Frequency Division Multiplexing，编码正交频分复用；
- DVB：Digital Video Broadcasting，数字视频广播；
- QPSK：Quadrature Phase Shift Keyin，正交相移键控；
- QAM：Quadrature Amplitude Modulation，正交振幅调制。

3.4.5 数字电视的传输标准

目前，数字电视广播有三个相对成熟的标准制式。

（1）欧洲的DVB标准，DVB是一个由全世界25个国家超过200个组织参加的项目组织，起源于欧洲。该标准被欧洲各国、中国等许多国家采用。

- DVB-S：用于11/12GHz频段的数字卫星系统，适用于多种转发器带宽与功率，采用QPSK四相相移键控调制方式。
- DVB-C：用于8MHz的数字有线电视系统，与DVB-S系统兼容，采用QAM正交幅度调制方式，目前已经有了DVB-C2标准。
- DVB-T：用于6MHz、7MHz、8MHz带宽的地面数字电视广播系统，采用COFDM

多载波频分复用技术，目前已经有了DVB-T2标准。

（2）美国的ATSC（Advanced Television System Committee，先进电视制式委员会）标准，被美国、加拿大、韩国和阿根廷采纳。

（3）日本的ISDB（Integrated Services Digital Broadcasting，综合业务数字广播）标准，使用范围仅限于在日本国内。

另外，我国于2007年8月1日将具有自主知识产权的DTMB（Digital Television Terrestrial Multimedia Broadcasting，数字电视地面广播）标准定为中国广播业地面电视信号的强制标准。

3.4.6 数字电视的清晰度

数字电视按图像的清晰度可分为三大类。

1. 标清电视SDTV

标清电视的图像质量相当于目前模拟彩色电视系统的数字电视系统，也称为常规电视系统。即符合ITU-R601标准的数字分量编码4∶2∶2的视频，经数据压缩处理后所能达到的图像质量，其清晰度约为720TVL（屏幕分辨率达到720×480或720×576）。

2. 高清电视HDTV

电视清晰度需至少1080TVL逐行（1080p）或1080TVL隔行扫描（1080i），宽高比为16∶9，采用数字压缩音响。其中1080p被称为全高清电视。

3. 超高清电视（UHD）

UHD是"UltraHigh Definition"的简写，即超高清电视。2012年的8月份，国际电信联盟就证实了4k电视和8k电视均为UHD。即4k电视属于UHD的种类之一，UHD包括的分辨率不单止于4k电视。

3.4.7 模拟电视信号的数字化

模拟信号通过以下三个步骤编码转换为二进制数字信号的过程称为模/数变换（A/D变换）或PCM（脉冲编码调制），所得到的信号也称为PCM信号。

步骤1抽样：每隔一定时间取一次信号值。

步骤2量化：将每一个抽样的幅度赋值。

步骤3编码：按规律将量化后的值转换为二值或多值的数字信号流。

图3-37（a）所示为模拟电视信号经过数字化后到达用户并被还原的过程，如图3-37（b）所示。

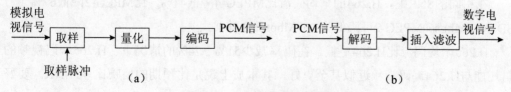

图3-37 模拟电视信号的数字化

3.4.8 数字电视的关键技术

（1）信源编码技术：这部分内容将在下节介绍，这里不再赘述。

（2）传输流复用技术：传输流复用是将N个信道的视频、音频和辅助数据进行数据分组打包，再将N个打包的数据复合成单路串行传输流。传输流复用使电视信号具有与数据通信相似的数据分组（打包）传输的特性，从而使数字电视系统具备了可扩展、分级和交互通信的基础。

（3）信道编码和调制：经信源编码的传输码流通常不适合在传输信道（无线、有线、卫星）中传输，必须经过某种处理，使之变成适合在规定的信道中传输的形式。在通信原理中把这种处理称为信道编码和调制。

（4）条件接收（Conditional Access，CA）：只允许已付费的授权用户使用某一业务，未经授权的用户不能使用这一业务。CA涉及前端的加密和加扰技术以及接收端的对用户的寻址控制和授权解扰技术。

（5）软件平台——中间件：中间件是一种将应用程序与底层的实时操作系统及硬实现的技术细节隔离开来的软件环境，支持跨硬件平台和跨操作系统的软件运行，使应用不依赖于特定的硬件平台和操作系统。中间件主要有Java虚拟机、Java Script 虚拟机、HTML虚拟机等。

3.5 视频压缩技术

视频压缩技术通常就是指视频编码，它是指将某个视频格式的文件转换成另一种视频格式文件的方式。其中最为重要的编/解码标准有ITU的H.26x、国际标准化组织运动图像专家组的MPEG系列标准以及我国具备自主知识产权的第二代信源编码标准AVS等。此外在互联网上被广泛应用的还有Real-Networks的RealVideo、微软公司的WMV以及Apple公司的QuickTime等。

3.5.1 视频编码技术的种类

视频编码技术种类繁多，这里介绍几种比较常见的形式。

1. H.26x

由ITU（国际电信联盟）主导，侧重网络传输，包括H.261、H.262、H.263、H.263+、H.263++、H.264（就是MPEG4 AVC-合作的结晶）以及H.265。

在相同的SNR下，H.264的平均码流比MPEG-4降低41%，比MPEG-2降低67%（一套SDTV/6Mbps@MPEG-2可降低为1.98Mbps@H.264）。

H.265平均码流比H.264更低，在码率减少51%～74%的情况下，H.265编码视频的质量还能与H.264编码视频近似甚至更好，其本质上说是比预期的信噪比（PSNR）要好。

例如H.265可实现低于1.5Mbps的传输带宽下1080p全高清的视频传输。

2. MPEG系列

MPEG系列视频编码是运动图像专家组（Moving Picture Experts Group）制定的用于"运动图像"编码的各种标准。主要有MPEG 1（VCD使用）、MPEG 2（DVD使用）、MPEG 4（DVDRIP使用它的变种，如：DivX，XviD等）、MPEG 4 AVC、MPEG-7和MPEG-21标准。

MPEG-1压缩算法可以把一部120分钟长的电影所占的存储空间压缩到1.2GB左右大小，MPEG-2压缩算法可以把一部120分钟长的电影所占的存储空间压缩到5GB～8GB左右大小，同时MPEG-2的图像质量是MPEG-1无法比拟的。MPEG-1和MPEG-2采用了相同的原理。MPEG系列标准已成为国际上影响最大的多媒体技术标准。MPEG系列标准对VCD、DVD等视听消费电子，数字电视，高清晰度电视（DTV、HDTV），多媒体通信等信息产业的发展产生了巨大而深远的影响。

1) DivX

DivX采用MPEG-4 Part 2作为视频部分的编码。

由于美国禁止MPEG-4技术的流传出境和生产任何有关MPEG-4的硬件，该技术被美国一骇客组织破解。并且他们发现只要在MPEG-4技术上加上MP3的音频压缩技术就可以完美地将一张DVD光盘的内容转换并保存到一张普通的CD-R光盘上。于是他们迅速发展了该技术，并把该技术命名为"DivX"，并在互联网上发布了该项技术。其后DivX Networks Inc.在此基础开发了新的DivX版本并将其商业化。

2) XviD

XviD是一个开放源代码的MPEG-4视频编解码器，它是基于OpenDivX而编写的。XviD是由一群原OpenDivX义务开发者在OpenDivX于2001年7月停止开发后自行开发的。

3. AVS、AVS+和AVS2

AVS/AVS+音视频编码是中国制订的新一代编码标准，压缩效率比MPEG-2增加了一倍以上，能够使用更小的带宽传输同样的内容。AVS已经成为国际上三大视频编码标准之一。AVS+是在AVS基准版基础上针对高清数字广播需求而制定的广电版本，被国家广播电影电视总局推为广电行业标准。

AVS2标准主要为适应4k、8k超高清信号的压缩编码传输而提出和研制，包括三个部分 AVS2-P1（系统部分）、AVS2-P2（视频部分）和AVS2-P3（音频部分）。

AVS2视频的目标（引自AVS-N1924）为：在主流技术可实现的前提下，当重建视频主观质量相同时，至少在高清或更高分辨率下编码效率比AVS1的最好性能提高1倍以上。在主流配置下，编码效率优于最新的国际标准。AVS现在主要有三个标准化渠道：IEEE、广电行业标准以及国家标准。

AVS2对于常规视频的编码效率与最新国际标准HEVC/H.265相当，比上一代国家标准AVS1以及国际标准AVC/H.264的效率提高1倍，如图3-38所示。对于监控视频等场景类视频，AVS2压缩效率又翻了一番，达到AVC/H.264的4倍。考虑到监控视频已经成为全球数据中规模最大的一部分，因此AVS2在压缩这类视频中具有重大产业价值，这项技术标准如果在视频监控领域有效推广，仅在我国就能够节省数千亿元的存储成本。

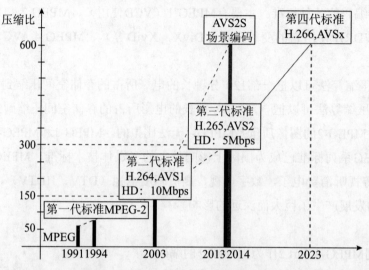

图3-38　H.264、H.265以及AVS的比较

AVS2比AVS+编码效率翻了一番。帧结构降低码率5%～10%，块结构降低3%～20%，帧内预测降低6%～10%，帧间预测降低10%，新的变换降低3%，熵编码降低3%～5%，将上述增益加在一起，码率降低超过50%，即编码效率提高了一倍，主要的增益体现在帧内预测方面。

3.5.2　视频数据冗余

视频数据中存在着大量的冗余，即图像的各像素数据之间存在极强的相关性。利用这些相关性，一部分像素的数据可以由另一部分像素的数据推导出来。这样，视频的数据量就能极大地压缩，有利于传输和存储。视频数据主要存在以下形式的冗余。

1. 空间冗余

视频图像在水平方向和垂直方向相邻像素之间的变化一般都很小，存在着极强的空间相关性，从而产生了空间冗余，常称为帧内相关性。

2. 时间冗余

在相邻场或帧的对应像素之间，亮度和色度信息存在着相关性。当前帧图像往往具有与前、后两帧图像相似的背景，对大多数像素来说，亮度和色度信息是基本相同的，称为帧间相关性或时间相关性。

3. 结构冗余

在有些图像的纹理区，图像的像素值存在着明显的分布模式。如方格状的地板图案等。当已知分布模式时，可以通过某一过程生成图像，称为结构冗余。

4. 知识冗余

有些图像与某些知识有相当大的相关性。如人的嘴上方有鼻子，鼻子位于脸部图像的中线上。这类规律性的结构可由先验知识得到，这被称为知识冗余。

5. 视觉冗余

人眼具有视觉非均匀特性，对视觉不敏感的信息可以适当地舍弃。人眼视觉对图像的空间分解力和时间分解力的要求具有交换性，当对一方要求较高时，对另一方的要求就较低，这与机器设备的线性记录之间就产生了视觉冗余。因此可以采用运动检测自适应技术，对静止图像或慢运动图像降低其时间轴抽样频率，对快速运动图像降低其空间抽样频率。

6. 图像区域的相同性冗余

在图像中的两个或多个区域所对应的所有像素值相同或相近，从而产生的数据重复性存储，这就是图像区域的相似性冗余。在这种情况下，记录了一个区域中各像素的颜色值，与其相同或相近的区域就不再记录各像素的值。

7. 纹理的统计冗余

有些图像纹理尽管不严格服从某一分布规律，但是在统计的意义上服从该规律，利用这种性质也可以减少表示图像的数据量，称为纹理的统计冗余。电视图像信号数据存在的信息冗余为视频压缩编码提供了可能。

3.5.3 视频文件的格式简介

1. MP4

计算机上以.MP4为扩展名的多媒体文件，很容易与MPEG-4混淆。该类型的文件实际上是采用MPEG-4 Part 14标准的多媒体计算机文件格式，以存储数字音频及数字视频为主。MP4至今仍是各大影音分享网站所使用的主流格式，即使他们是在网站上多加一层Flash的影音播放接口。因为MP4可以在每分钟约4MB的压缩缩率下提供接近DVD质量的影音效果。

2. AVI

AVI，音频视频交错（Audio Video Interleaved）的英文缩写。AVI这个由Microsoft发表的视频格式，在视频领域可以说是最悠久的格式之一。AVI格式调用方便、图像质量好，压缩标准可任意选择，是应用最广泛、也是应用时间最长的格式之一。

3. WMV

WMV是一种独立于编码方式的在Internet上实时传播多媒体的技术标准，Microsoft公司希望用其取代QuickTime之类的技术标准以及WAV、AVI之类的文件扩展名。WMV的主要优点在于：媒体类型可扩充、可伸缩，可本地或网络回放，码流可分优先级、支持多语言等。

4. MOV

使用过Mac计算机的朋友应该多少接触过QuickTime。QuickTime原本是Apple公司用于Mac计算机上的一种图像视频处理软件。QuickTime提供了两种标准的图像和两种数字视频格式。对于图像支持静态的PIC和JPG图像格式，对于视频支持基于Indeo压缩法的MOV格式和基于MPEG压缩法的MPG格式。

5. FLV

FLV是FLASH VIDEO的简称，FLV流媒体格式是一种新的视频格式。由于采用该格式的视频文件极小、加载速度极快，使得网络观看视频文件成为可能，它的出现有效地解决了视频文件导入Flash后，使导出的SWF文件体积庞大，不能在网络上很好的使用等缺点。

6. F4V

F4V是Adobe公司推出的取代FLV的一种新的流媒体格式，该格式是一种MPEG-4标准的视频格式，它的视频采用H.264编码，音频采用MP3编码。该格式现已被大多数主流播放器兼容。它和FLV格式的主要的区别在于，FLV格式采用的是H.263编码，而F4V则支持H.264编码的高清晰视频，码率最高可达50Mbps。也就是说F4V和FLV在同等容量的前提下，能够实现更高的分辨率，并支持更高比特率，就是说在播放的时候更清晰、更流畅。另外，很多主流媒体网站上下载的F4V文件后缀为FLV，这是F4V格式的另一个特点，属正常现象。

7. RMVB

RMVB的前身为RM格式，是Real Networks公司所制定的音频视频压缩规范。RMVB一改原先RM格式那种平均压缩采样的方式，在保证平均压缩比的基础上，采用浮动比特率编码的方式，将较高的比特率用于复杂的动态画面（如歌舞、飞车、战争等）。而在静态画面中则灵活地转为较低的采样率，从而合理地利用了比特率资源，使RMVB最大限度地压缩了影片的大小，最终拥有了近乎完美的接近于DVD品质的视听效果。如一部120分钟的DVD原来容量为4GB，而采用RMVB格式压缩后容量仅400MB左右，而且清晰度、流畅度与原来的DVD相当。

RMVB由于本身的优势，成为目前PC中广泛使用的视频格式，但在MP4播放器中，RMVB格式却长期得不到重视。

8. MKV

一种后缀为MKV的视频文件频频出现在网络上，该格式可在一个文件中集成多条不同类型的音轨和字幕轨，且其视频编码的自由度也非常大，可以是常见的DivX、XviD、3ivx，甚至可以是RealVideo、QuickTime、WMV这类流式视频。实际上，它是一种全称为Matroska的新型多媒体封装格式，这种先进的、开放的封装格式已经展示出了非常好的应用前景。

9. ASF

ASF（Advanced Streaming format高级流格式）。ASF是Microsoft为了和的Real player竞争而发展出来的一种可以直接在网上观看视频节目的文件压缩格式。ASF使用了MPEG-4的压缩算法，压缩率和图像的质量都很不错。因为ASF是以一个可以在网上即时观赏的视频"流"格式，所以它的图像质量比VCD差一点点并不出奇，但比同是视频"流"格式的RM格式要好。

10. nAVI

如果发现原来的播放软件突然打不开此类格式的AVI文件，那你就要考虑是不是碰到了采用n AVI格式的文件。n AVI是new AVI 的缩写，是一个名为Shadow Realm的地下组织发展起来的一种新的视频格式。它是由Microsoft ASF 压缩算法修改而来的（并不是想象中的AVI）。视频格式追求的无非是压缩率和图像质量，所以nAVI 为了追求这个目标，改善了原始的ASF格式的一些不足，让nAVI可以拥有更高的帧率。可以这样说，nAVI是一种去掉视频流特性的改良型ASF格式。

11. 3GP

3GP是一种3G流媒体的视频编码格式，主要是为了配合3G网络的高传输速度而开发的，也是目前手机中最为常见的一种视频格式。

简单地说，该格式是"第三代合作伙伴项目"（3GPP）制定的一种多媒体标准，使用户能用手机来享受高质量的视频、音频等多媒体内容。其核心由包括高级音频编码（AAC）、自适应多速率（AMR）、MPEG-4和H.263视频编码解码器等组成。目前大部分支持视频拍摄的手机都支持3GPP格式的视频播放。其特点是网速占用较少，但画质较差。

12. WebM

由Google公司提出，是一个开放、免费的媒体文件格式。WebM影片格式其实是以Matroska（即 MKV）容器格式为基础开发的新容器格式，里面包括了VP8影片轨和Ogg Vorbis 音轨。其中Google将其拥有的VP8视频编码技术以类似BSD授权的方式开源，Ogg Vorbis 本来就是开放格式。WebM标准的网络视频更加偏向于开源并且是基于HTML 5标准的。WebM项目旨在为对每个人都开放的网络开发高质量、开放的视频格式。其重点是解决视频服务这一核心的网络用户体验。Google公司说WebM的格式相当有效率，应该可以在 netbook、tablet等手持式装置上顺畅地使用。

3.6 思考题

1. 请说明可见光的波长范围。
2. 什么是色温？
3. 五种标准光源都有哪些？

4. 什么是视觉惰性？它有什么作用？
5. 彩色电视三基色是什么？
6. 写出亮度公式。
7. 什么是矢量图和位图？
8. 什么是隔行扫描和逐行扫描？
9. 我国模拟电视的扫描参数是什么？
10. 图像采集的摄像器件主要有哪些？
11. 黑白全电视信号中主要包括哪些信号？
12. 1MHz通频带对应于水平分解力为多少？
13. 电视的三大制式是什么？
14. 什么是数字电视？
15. 数字电视的传输标准主要哪些？
16. 什么是高清电视？
17. 视频编码技术的种类主要有哪些？
18. 视频的文件格式主要有哪些？

制作与播发篇

第4章 电视中心系统

电视中心是集音乐、语言、效果于一体的综合性演艺场所,承担着制作各类综艺节目、文艺演出、电视竞赛等现场直播和录制任务。电视中心主要由演播室和控制室构成,其中演播室系统包括:视频系统、音频系统、编辑制作系统、灯光系统、通话系统以及空调、消防、地线、供电系统等。图4-1为电视中心系统设备的连接框图。

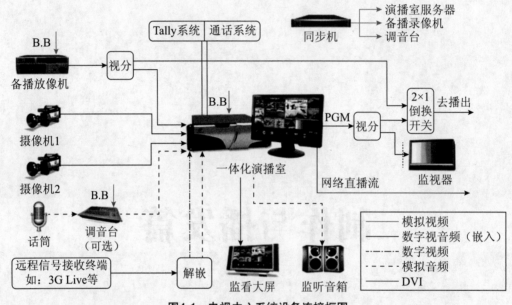

图4-1 电视中心系统设备连接框图

4.1 演播室系统

演播室是利用光和声进行空间艺术创作的场所,是电视节目制作的常规基地,除了录制声音外,还要摄录图像,嘉宾、主持及演职人员在里面进行工作、制作及表演。数字演播室是具备数字视音频信号的产生、处理、记录、传输、切换、播出等设备的场所。因此,除了必要的摄录编设备外,它必须具有足够的声、光设备和便于创作的条件。

4.1.1 演播室的分类

(1)按演播室面积的大小可分为大型(800m²~2200m²)、中型(400m²~600m²)和小型演播室(100m²~300m²)。大型演播室多用于场面较大的歌舞、戏曲、综艺活动等节目,也可用于拍电视剧。在一个大型演播室内还可以分割成若干个小景区,在拍摄时还可以一个接一个顺序地拍下去。拍过的景区随即更换布景再拍另外场景的节目,以提高演播室利用率。中型演播室以小型戏曲、歌舞、智力竞赛或者座谈会等为宜。制作形象化教学节目或编排一些带情节的教育片时最适用。一般的中型演播室，可设置多个景区，以达到综合利用演播室的目的。可将制作专题节目，如知识问答，人物访谈、新闻等各种栏目的节目都置于一个演播室。各有自己的布景、道具，同用一套摄录设备，同用一个控制室。只要把时间排开，只需移动一下摄像机，即可方便地到每个景区前去拍摄节目。这样可以提高演播室的利用率，还可节约设备。小型演播室以新闻、节目预告、板式教学等动作不大的节目为主，更多的是用于插播、配解说和拍摄小型实物为主。

（2）按视频节目清晰度可以分为标清和高清演播室，目前还出现了清晰度更高的4k超高清演播室。标清到高清，再到4k超高清并不只是摄像机画面的清晰度发生了变化。当清晰度变得更高时，原本并不清晰的很多细节和瑕疵就可能变得非常明显。所以对灯光、化妆、背景等等要求就会更高，展现更优质的画质的同时要更注重细节、去除瑕疵。

（3）按景区可分为实景演播室、虚拟演播室等。虚拟演播室将计算机制作的虚拟三维场景与摄像机现场拍摄的人物活动图像进行数字化的实时合成，使人物与虚拟背景能够同步变化，从而实现两者天衣无缝的融合，以获得完美的合成画面，视觉呈现效果远远超过了传统的演播室效果。

随着科技的发展，演播室的类别也分得越来越多，目前还出来了LED演播室、3D演播室等。

4.1.2 演播室的声学要求

1. 混响时间

在声源停止辐射以后，声能下降60dB所需要的时间称为混响时间。混响时间过短，声音发干，枯燥无味，不亲切自然；混响时间过长，会使声音含混不清；合适时声音圆润动听。

混响时间的大小与房间容积、墙壁、地板和顶棚等界面的吸声系数有关。电视演播室的混响时间一般设计在0.6s左右。中小型演播室为了减少混响时间加强吸声措施，比如室内的墙壁和顶棚全部用吸音材料，装饰无需华丽，颜色也以灰暗色无反光为宜。材料采用轻钢龙骨隔墙，内嵌玻璃纤维吸音棉，外饰泡沫墙布软包，从而达到双层或多层吸音措施。按照声学要求，除了吸声外，还要有反射，扩散声场和利用腔体共振来吸收相关的低频声能的装置。

2. 隔声

建筑隔声包括空气声和撞击声两种。

空气声是指建筑物中经过空气传播的噪声。如门缝、穿线孔和通风管道等透过的声音。由环境噪声构成的背景噪声称为底噪声，若隔声性能差，本底噪声必然高。正常情况下，演播室本底噪声应该低于40dB。

撞击声是指在固体上撞击而引起的噪声。尤其是楼板下的室内噪声、脚步声是最常听到的撞击声。为达到上述效果,地面一般采用先铺地胶垫,再铺阻燃吸音地毯的方法,来尽量减少噪音。

4.1.3 演播室的照明与布光

演播室灯光控制设备包括普通照明灯具、调光控制设备、灯具吊挂及控制设备、电脑效果灯具及控制设备、其他辅助设备。照明灯具主要有聚光灯(Spot Light)、泛光灯(Flood Light)与效果灯三类。

聚光灯产生直射、界限明确的光束,能够从细窄的光束调节到能照亮较大范围的柔和的光束,如图4-2(a)所示。大多数演播厅照明使用两种基本的聚光灯:菲涅尔聚光灯和椭圆形聚光灯。

泛光灯是一种可以向四面八方均匀照射的点光源,它的照射范围可以任意调整。泛光灯是一种应用最广泛的光源,标准泛光灯用来照亮整个场景,场景中可以应用多盏泛光灯。泛光灯产生的光线不形成明显投影,不形成强烈的影调反差和明显的亮暗分界线,使物体显得柔软、轻盈,如图4-2(b)。

(a)聚光灯　　　　　　　　　　　　(b)泛光灯

图4-2　照明灯

效果灯是利用灯光、机械传动及电气控制的组合,投射出各种景物、自然界气象变化和虚幻景象的一类舞台影视灯。能表现出各种静止景物和活动景物,如雨、雪、火焰、云、波浪、闪电、太阳升起等。

演播室对灯光的要求实质上是体现电视设备好坏最直接的因素,特别是摄像机对灯光的要求更苛刻。具体要求如下:

- 色温要稳定,即灯的稳定性要好。无论是单个灯或同种灯,在使用中,色温不应有明显变化,包括从时间上、电压稳定性两方面因素。
- 色温要单一,原则上主要采用一种三基色冷光源灯,辅以聚光灯加以补充。

1. 布光技巧

运用灯光的技巧,由初步掌握到运用自如,要经过以下四个阶段。

第一阶段多是围绕如何满足电视设备的要求，如照度基准、色温容差、亮度对比（光比）、不光滑程度（差异在10%以内）等，然后再考虑所需光源的配备和灯位分布等。

第二阶段开始注意画面质量，如图像是否明快、影子处理的如何等。通常要千方百计地消除影子，有时又要设法加以利用，以显示主题感或画面质感等。

第三阶段属于表现手法的提高，如利用灯光模仿自然界的不同季节、气候、场所、时刻和各种环境气氛等。通过这些达到衬托人物心理状态、抒发感情的目的。

第四阶段是尽量利用技术手法，产生一些艺术效果，节省灯光、能源等的尝试。如利用图像信号可以改变黑电平和γ校正电路等参数的办法，在普通自然光下（利用黄昏）制造夜景气氛；利用改变彩色矩阵电路的参数得到不同色度校正，色调变化或产生幻想的艺术效果等。

2. 布光方法

演播室的布光方法主要有以下几种：

（1）三点布光，即利用主光、逆光、辅助光，表现主题。

（2）多主光布光，对摄像机的各种位置都能表现出主要光源。

（3）软正面光，加强逆光的作用，使整个表演区的照度比较均匀。

（4）利用侧主光，从布景两侧来的硬光，提供侧主光和侧逆光。辅助光从布景的正面来。

（5）总体布光，先布基本光（在电视中称作普遍照度，这种光照度为800lx～1500lx）。使摄像机的彩色能基本再现，然后再采用三点布光（多主光、多逆光、多辅助光）。多主光的照度应当是一致的，逆光和辅助光也是。同样，摄像机在指定位置拍摄的图像色调应基本一致。

（6）层次布光，演播室的音乐和歌舞节目采用层次布光，也称分区布光。这种布光方法可增强主体和透视感。层次布光可分前区、中区和后区。这三种区域的照度是不相同的，前区的照度应在2000lx～2500lx，中区的照度应在1500lx～2000lx，后区的照度应在800lx～1000lx，天幕光的照度应为600～800lx。分区照明的目的就是要给人一种层次感和立体感。

（7）室内白天场景布光。要用强光将窗子的影子投射到室内来，代替阳光的效果，采用主光的方向应和阳光的方向一致，使人看后不感到假。辅助光的位置应当和摄像机成70°，这样可以消除人物过长的鼻影。景物光宜采用散光灯，使景物呈现出层次来。

（8）室内夜景布光，一般用吊灯将整个室内照亮，用台灯照亮书桌，壁灯照亮室内一部分。这几种灯有利于表现环境的光线效果，也有利于表现人物。室内夜景气氛最能表现的手法是开灯和关灯，观众很敏感就知道是晚上。处理开关灯的光线，首先是布关灯时的光线，然后再布开灯后的光线。关灯时的光线要比开灯后的光线暗一些，室内出现黑暗但能使人看出轮廓来。

演播室的声学和布光是一个复杂、系统、综合的艺术创作过程。各个演播室的建筑结构和设备配备不同,技术创作人员的技术理论修养和实践经验不同,在实际工作中的应用和表现也不同。从录音需要看,要求环境安静,房屋结构符合声学要求,隔音效果良好,混响时间合适。从拍摄需要看,要求装备足够的灯光照明用具,并有足够的空间,能按照摄制要求进行布光,保证图像层次分明、清晰度高、色彩逼真。在实际工作中有很多应用技巧,可以达到意想不到的效果,最终都要从电视节目中表现出来。

4.2 音频系统

音频系统是以调音台为核心,将各路传声器拾取的声音以及磁带录音机、CD、唱机和录像机的线路音频输入调音台,通过调音台选择、处理、混合,再通过各种声音处理设备处理后输出到录像机和扬声器。整个演播室音频系统是一套完善的音频系统,它能够同时满足扩音和录音的需要,主要由音源(话筒、CD机、硬盘机)、调音台、周边处理设备(混响器、延时器、压缩器、限制器、噪声门、均衡器)、监听(功放、音箱)和通信等部分组成。

音频系统的结构如图4-3所示,信号流向为从左到右。左侧为输入信号源(主要为演播室内的传声器),经过录音调音台及其周边效果器的处理后输出至录音设备、扩音调音台,再经扩音调音台及周边设备处理后,送至功放最后到扬声器。

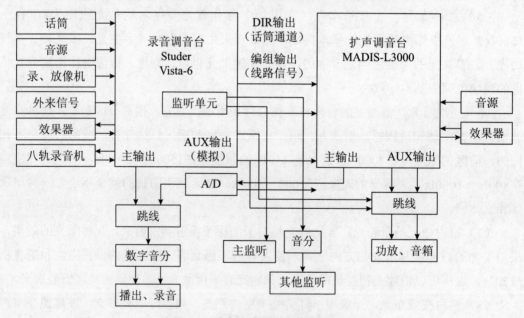

图4-3 某高清演播室音频系统结构

4.2.1 传声器

传声器是一种声电换能器件,它能够将声音信号转换成相应的电信号。其转换过程是以声波形式表现的声信号被传声器接收后,使换能机构产生机械振动,并由换能机构将机械振动转换成电信号输出，传声器也称为麦克风。传声器按照换能方式主要可以可以分为动圈式和电容式，如图4-4所示。

（a）电容式

（b）动圈式

图4-4　传声器

传声器的主要技术指标有灵敏度、频率响应、固有噪声以及指向特性等。

（1）灵敏度：表示声能/电能的转换效率。

习惯上取在1μbar（微巴）声压下的输出电压值作为传声器的灵敏度。灵敏度越高，转换效果越高。

（2）频率响应：是指传声器输出信号的大小和频率的关系，用给定频率范围内的不均匀性描述。频响曲线的平坦范围越宽，音质越逼真。

（3）固有噪声：在没有声波作用于传声器时，由于周围空气压力的波动和传声器电路的热噪声等因素的影响，使传声器的输出端存着在一定的噪声电压。

（4）指向特性：传声器的灵敏度随声波入射方向变化的特性。图4-5为几种传声器的指向特性图。

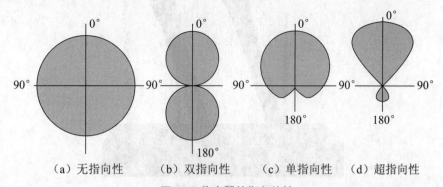

（a）无指向性　　（b）双指向性　　（c）单指向性　　（d）超指向性

图4-5　传声器的指向特性

动圈式传声器的基本原理是利用声波去推动振膜，然后振膜带动线圈，利用磁力线的改变产生微弱的电压，结构示意如图4-6所示。这种传声器就是市面上最常见的麦克风，一般在舞台上使用的或手握式的麦克风大部分都采用这种模式，该类麦克风不需要有外在的供电而直接可以插入扬声系统中发音。由于这种麦克风较为轻便，频率响应也不错，因此普及程度也高。

电容式传声器则是利用电容间的距离改变而产生电压。声波一样去推动镀金的振膜，而电容的两块金属板的距离只要有些许的改变，就会改变麦克风的输出电压。由于电容本身需要先供电，所以有的有线麦克风需要安装电池，有的则必须依靠混音座上的虚拟供电来提供，结构示意如图4-7所示。

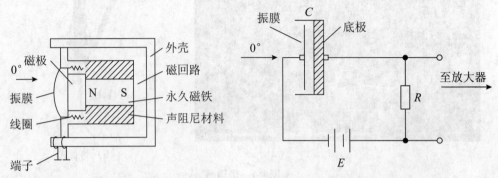

图4-6　动圈式传声器结构示意图　　图4-7　电容式传声器结构示意图

通常录音室在收音时都会偏向使用电容式麦克风，因为它们的灵敏度很高。一般来说，动态与频率响应都比动圈式要好些，但是动圈式传声器在频率响应的范围（主要是高频部分）、灵敏度以及瞬时响应能力方面却比电容式传声器要稍逊一筹。

随着高新技术的不断涌现，高质量的无线传声器的使用频率逐渐增高。无线传声器能把换能后的声频电信号调制在一个载波上，经天线辐射到附近的接收点。无线传声器不需导线与放大器相连接，因此可同人一起随意移动。无线传声器有手持型和纽扣状的佩带型两种。调制方式均为调频，具有体积小、抗干扰性强、频率特性宽、失真小、噪声低的特点，适应于舞台、讲台等场合。图4-8为无线传声器实物图。

图4-8　无线传声器

目前比较著名的传声器品牌主要有森海泽尔 Sennheiser（德国）、铁三角Audio-technica（日本）、AKG（意大利）、舒尔SHURE（美国）与索尼（日本）。图4-9为这些品牌的标志。

图4-9 几种著名的传声器品牌标志

4.2.2 扬声器和扬声器系统

1. 扬声器

扬声器的作用是将音频电信号转换成声信号并向周围的空气媒介辐射。

（1）按工作原理的不同，扬声器主要分为电动式扬声器、电磁式扬声器（即舌簧扬声器），静电式扬声器和压电式扬声器等。

- 电动式扬声器：采用通电导体作音圈，并将它放在固定磁场里，当音圈中输入一个音频电流信号时，音圈会受到一个大小与音频电流成正比、方向随音频电流变化而变化的力。这样，音圈就会在磁场作用下产生振动，并带动振膜振动，振膜前后的空气也随之振动，这样就将电信号转换成声波向四周辐射，其结构如图4-10所示。

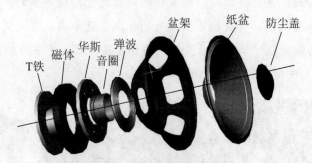

图4-10 电动式扬声器的构造

- 电磁式扬声器：也叫舌簧式扬声器，即声源信号的电流通过音圈后会把用软铁材料制成的舌簧磁化，产生交变磁场，磁化了的可振动舌簧与磁体相互吸引或排斥，从而产生驱动力，使振膜振动而发音。
- 静电式扬声器：这种扬声器是靠静电积累的相吸、相斥效应，利用的是电容原理，即将导电振膜与固定电极按相反极性配置，形成一个电容。将声源电信号加于此电容的两极，极间因电场强度变化产生吸引力，从而驱动振膜振动发声。
- 压电式扬声器：又叫晶体扬声器，即利用压电材料受到电场作用发生形变的原理，将压电动元件置于音频电流信号形成的电场中，使其发生位移，从而产生逆电压效应，最后驱动振膜发声。

在这些扬声器中，由于电动式扬声器的辐射频率范围可达整个音频范围，而且声功率可以做到很大（可通过分频段制作出大功率扬声器，运用组合发声方法，形成全频段放声），因而得到了广泛的使用。

（2）按振膜形状的不同，扬声器主要分为锥形振膜扬声器、平板形扬声器、球顶形扬声器、号筒扬声器等。

- 锥形振膜扬声器：锥形振膜扬声器中应用最广的就是纸盆扬声器，它的振膜成圆锥状，是电动式扬声器中最普遍、应用最广的扬声器，尤其是作为低音扬声器应用得最多。
- 平板形扬声器：也是一种电动式扬声器，它的振膜是平面的，以整体振动直接向外辐射声波。平板形扬声器的平面振膜是一块圆形峰巢板，板中间是用铝箔制成的峰巢芯，两面蒙上玻璃纤维。平板形扬声器的频率特性较为平坦，频带宽且失真小，但额定功率较小。
- 球顶形扬声器：球顶形扬声器是电动式扬声器的一种，其工作原理与纸盆扬声器相同。球顶形扬声器的显著特点是瞬态响应好、失真小、指向性好，但效率低些，常作为扬声器系统中的中、高音单元使用。
- 号筒扬声器：号筒扬声器的工作原理与电动式纸盆扬声器相同。号筒扬声器的振膜多是球顶形的，也可以是其他形状。这种扬声器和其他扬声器的区别主要在于它的声辐射方式，纸盆扬声器和球顶扬声器等是由振膜直接鼓动周围的空气将声音辐射出去的，是直接辐射；而号筒扬声器是把振膜产生的声音通过号筒辐射到空间，是间接辐射。号筒扬声器最大的优点是效率高、谐波失真较小，而且方向性强，但其频带较窄，低频响应差，多作为扬声器系统中的中、高音单元使用。

图4-11为几种不同振膜形状的扬声器实物图。

（a）平板式　　　　　　　（b）球顶式　　　　　　　（c）号筒式

图4-11　几种不同振膜形状的扬声器

（3）按放声频率的不同，扬声器可分为低音扬声器、中音扬声器、高音扬声器、全频带扬声器等。

- 低音扬声器：主要播放低频信号的扬声器称为低音扬声器，其低音性能很好。低音扬声器为使低频放音下限尽量向下延伸，因而扬声器的口径做得都比较大，一般有200mm、300mm～380mm等不同口径。一般情况下，低音扬声器的口径越大，重放时的低频音质越好，所承受的输入功率也越大。
- 中音扬声器：主要播放中频信号的扬声器称为中音扬声器。中音扬声器可以实现低音扬声器和高音扬声器重放音乐时的频率衔接。由于中频占整个音域的主导范围，且人耳对中频的感觉较其他频段灵敏，因而对中音扬声器的音质要求较高。中音扬声器有纸盆形、球顶形和号筒形等类型。

- 高音扬声器：主要播放高频信号的扬声器称为高音扬声器。高音扬声器为使高频放音的上限频率通达到人耳听觉的上限频率20kHz，因而口径较小，振动膜较韧。常用的高音扬声器有纸盆形、平板形、球顶形等多种形式。

- 全频带扬声器：全频带扬声器是指能够同时覆盖低音、中音和高音各频段的扬声器，可以播放整个音频范围内的电信号。其理论频率范围要求是从几十Hz至20kHz，但实际上由于采用一只扬声器是很困难的，因而大多数都做成双纸盆扬声器或同轴扬声器。同轴扬声器的低频单元和高频单元被设计在了同一轴心线上，外侧是低频，内侧是高频，但发声点在同一物理位置。这种设计可以消除高、低频单元由于频率范围的不同而引起的声音漂移，但是因为高、低音都是从一个点所发出的，所以音色的失真较大。

2. 扬声器系统

扬声器系统就是指扬声器箱，也称音箱。它是选用高、低音或高、中、低音扬声器并将它们装在专门设计的箱体内，并用分频网络把输入信号分频后分别送给相应的扬声器的一种全音域系统，称为扬声器系统。

扬声器系统按分频方式可分为二分频音箱、三分频音箱、四分频音箱、多分频音箱和超低音音箱。

按外形可分为书架式、落地式等。

按用途可分为监听式、电影立体声、舞台专业大功率、有线广播、防水、迷你型、返送式等音箱。

监听音箱是供录音师、音控师监听节目用的音箱。这类音箱应有极高的保真度和很好的动态特性，应不对节目做任何修饰和夸张，真实地反映出音频信号的原来面貌。

舞台专业大功率音箱主要用于舞台或场地扩声，灵敏度比较高、功率比较大，种类及样式很多，如主扩声音箱、返听音箱、超重低音音箱等。图4-12为舞台专业音箱实物图。

图4-12　舞台专业音箱

按音箱的基本结构可分为有限大障板型、背面敞开型、封闭式（箱体全封闭，音箱灵敏度比较低）、倒相式（箱体非全封闭，有倒相孔，音箱灵敏度比较高）等多种结构音箱。

图4-13为几种常见的音箱的实物图。目前比较著名的专业扬声器系统有美国JBL、英国玛田MARTIN、法国力素NEXO、美国百威PEAVEY、美国EV和美国博士BOSE。图4-14为这些品牌的标志。

（a）书架式　　　（b）落地音箱（倒相式）　　　（c）监听音箱（封闭式）

图4-13　几种常见的音箱

图4-14　几种著名的扬声器系统的品牌标志

4.2.3　调音台

调音台是将音源信号进行放大、均衡、定位、混合、监听与分配的综合性电子设备，其性能将直接影响到整个系统的效果和质量，而操作的界面灵活性则影响着音响师临场的随机发挥。在专业扩音和录音系统中，都是以调音台为中心，把各种声源设备、输出设备和信号处理设备连接起来，完成扩音或录音工作。调音台应能满足电视演播室整体节目制作和现场扩声以及直播的要求，同时还具备兼容性、扩展性。随着数字化革命性的进程的不断深入，调音台已经分为模拟型和数字型两大类，其中数字调音台由于其电路数字化程度较高，应用于现场调音时，对大型综艺演出和场景编程可操作自如。图4-15为调音台实物图。

- 按照输入的通路数来分，调音台可以分为小型调音台、中型调音台、大型和超大型调音台。

- 按照用途的不同来分,调音台可以分为直播调音台、录音调音台、扩音调音台以及混音台等。
- 按照信号的输出方式来分,调音台可以分为模拟式调音台和数字式调音台。

调音台主要由三个部分构成:输入部分、母线部分与输出部分。母线部分把输入部分和输出部分联系起来,构成了整个调音台。

图4-15 调音台

对调音台工作有较大影响的主要技术性能指标有增益、动态余量、噪声、频率响应、谐波失真以及串音等。

图4-16是一款常用的YAMAHA DM1000数字调音台的操作面板,根据图中的标注,可以了解到调音台在演播室制作技术中常用的按钮以及它们的区域分布状态。

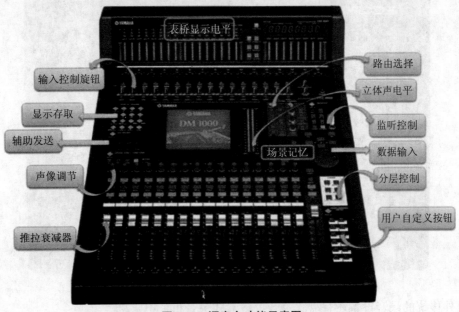

图4-16 调音台功能示意图

目前比较著名的调音台品牌有英国艾伦赫赛ALLEN&HEATH、英国声艺Soundcraft、德国百灵达behringer、日本雅马哈等。图4-17为这些品牌的标志。

图4-17　几款调音台品牌的标志

4.2.4　录音设备

电视综艺节目的音源极具多样性，素材可能录制在CD、MD、DAT、盒式录音、DVD或VCD带等介质中，格式很多，因此，必须尽可能配齐各种录音设备。在电视演播过程中，经常会根据现场情况，播出一些小的音乐或动效片段，以配合现场气氛，如笑声、滑稽音乐等，这时硬盘即时播放机类的设备就发挥了作用。工作人员可在事先将可能有用的素材全部录入，通过对应不同素材片段的热键，及时迅速地进行现场播出，使用简便且不易误操作。

图4-18为某款专业数字录音设备。

图4-18　专业数字录音设备

另外传统的录音设备还有盘式录音机、盒式录音机、电唱机等。

4.2.5 监听耳机

监听耳机是指对输入的音频信号没有经过音色渲染（音染）的耳机，是相对于高保真耳机而言的。通过监听耳机，能够听到最为接近真实的、未加任何修饰的音质。它广泛地应用于DJ工作的打碟、录音棚、配音室、电视台、广播电台以及MIDI工作室等领域。

监听耳机要具备的特点是频率响应要足够宽，速度快，保证需要监听的频带范围内信号失真尽量小，具备清楚的反应监听对象声音特点的能力；坚固耐用，易于维修和维护。

在监听耳机市场中的比较有影响力的品牌主要有：森海塞尔（SENNHEISER）、铁三角、AKG、索尼、飞利浦、舒尔等。图4-19（a）为森海塞尔（SENNHEISER）、图4-19（b）为铁三角监听耳机的实物图。

（a）森海塞尔　　　　（b）铁三角

图4-19　监听耳机

4.2.6　周边设备

选用合适的周边设备，可对声音进行更准确地调整，弥补一些原始声音的不足，使现场得到完美的声音效果。采用均衡器，通过对不同频率或频段的信号分别进行提升、衰减或切除，以达到加工美化声音和改进信道传输质量的目的。反馈抑制器可对啸叫进行有效的抑制，提高传声增益。双通道压限器对音频信号进行动态范围的压缩或扩展，以达到美化信号、防止失真、烧毁后级设备及降低噪声等目的。同时为了兼容其他设备，还可配置效果器，通过对声音进行处理来满足不同功能的需要。

1. 均衡器

均衡器是一种可以分别调节各种频率成分电信号放大量的电子设备。通过使用该设备可对各种不同频率的电信号进行调节来补偿扬声器和声场的缺陷，具有补偿和修饰各种声源及其他特殊作用。一般调音台上的均衡器仅能对高频、中频、低频三段频率电信号分别进行调节。

均衡器分为三类：图示均衡器、参量均衡器和房间均衡器。图4-20为均衡器实物图。

（a）图示均衡器

（b）参量均衡器

图4-20 均衡器

2. 压限器

压限器是压缩与限制器的简称，其中压缩器是一种随着输入信号电平增大而本身增益减少的放大器；限制器是当输出电平到达一定值以后，不管输入电平怎样增加，其最大输出电平保持恒定的放大器。该最大输出电平是可以根据需要调节的。一般来讲，压缩器与限制器多是结合在一起出现，有压缩功能的地方同时也就会有限制功能。图4-21为限制器实物图。

图4-21 限制器正反面

动态变化大的信号，比如交响乐演奏时，钢片琴、碰铃等弱信号与铜管、定音鼓等强信号的动态差别很大，如果按大动态信号来设定输出电平，则微弱信号就听不到了；反之，按小动态信号设定输出电平，大动态信号就会超载。压缩器就可以把大动态信号按比例进行压缩，比如2∶1、4∶1等。这样听众既可以听到微弱的声音，大动态时又不会过载。实践中场地扩音时可以防止突发情况，比如话筒跌落时突然的大电平信号出现，限制器可以有效地保护扬声器系统。

3. 扩展器

扩展器是一种增益随着输入电平的减小而增加输出电平的放大器。通过使响的声音信号更响、弱的声音信号更弱的工作方式来改善或增加影视节目中的声音动态范围。当输入电平低于起始阈电平时,扩展器才起作用。

4. 延时器

延时器是将声音信号延时一段时间后输出的周边设备。延时器输出时间的长短可调,它与混响联合使用时,可获得许多特殊的声音效果。比如一个在强吸声(短混响)录音棚录制的声音,进行延时处理后,听上去就像是山谷中发出的声音,有很多回声。图4-22为延时器实物图。

图4-22 延时器

4.3 视频系统

视频系统由摄像机、视频切换台、特技机、录像机、图文字幕设备和信号转换分配、设备控制和技术监测系统等组成。

4.3.1 摄像机

摄像机是前期信号的采集设备,在视频系统中占有很重要的位置。摄像机是一种把景物光像转变为电信号的装置。从能量的转变来看,摄像机的工作原理是一个光-电-磁-电-光的转换过程。

1. 摄像机的分类

按照对信号的处理方式不同,摄像机可分为模拟和数字两类。

按摄像器件的类型可分为摄像管摄像机以及CCD摄像机。

按用途不同可以分为广播级、专业级、家用级以及特殊用途摄像机。电视广播用摄像机的图像质量高,价格也较为昂贵。又可分为演播室用摄像机、电子现场节目制作(EFP)用摄像机、电子新闻采集(ENG)用摄像机。

按彩色转换方式不同,可分为三片CCD和单片CCD。一般专业级或广播级采用三片CCD摄像机;家用和普及型采用单片CCD摄像机。

按清晰度等级分类,可以分为标准清晰度摄像机、高清晰度摄像机以及4k超高清晰度摄像机。

2. 摄像机的组成

摄像机主要由光学系统、光电转换系统和电路系统三部分组成。光学系统包括变焦距镜头、分光棱镜、滤色片；光电转换系统包括CCD芯片及其附属电路；电路系统分三部分，即信号处理电路，自动控制电路和其他附属电路。

1）镜头

变焦距镜头是一种能任意改变焦距而成像面位置固定不变的镜头。变焦距镜头主要由调焦组、变焦组、光圈、固定组（光学透镜）多片透镜组成。每组透镜由多个不同曲率、不同材料的透镜组成，以矫正镜头系统中的像差和色差。其中调焦组固定不动，变焦组位置可变以改变焦距。补偿组在改变焦距时确保成像面的位置不变，随变焦组一起移动。而固定组是固定的，可以将镜头的成像面后移一段距离，以便在镜头和摄像器件间安装分光系统。镜头的变焦倍数是指变焦镜头的最长焦距和最短焦距之比。

光圈是一种孔径大小可以调节的薄片装置，用以控制通过镜头的光通量。

2）分光系统

分光系统由R、G、B三块棱镜组成，在棱镜的端面上分别镀上不同的分色薄膜（干涉薄膜），分色膜的厚度和折射率决定其可以反射某些波长的光而透过另一些波长的光，从而起到分色作用。

3）成像器

成像器负责进行电光转换，有CCD成像器和CMOS之分。在广播级专用设备中目前还主要是用CCD，以前的老式摄像机还有用过CRT成像器。

4）音频系统

音频系统包括内接话筒接口和外接话筒接口，声音信号放大器和电平调节电路，声音信号输出接口，摄像机与控制单元的对话系统等。此外还有用于录像机记录和重放的监听系统。

5）寻像器

摄像机的"取景框"，实际是一个小小的电视监视器。主要完成聚焦和选景构图，检查工作状态和图像质量等功能，以便进行正确的调整和操作。

6）电源管理系统

摄像机的供电一般要求采用12V DC。摄像机内部具有直流变换（DC-AC）电路，可将12V DC电压变换出各电路板及摄像器件所需的各种直流电压。

3. 摄像机的工作原理

数字摄像机的工作原理如图4-23所示。被摄景物的光像通过变焦镜头、分光系统形成红、绿、蓝三个基色光像（三基色原理）。三个基色光像同时进行光电转换，形成相应的红、绿、蓝三基色电信号。将三基色电视信号分别进行放大处理，再进行数字编码，最终从编码器输出视频信号。

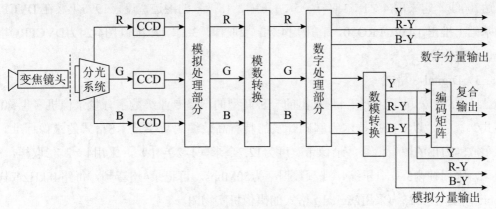

图4-23　数字摄像机的基本原理

4. 摄像机的主要技术指标

摄像机的主要性能由以下技术指标决定。

（1）清晰度：主要由CCD芯片的像素多少决定，一般单片CDD的像素为80万～200万，而三片CCD的每一片的像素是40万～100万。图像清晰度是指摄像机分解黑白细线条的能力。一般家用级摄像机的清晰度为400线～500线，广播级摄像机的清晰度为600线～800线。分辨的条纹数越多，图像的清晰度就越高。

（2）灵敏度：主要与CCD芯片的面积和镜头的孔径有关。一般广播级摄像机的芯片采用1/2英寸到2/3英寸，其灵敏度较高，而家用级的摄像机的芯片采用1/6英寸到1/4英寸，其灵敏度较低。通常在标准光源照明下，用摄像机拍摄测试卡，输出达到标准值所用的光圈越小，则表示摄像机的灵敏度越高。一般广播级摄像机光圈值在F8～F11，家用级的摄像机光圈值在F4～F5.6。

（3）最低照度：最低照度是指在一定的信噪比条件下，比较被摄景物所需照度的大小。照度越低，说明摄像机灵敏度越高。摄像机的最小照度可达0.5Lux。

（4）彩色还原：表明摄像机拍摄彩色画面的逼真度。一般，采用三片CCD的摄像机的彩色还原要优于单片CCD的摄像机。

摄像机还有其他一些指标，如几何失真、重合精度、自动化程度、耐冲击振动能力、工作环境温度范围及信号接口的多功能化、操作的方便性等。这些都是在选用时需考虑的因素。

5. 摄像机的视频格式

1）DV（Digital Video Cassette）

DV系统的亮度信号的取样频率高达13.5MHz，而色信号的取样频率也可达3.375MHz，清晰度理论上可达500线，视频信噪比可达54dB。在音响方面也很考究，有16bit/48kHz、44.1kHz、32kHz两声道及12bit/32kHz四声道几种规格。

2）DVCPRO格式

DVCPRO是1996年松下公司在DV格式的基础上推出的一种新的数字格式，水平解析度达700线。它采用4：1：1取样，5：1压缩，18微米的磁迹宽度。1998年又在DVCPRO的基础上推出了DVCPRO50，它采用4：2：2取样，3.3：1压缩。图4-24为DVCPRO格式摄像机实物图。

3）Digital-S格式

日本JVC公司于1995年4月推出的一种新型的广播专业级数字分量录像机（也称D-9格式）。它是以S-VHS技术为基础开发的具有高效编码数字技术S格式的录像标准。可以重放S-VHS的图像信号，录像带宽度为12.7毫米（1/2英寸），采用4：2：2取样，8bit量化，采用帧内3.3：1压缩，视频数据率为50Mbps。可记录4路音频，每路48kHz取样，16bit量化。图4-25为采用Digital-S格式的摄像机实物图。

图4-24 AJ-D910WA摄像机（DVCPRO格式）

图4-25 DY-700E摄像机（Digital-S格式）

4）Digital 8

Digital 8与DV带一样，拥有500线水平解像度以上的画质，所以质量上比旧式摄像机要好。而Digital 8与DV带不同的是，它采用了8毫米的金属磁带，比DV带的磁带要粗，而且Digital 8兼容旧式的8厘米磁带，灵活性和适应性显得更高。

5）DVCAM格式

索尼公司于1996年推出了DVCAM格式的数字设备。该格式采用5：1的压缩比，4：2：0（PAL）取样方式，8比特数字分量记录，保证了画面的高质量，并可兼容重放家用数字DV录像带，具有优越的性价比。图4-26为DSR-300P格式摄像机实物图。

图4-26 DSR-300P格式摄像机

6）Betacam-SX格式

Betacam-SX格式采用MPEG-2 MP@ML的扩展4：2：2P@ML标准。在保证高图像质量的同时有较高的压缩比（10：1）。

7）Digital-BETACAM格式

SONY公司于1993年推出了BETACAM数字分量录像机。视频信号采用4：2：2取样，数字输入10 bit量化，模拟输入8bit量化，帧内2：1数据压缩。

目前，市场可供选择的数字摄像机型号很多，各大厂家的高级摄像机都采用12bit模数转换，在信号处理上采用16bit以上的数据处理，保证了更精确的伽马、拐点、轮廓校正。另外，演播室摄像机所用的电缆长度最好不超过200m，超过时应用光纤，接插件要采用镀金措施，防止辐射。摄像机的质量直接决定了演播室的节目技术质量，因此，须慎重考虑性能、价格和需求。现在实现4∶3和16∶9兼容时，各厂家采取的技术不同，日本各摄像机厂采用的是16∶9的CCD元件，通过改变水平尺寸以实现对4∶3的兼容。在进行4∶3和16∶9之间转换时，由于成像面的水平尺寸不同，因此需要通过可转换镜片来弥补视角的变化。而飞利浦的LDK系列摄像机采取了动态像素管理（DPM）的技术，在4∶3的CCD上实现了16∶9的兼容，DPM技术没有改变CCD成像区域的水平尺寸，只改变了垂直尺寸。

6. 专业级摄像机和广播级摄像机的区别

1）采用CCD种类上的区别

BETACAM机头所配的CCD全都是2/3英寸的，DVCOM绝大多数是1/2英寸的，受光面积相差不小。即便同是2/3英寸，由于电荷"帧""场"转移方式的不同，实际光靶的受光面积也相差很大。采用FIT技术的CCD，其光靶实际受光面积要比采用FT技术的摄像机大很多。DVCOM绝大多数采用IT方式，光靶的有效利用面积更低，并且IT的残余电荷比较大，摄像头的信噪比也就降不下来，对高亮信号（如强光源）易产生所谓"垮斑"（垂直亮条），所以广播级的摄像机都不采用IT模式。另外，光靶的"亮度宽容度"是决定拍摄时所摄取的信息量的最重要的指标，这方面DVCOM拍摄的画面没有广播级机器那么"透"。

2）CCD后续电路上的区别

广播级摄像机的伽马矫正全都是用的"反对数"曲线。这种曲线的灵感来源于"胶片"，它能压缩人眼不敏感的"高光"部分，而将对画面影响最大的"中间灰度"给予了最大限度的扩展，使画面更加富有层次，而DVCOM是没有这种矫正的。

广播级摄像机都有良好的"梳状滤波电路"，可以使不同色彩的接合部产生数学上的"微分效应"，目的是避免不同的色彩之间相互"串扰"，即所谓避免"爬色"。DVCOM的"梳状滤波电路"要差很多，同是广播级的摄像机不同价格的"梳状滤波电路"也有差别。

广播级摄像机都有专门的肤色矫正电路。

目前比较著名的摄像机品牌有索尼、JVC、池上、松下、佳能等。图4-27为它们的品牌标志。

| (a) 索尼 | (b) JVC | (c) 池上 |

| (d) 松下 | (e) 佳能 |

图4-27 几款摄像机品牌的标志

4.3.2 录像机

录像机是电视节目制作的基本工具,就是供记录电视图像及伴音,能存储电视节目视频信号,并且过后可把这些信号重新送到电视发射机或直接送到电视机中的磁带记录器。图4-28是录像机的实物图。

图4-28 录像机

录像机是电视节目制作的基本工具,磁带录像机的发展历程也是从模拟信号形态过渡到数字信号形态的。由于视频信号处理有4∶2∶2、4∶1∶1、4∶2∶0格式之分,压缩方式有场内DCT、帧内DCT和MPEG-2之分,码率压缩比不同,记录码率有200Mbps左右、100Mbps左右、50Mbps和25Mbps之分,磁带宽度有3/4、1/2、1/4英寸以及MP与ME之分等等。因此,数字录像机的格式有很多。

目前,对于串行分量数字演播室可供选择的广播级录像机有D1、D5和BETACAM DVW系列的产品。近年来推出的DVCAM、DVCPRO、DVCPRO 50、DIGITAL-S以及HD等都是数字分量记录格式,但互不兼容。它们都是进行码率压缩后将数字信号记录到磁带上,这在进行简单的节目编辑和复制时,进行多次D/A、A/D变换后,信号的质量会下降,因此比较适用于新闻节目的制作。

4.3.3 切换台

切换台是演播室的核心设备,主要用于多摄像机演播室或外景制作。通过切、叠画、划像来连接所选视频,进而创作和嵌入其他特技来完成节目制作的设备。图4-29为切换台实物图。

图4-29 切换台

1. 切换台的功能

切换台的主要功能是给实时编辑提供方便,选择各种视频素材并通过过渡技巧将这些素材依次连接起来。

(1) 从多路视频输入信号中选择一路视频信号作为节目输出。

(2) 在两路视频信号之间执行基本转换，如CUT、MIX、WIPE。

(3) 创造特技效果，如抠像、画中画等。

(4) 通过辅助母线实现信号的灵活调度。

切换台可以应用于电视信号播出或节目后期制作。在电视中心，需要从多路节目源选出所需的信号进行播出；在后期节目制作中，为加强艺术效果，也需要从不同的节目源中选择一路或多路实施组合输出。视频切换同时还用于技术人员调整和监测电视中心设备。由于视频切换台能选择输出各路信号，技术人员可以随时监测并调整任一路或整个视频通道中某些关键部位的信号质量；当发生故障时，便于探明故障所在部位，以便及时排除。

按信号处理能力不同，又可分为标清和高清切换台。高清数字视频切换台的信号码率是1.5Gbps，16∶9，标清数字视频信号切换台的信号码率是270Mbps，4∶3。高清/标清兼容数字视频切换台可以随着格式转换开关进行画幅切换。还有的视频切换台在同一硬件环境下，可通过软件进行升级，实现标清转换为高清的视频切换台，如SONY的MSF-2000。

2. 切换台的组成

切换台主要由输入切换矩阵、混合/效果放大器、特技效果发生器、下游键处理与混合器、同步信号发生器以及控制电路几部分组成。根据切换台组成的复杂程度，可分为一级切换台、二级切换台与三级切换台等。

对于一级切换台，A母线即PGM（节目）母线，B母线即PVW（预监）母线，如图4-30所示。

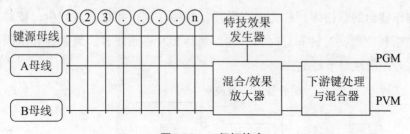

图4-30　一级切换台

对于二级切换台，包含PP级（PGM和PVW）与ME级（MIX和EFFECT），每一级又含有各自的AB母线，如图4-31所示。

切换台的数字化是演播室数字化的关键所在。目前，数字切换台无论在外观、操作还是内部框架结构上，均与传统的模拟切换台相似，不同之处在于：切换台和计算机技术结合起来了，实现了联网操作；其输入的SDI接口不再与控制面板按钮一一对应，而是由菜单设置对应关系；输入的视频信号与键信号也不再区分，可接入任一路SDI输入口。数字切换台具有强大的设置菜单，可对制式、格式、宽高比、各种键及特技等在内的几乎所有的参数进行设置。切换台的选型不仅要考虑演播室的节目制作类别和容量，还应考虑后期节目制作功能的兼顾，以充分发挥作用。

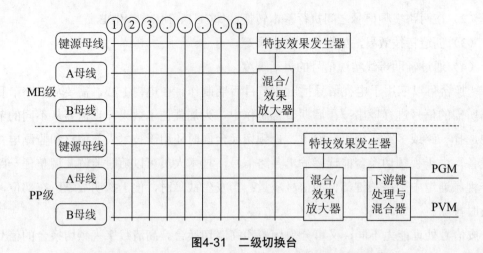

图4-31 二级切换台

4.4 控制室和周边系统

控制室是整个演播室运行的中枢，周边系统为演播室的正常运行提供有力的保障。

4.4.1 控制室

演播室录制的视音频信号通过各自的专用电缆与控制室的相应设备连接起来，将视频和音频信号传输到控制室。控制室主要实现视频控制、音频控制与灯光控制等功能。主要设备有录像机、字幕机、切换台、调音台、同步机、监视器和技术监测等。图4-32为演播室+控制机房的结构示意图，图4-33为一般控制机房的布局图，图4-34为控制室的实景图。

节目制作播出的总指挥，称为电视导播。导播在制作和播出过程中，依靠视频监视器、音频监听扬声器、时钟和计时器、内部通话和对讲系统等，来选择和组织不同的视音频输入信号，实现对节目的控制。

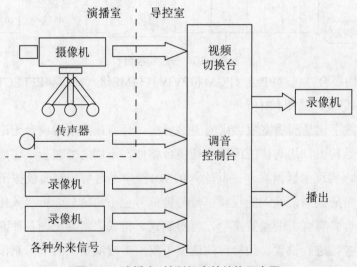

图4-32 演播室+控制机房的结构示意图

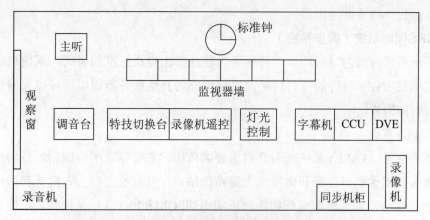

图4-33 一般控制机房的布置方式

图4-34 控制室的实景图

4.4.2 周边系统

周边系统包括电源、接地、授时、检测、监控等系统。

1. 电源系统

电源系统是电视中心所有的能量来源，它对中心稳定的运行起着至关重要的作用。电视中心的电源主要有三种形式。

- 单相电源：该模式实现起来简单方便，缺点是系统负荷能力较差，且安全性也不高。对于有大功率灯光、空调的系统一般不采用单相电源。
- 三相电源：采用该模式可提高系统用电的负荷能力和安全性，主要用于带载大功率灯光、空调等设备，缺点是易对音视频设备造成干扰。
- UPS电源：又叫不间断电源，也有单相和三相之分，对于系统中用于输出的音视频设备应首先考虑采用UPS电源，但总体造价与功率有直接的关系。

2. 地线系统

地线系统主要有树状与网状结构。树状结构用于释放干扰，网状结构用于屏蔽干扰。地线系统也有保护接地、防雷接地和工作接地之分。如果建筑物有联合接地系统，可以统一接建筑物等电位体。

3. GPS授时系统（同步系统）

为保证系统内部的时间同步，特别是为轮播播出提供标准的时间，系统内的校时服务器要能够接收GPS时钟的授时信号，系统内部的其他服务器均可通过以太网与校时服务器进行时间同步。

4. TALLY系统

在演播室里，TALLY系统起着非常重要的作用。它通常以字符或指示灯的形式出现在摄像机头、摄像机寻像器和电视墙上等系统结点，分别给主持人、摄像和演播室的制作人员予以提示，告之当前视频切换台所切出的PGM和PST信号是什么。系统通过视觉提示来协调各个岗位的工作人员，及时了解节目的进展状态。图4-35为TALLY系统的构架示意图。

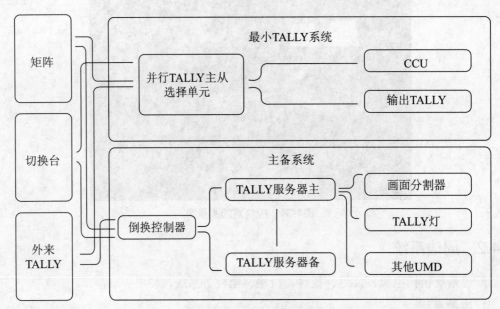

图4-35 TALLY系统构架

5. 检测系统

主要检测SDI数字视频信号的电平、抖动、眼图以及SDI数字视频信号的报警等。对于视频信号的技术标准，可以通过示波器进行查看。调整时，对于亮度，可参考视频的波形图，确保峰值不要超过700mv；而对于色度的监看，可通过矢量示波器查看系统输出的彩条信号，如果其矢量图显示的亮点与田字格区域偏差过大，说明系统色相出现偏差。摄像机拍摄的视频信号矢量图一般为不规则絮状图，某一区域越向外扩散，说明该部分颜色的饱和度越高。

6. 监控系统

节目播放时，有时不可避免的会发生一系列问题，比如节目视频停播、载波停播、伴音停播、静帧、黑场等。这些故障随时都可能因种种问题而发生，所以，监控系统必不可少。监控系统的主要作用就是对播出的节目进行监测,以便工作人员能够及时发现问题并给予解决,从而达到安全播出的目的。

7. 通话系统

主要负责总控机房与各分控机房、总控机房与各演播室、分控机房与演播室、分控机房与上载机房、外界与台内机房之间的通话联系。

4.5 主要音视频接插口

电视中心会用到各种各样的音视频接插口,下面介绍部分常用的接插口。

4.5.1 3.5mm和6.35mm插头

6.35mm插头又叫大插头,有大T(Tip)S(Sleeve)和大T(Tip)R(Ring)S(Sleeve)之分。3.5mm插头又叫小插头有小TS和小TRS之分,主要用于音频或控制信号的传输和转接。6.35mm插头常用于一些专业音频设备中,而3.5mm插头常用于一些小型音频设备和家用音频设备中。TS用于非平衡传输,T接芯线,P接地。TRS用于平衡传输,T接热端,R接冷端,P接地。图4-36是3.5mm插头实物图片,图4-37是6.35mm插头实物图片。

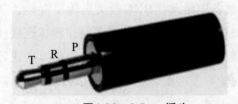

图4-36　3.5mm插头

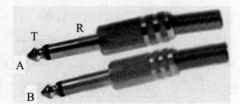

图4-37　6.35mm插头

4.5.2 卡侬头

卡侬头又称XLR卡侬接口,英文名字 CANNON。按接头插针数有两芯、三芯和四芯等多种,按接头形式有公头和母头之分,可以用于音频信号或控制信号的传输。我们常见的用于专业音频连接的是三芯的卡侬接口,特点是连接牢固可靠,插头设计可以保证在连接时没有噪音,是一种平衡连接方式。卡侬头上都有标记1、2、3,分别为1信号地、2信号热端、3信号冷端。图4-38为一些卡侬头的实物图片。

图4-38　卡侬头

4.5.3 RCA

RCA又称莲花接头,也是一种用于同轴电缆的非平衡传输连接器。在专业音频设备中经常用来转接音频信号,在一些家用设备中也用来转接视频信号。RCA接头按接头形式有公头和母头之分,按制作方式有压接式、组装式和焊接式等几种。压接式需要专用的工具,并且接头要与同轴电缆匹配,焊接式是一种最常见的形式。图4-39为一些RCA接头的实物图片。

图4-39 几种RCA接头

4.5.4 BNC

BNC接头又称Q9头,是一种用于同轴电缆的非平衡传输连接器,英文全称是Bayonet Nut Connector(刺刀螺母连接器,这个名称形象地描述了这种接头的外形)。BNC接头目前被广泛地用于通信系统中,如网络设备中的E1接口有时就是用两根BNC接头的同轴电缆来连接的。在专业的视频设备、音响设备中经常用BNC接头来转接视频、音频信号。此外,BNC接头在专业测试设备中(如示波器)也经常被用来制作测试连接线。BNC接头按接头形式有公头和母头之分,按制作方式有压接式、组装式和焊接式等几种,压接式需要专用的工具,并且接头要与同轴电缆匹配。图4-40是几种BNC接头的实物图片。

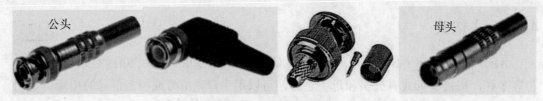

图4-40 几种BNC接头

4.5.5 HDMI

高清晰度多媒体接口(High Definition Multimedia Interface,HDMI)是一种视频/音频接口技术,是适合影像传输的专用型接口。该接口可同时传送音频和影像信号,最高数据传输速度为4.5GB/s,同时无需在信号传送前进行数/模或者模/数转换。HDMI可搭配宽带数字内容保护(HDCP)系统,以防止具有著作权的影音内容遭到未经授权的复制。HDMI从外形上还有标准接口、迷你接口和微型接口之分,使用时要注意区分,图4-41为HDMI的实物图。

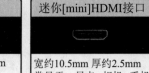
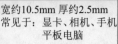
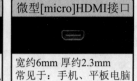

图4-41　HDMI

4.6　思考题

1. 电视中心的主要功能是什么？主要由哪些系统构成？
2. 简述演播室的声学要求以及布光技巧。
3. 什么是传声器？什么是扬声器？
4. 简述调音台的主要功能以及基本组成。
5. 简述数字摄像机的组成、工作原理以及技术指标。
6. 简述切换台的主要功能。
7. TALLY系统的主要功能是什么？
8. 常用的视频、音频接口有哪些？简述各自的特点。

第5章 电视节目制作

电视节目编辑制作系统的主要功能是根据节目内容及要求,采用有效的技术手段及制作方法,制作出具有声音、图像和艺术效果的电视节目。电视节目制作主要包括前期制作和后期制作。前期制作的主要任务是收集各种节目素材;后期制作则是制成节目成品的全部过程,包括图像与声音编辑、特技处理、字幕叠加及配音(音乐、对话、解说、拟音、效果)等。

5.1 编辑制作技术

用电子方式将不同的素材按一定顺序组合成一个有完整内容的节目的制作技术称为电子编辑制作技术。编辑制作技术分为线性编辑和非线性编辑两种。

5.1.1 线性编辑

线性编辑是一种基于磁带的编辑方式,它利用电子手段,根据节目内容的要求将素材连接成新的连续画面的技术。通常使用组合编辑方法将素材顺序地编辑成新的连续画面,然后再以插入编辑的方式对某一段进行同样长度的替换。对于编辑后的内容要想删除、缩短、加长中间的某一段就不可能了,除非将那一段以后的画面抹去重录。线性编辑的存储模式与时间顺序有关,受时间顺序"线性"约束,是一种不可随机存取的电子编辑方式。

线性编辑通常需要的设备为:一台(或多台)放像机、一台具有编辑功能的录像机以及一台编辑控制器。

线性编辑具有以下优点:
- 可以很好地保护原来的素材,能多次使用。
- 不损伤磁带,能发挥磁带能随意录、随意抹去的特点,降低制作成本。
- 能保持同步与控制信号的连续性,组接平稳,不会出现信号不连续、图像跳闪的感觉。
- 可以迅速而准确地找到最适当的编辑点,正式编辑前可预先检查,编辑后可立刻观看编辑效果,发现不妥可马上修改。
- 声音与图像可以做到完全吻合,还可各自分别进行修改。

虽然具有以上优点,但同时线性编辑也有一定的缺点。
- 素材不可能做到随机存取。线性编辑系统是以磁带为记录载体,节目信号按时间线性排列。在寻找素材时录像机需要进行卷带搜索,只能在一维的时间轴上按照镜头的顺序一段一段地搜索，不能跳跃进行。因此在素材的选择上很费时间，影响了编辑效率。另外大量的搜索操作对录像机的机械伺服系统和磁头的磨损也较大。

- 模拟信号经多次复制，信号严重衰减，声画质量降低。节目制作中一个重要的问题就是母带的翻版磨损。传统的编辑方式的实质是复制，是将源素材复制到另一盘磁带上的过程。而模拟视频信号在复制时存在着衰减，当我们在进行编辑及多代复制时，特别是在一个复杂系统中进行时，信号在传输和编辑过程中容易受到外部干扰，造成信号的损失，使图像的劣化更为明显。

- 线性的编辑方式难以对半成品完成随意的插入或删除等操作。因为线性编辑方式是以磁带的线性记录为基础的，一般只能按编辑顺序记录。虽然插入编辑方式允许替换已录到磁带上的声音或图像，但是这种替换实际上只能是替掉旧的，它要求要替换的片断和磁带上被替换的片断的时间长度一致，而不能进行增删。就是说，不能改变节目的长度，这样对节目的修改就非常不方便。

- 所需设备较多，安装调试较为复杂。线性编辑系统连线复杂，有视频线、音频线、控制线、同步机，构成复杂，可靠性相对降低，经常出现不匹配的现象。另外设备种类繁多，录像机（被用作录像机/放像机）、编辑控制器、特技发生器、时基校正器、字幕机和其他设备一起工作。由于这些设备各自起着特定的作用，各种设备的性能参差不齐，指标各异，当它们连接在一起时，会对视频信号造成较大的衰减。另外，大量的设备同时使用，使得操作人员众多，操作过程复杂。

- 较为生硬的人机界面限制了制作人员创造性地发挥。

5.1.2 非线性编辑

非线性编辑是指可以对画面进行任意顺序的组接而不必按照镜头稿本的顺序编辑影视节目的一种方式。该方式是基于硬盘存储，存储模式与时间顺序无关。该方式是一种不受时间顺序"线性"的约束，可对内容进行随机存取的电子编辑方式。"非线性"的含义是指所用素材的长短和前后顺序可以不按制作的长短和先后顺序进行任意地编排和剪辑。

1. 非线性编辑系统的组成和功能

非线性编辑借助计算机来进行数字化制作，几乎所有的工作都在计算机里完成，不再需要那么多的外部设备。对素材的调用也是瞬间实现，不用反反复复地在磁带上寻找，突破了单一的时间顺序的编辑限制。对素材可以按各种顺序排列，具有快捷简便、随机的特性。非线性编辑只要上传一次就可以多次编辑，信号质量始终不会变低，所以节省了设备、人力，提高了效率。非线性编辑需要使用专用的编辑软件与硬件。目前绝大多数的电视、电影制作机构都采用了非线性编辑系统，图5-1为非线性编辑系统的实物图。

图5-1 非线性编辑系统

非线性编辑系统是以计算机平台为基础，辅以专业视频显示卡、视频、音频输入、输出通道卡（一般称为I/O卡），以及可高速读写的大容量存储设备等构建的一整套的硬件/软件集成的系统，图5-2为非线性编辑系统的示意图。

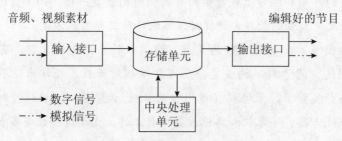

图5-2 非线性编辑系统的示意图

1）视频、音频输入、输出通道卡

主流的I/O卡除了具备一般非线性编辑卡中的编码、解码芯片外，还具备全面的信号输入与输出接口。当需要将编辑好的内容输出到监视器上，或者录制到磁带中时，则需要使用I/O卡的输入接口；当需要将编辑好的内容输出到监视器上，或者录制到磁带中时，需要使用I/O卡的输出接口。

2）大容量存储设备

随着视频从标清到高清、高清到2k、4k的升级，视频、音频素材占用的磁盘存储空间正呈指数放大。现在的非线性编辑工作站除了系统硬盘以外，一般都可以容纳2~4块数据磁盘，如果存储容量还不够的话，还可以使用外接的磁盘阵列来扩充存储容量，以满足素材等对存储资源的需求。

除了容量满足要求之外，存储的读写速度也很重要，存储的读写带宽标准也越来越高。高清多层节目编辑需要的读写带宽随着码率的提升，已提高到600MB~800MB/s。当进入4k超高清编辑时代，这一要求又大幅提升到了1200MB~1400MB/s。

3）计算和渲染平台

最新的非线性编辑设备均采用了CPU+GPU处理技术。CPU支持大量运算，且最好拥有超线程功能；性能同样强大的显示卡，可以满足苛刻的渲染需求；还需要一定容量的内存为CPU和GPU运算来服务。

4）专业存储接口设备

非线性编辑软件在使用时，需要连接专业存储接口设备来进行素材资源的上下载，这类设备一般分为两大类：基带设备和非线性介质设备。

基带设备指的是使用传统模拟/数字磁带的设备，主要有摄像机和录像机。一般通过设备上的SDI、复合、分量或者i.Link1394接口与工作站连接，而素材的上载、下载需要按1∶1的时长进行，造成了较长的上载、下载时间和磁带的损耗。

非线性介质设备，是使用光盘或者半导体介质作为载体的设备。非线性介质存储设备非常便捷，且由于离散的非线性特性（因为都是以文件的形式分片段记录的），使得素材在上载和下载的时间可以被自由编辑。目前最常用的有SONY XDCAM蓝光盘、SONY XDCAM EX卡等，通过i.Link 1394或USB接口连接到工作站。实际中也常用CD光盘、DVD光盘、利用HDMI输出信号的播放设备等。

5）非线性编辑软件

非线性编辑系统是一个集采、编、播、存、管于一体的庞大的软件系统。以索贝非线性编辑系统为例，可以在软件中上/下载素材，编辑节目和素材，为视频与音频制作特技特效，制作图文字幕，以及输出和下载等。表5-1为国内常用的几款非编软件的性能比较。

表5-1 常用的几款非线性编辑软件的对比

参数/品牌	DMC	大洋	索贝	新奥特	苹果
自主产权	√	√	√	√	
系统检测报告	√	√	√	√	
中文编辑界面	√	√	√	√	部分汉化
ISO认证	√	√	√	√	
文件兼容格式	17种格式	自认格式	自认格式	自认格式	7种格式
与其他设备的兼容性	可以	不可以	不可以	不可以	可以
操作系统	Windows	Windows	Windows	Windows	MAC OSX
实时性	4层实时	4层实时	4层实时	4层实时	2层实时
视频接口	全接口	全接口	全接口	全接口	全接口
遥控接口	RS422	RS422	RS422	RS422	RS422
音频接口	全接口	全接口	全接口	全接口	全接口

2. 非线性编辑的流程

1）创建项目与节目

首先创建一个项目和节目，包括制定项目的分辨率、帧率等制式。

2）素材入库

通过I/O板卡实时采集素材，或者通过蓝光、P2快速上载素材，也可以通过导入硬盘中的视音频文件来入库素材。

3）素材的上线编辑

素材入库后，就需要在时间线上进行镜头的剪辑和拼接。之后再添加特技或字母来完善画面效果。

4）特技创作

特技分为画面内部特效和过渡特效，用来修饰剪辑完成的画面。

5）图文字幕创作

图文字幕可以用来创作包装效果、提板效果等。一般的非线性编辑系统都会内置或外挂图文字幕工具，更高级的系统还会提供类似3ds Max的全三维字幕编辑功能。

6）音频编辑

通过非线性编辑中的音频编辑功能或者专用音频软件来创作音效，最后在时间线上剪辑并且合成需要的音效。

7）合成和输出

一般广电系统编辑完成的成片可以通过审片流程和播出流程将其发布出去，而非广电系统则是最终输出，涉及节目的整体渲染打包、节目输出到文件或者节目直接DVD刻录等。

8）第三方交互

在电视电影后期制作过程中，经常需要同时使用多个后期软件来完成一个节目，这时就需要EDL、XML、AAF等在多个软件系统之间进行项目与素材资源的共享与交换。

9）网络化编辑

利用局域网将所有制作终端连接起来的网内制作形式，网内制作者可以分享资源、协同接力节目制作，实现流程化生产。

目前，电视技术已经全面进入到了数字技术时代。相对于模拟电视，数字电视节目制作技术最根本的变化在于使用了数字摄像机、数字录像机等前期数字设备，使用了基于硬盘的非线性编辑系统。模拟摄像机、录像机以及基于磁带的线性编辑系统全面退出了历史舞台。

3. 非线性编辑的优点

（1）信号质量高，数字信息多次复制也不会造成质量的下降。

（2）制作水平高，具有图像处理功能，有键控抠像、多种划像、场景过渡等特技功能。

（3）编辑能力强、制作方便，使用EDL表进行编辑，无需素材复制，素材随机存取，且实现零帧精确编辑，编辑界面可视性强，工作流程比较灵活，节目编辑方便快捷。

（4）便于网络化，实现资源共享协同创作，大大提高了工作效率。

（5）可以兼容各种视频、音频设备，也便于输出录制成各种格式的资料。

4. EDIUS非线性编辑软件

EDIUS是Canopus公司的非线性编辑软件。Canopus HQ是专为HD编辑设计的一种文件保存格式编码。该编码采用帧内压缩，4：2：2采样，两遍（two-pass）可变比特率（VBR）压缩技术等先进的运动预测算法和几近完美的YUV色彩空间处理，保证了图像的高质量和输出的高速度。图5-3为EDIUS非线性编辑软件的界面。

图5-3　EDIUS非线性编辑软件

在实际应用中，对于相同的视频素材，Canopus HQ编码的AVI文件比常见的无压缩AVI和TGA序列，在输出时间上差不多快1倍。而且，由于HQ使用可变比特率，视具体的视频内容而言，其文件容量有可能小上20倍。

EDIUS非线性编辑软件具有以下功能：

（1）基于时间线（Timeline）的结构以及轨道（Track）的概念，使得多媒体文件的组织、编辑变得直观而高效；

（2）支持即时的预览；

（3）视频编辑项目支持以XML文档的形式保存；

（4）支持对视频/音频的效果处理，以及视频之间切换的过渡处理；

（5）可以直接使用软件提供的100多种视频过渡效果，以及MS IE自带的各种Transform、Transition组件；

（6）支持通过色调、亮度、RGB值或者alpha值进行图像的合成；

（7）自动对源文件输出的视频帧率、音频的采样率进行调整，直接支持视频的缩放。

5. 非线性编辑系统的网络化

目前，采用1~2套单机非线性编辑系统和少量的线性编辑系统已基本可以满足节目制作量较小的电视台节目后期制作的需求。但对于制作量较大的电视台来说，需要配备大量的单机非线性编辑系统和线性编辑系统才能满足要求，这样不仅成本高、效率低，而且也很难实现各制作孤岛之间的资源共享和信息的高速传输。因此，实现非线性编辑的网络化是必然的选择。

网络化主要有以太网和FC光纤通道两种方式。大洋、索贝、新奥特等公司提出了双网结构，即结合FC网和以太网的特点，将压缩比低的播出用高质量画面与压缩比高的编辑用低质量画面分开管理，以较低的开销解决了困扰非线性编辑网络发展多年的网络带宽问题，其系统架构如图5-4所示。电视节目制作网络系统通常采用双网结构，即传输低压缩高质量视频文件的高速可靠的FC光纤网和传输高压缩低质量视频文件的低成本易管理的以太网共存互补的网络结构。

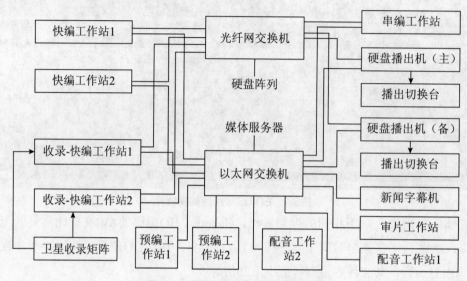

图5-4 双网结构的非线性编辑系统

双网结构体系就是以光纤通道为骨干、以太网为辅助的双网并行结构。光纤通道传输数据量非常大的视频素材，满足实时传输要求；以太网传送数据量相对较小的高压缩比的视频数据、存储位置的指针信息、管理信息等。高压缩比的素材经过粗编后，一路通过以太网送给领导审片用，另一路可以自动调用下载工作站的本地硬盘资料，以低压缩比高质量的素材进行自动下载录制，完成节目播放母带的制作。

5.1.3 视频切换

视频切换是指在多路输入视频信号中任选一路或数路信号输出，通常由切换台完成视频切换功能。切换台的一般切换方式包括快切、慢切换、划像和键控四大类（现在都可以用软件来实现）。

（1）快切（CUT，也称硬切），对PP级A母线的选择直接输出节目信号，转换图像之间没有任何过渡和变化。快切是镜头组接最常用的方式，不同长度的镜头画面以快切的形式连接在一起，决定了节目内容的节奏。

（2）慢切换（MIX），分别选择AB母线信号，后将信号以X混合（化入化出）或V混合（淡入淡出）的方式实现转换，可手动控制转换的速率，慢切换的X混合和V混合图像变化过程曲线如图5-5所示。

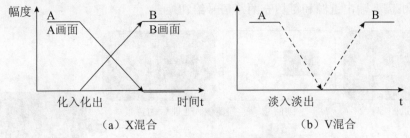

图5-5 慢切换的两种方式

（3）划像（WIPE），分别选择AB母线信号，随后根据某一形状的放大过程或某一方向的划变过程实现AB信号的转换。可手动控制转换的速率，切换过程图像变化过程如图5-6所示。

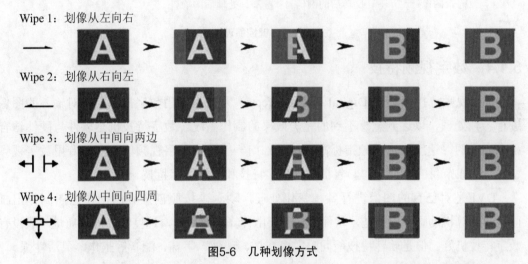

图5-6 几种划像方式

（4）键控（KEY，也称抠像），是在一幅图像中沿一定的轮廓线抠去它的一部分而填入另一幅图像的特技手段，通常用于在电视画面上插入字幕、符号，或以某种较复杂的图形、轮廓线来分割屏幕。

"抠"和"填"是键控技术的核心。正常情况下，被抠的图像是背景图像，填入的图像是前景图像，用来抠去背景图像的电信号称为键信号，形成这一键信号的信号源称为键源。

键信号也是一种视频信号。键信号的黑电平表示全透，白电平表示不透明，黑和白之间表示部分透明。键控原理如图5-7所示。

切换台的键控方式主要有以下几种：

（1）亮度键，通过键源的亮度信息，产生键信号。适用于前景与背景亮度差别大的场合。

（2）色键，通过键源的指定背景色，产生键信号。

（3）图形键，通过系统提供的图案形状作为键信号。

（4）线性键，通过调节键信号的过渡区域，从而软化图像结合的边缘。

（5）此外，还有下游键，处于切换台的最后一级，利用键控技术进行图形和字幕的叠加。字幕机需要输出键源和键填充两路信号给切换台。

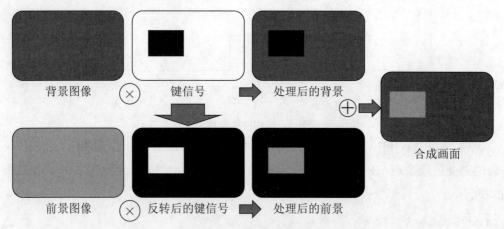

图5-7 键控原理图

5.1.4 数字视频特技

数字视频特技 DVE（Digital Video Effects）是一种运用数字技术完成对输入的图像进行各种处理，以达到意想不到的完美效果的制作系统。数字特技机是软件与硬件结合起来实现的，速度快，视频指标高。制作部门一般采用数字视频切换台和专用数字视频特技，完成节目的后期制作。包括二维数字特技和三维数字特技。

DVE是对已有的图像进行各种变化处理，动画是按照创意者的创作意图制作出画面。与计算机动画不同的是，软件特技主要由计算机完成的，速度慢，视频质量一般没有数字特技机好；但是软件特技能同时完成特技、动画、字幕、配音等工作，灵活性强。

1. 数据控制特技

1）油画效果

人为降低数字信号的比特数，强令几个低比特位为零，减少样值的量化等级，使图像变得粗糙，颜色成为大面积涂色，产生类似油画的效果，如图5-8所示。

2）版画效果

衰减色度信号，并使亮度信号显现大面积的反差层次，产生的结果类似于版画效果，如图5-9所示。图像的粗糙程度由低比特位为零的位数决定。

图5-8 油画效果

图5-9 版画效果

3）负像效果

输入的视频数据进行反码变换，相当于模拟信号通过一个倒相器。该倒相器可有选择地应用于色度或亮度数据通路，或两路都选。

仅亮度倒相——图像上黑白颠倒；仅色度倒相——色调上产生补色，亮度保留；均倒相——形成真实的补色，如图5-10所示（补色：B蓝——Y黄；G绿——M洋红；R红——C青）。

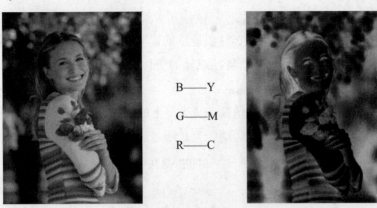

图5-10　负像效果

4）马赛克效果

马赛克效果又称瓷砖效果，画面上的图像变成一块一块的小方块。它是将画面沿水平和垂直方向分割成许多小区，每一小区的所有样值都用小区内某一点的亮度和色度样值代替，如图5-11所示。

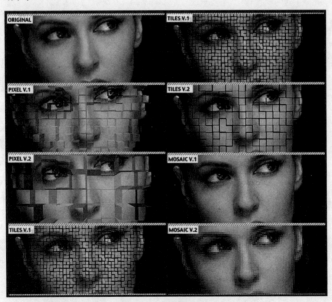

图5-11　马赛克效果

5）拖尾效果

将输入图像反馈到存储器的输入端，经延迟并衰减后叠加到原输入图像中而形成的，衰减系数K小于1，如图5-12所示。

图5-12 拖尾效果

2. 3D特技

3D特技的主要原理是通过变换存储器地址的读写顺序，改变样值在图像上的位置，将画面上每一点在三维X、Y、Z空间内沿Z轴的变化量折算到二维屏幕的X、Y轴上，获得一系列有透视效果的几何变形画面。

3D特技是制作的三维空间运动图像在荧光屏上的投影，即仍然是平面图像。3D变换时输入和输出都是平面图像，三维运动效果是通过图像平面坐标和投影平面坐标间的变换来实现的，其变换基础是映射变换学（mapping transform）。

5.1.5 字幕

字幕指以文字形式显示电视、电影、舞台作品里面的对话等非影像内容，也泛指影视作品后期加工的文字。

影视作品的对话字幕，一般出现在屏幕下方，而戏剧作品的字幕，则可能显示于舞台两旁或上方。从字面的呈现方式看，字幕分为静态字幕和动态字幕。

5.1.6 索贝4k后期制作的整体解决方案

伴随着视频业务流程的专业化进步，非线性编辑节目的生产越来越难以脱离其他流程独立存在。尤其是在4k超高清与人们的距离越来越近的现在，需要更多的、更有效的

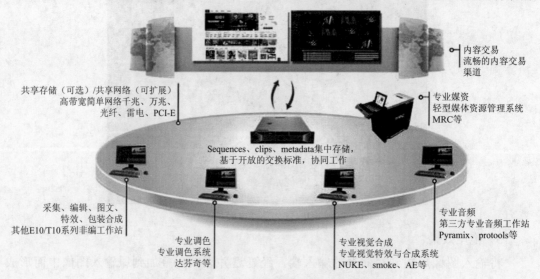

图5-13 索贝4k后期制作整体解决方案的系统框图

利用各种后期系统,譬如:非线性编辑与调色系统的互动、与配音系统的互动、与包装合成系统的互动。同样的,除了传统采编播流程之外,非线性编辑与网络平台的交互应用也将更加顺畅,云的应用会更多的涉足日常编辑领域。图5-13所示为索贝4k后期制作整体解决方案的系统框图。

5.2 电视节目制作方式

电视节目的制作方式主要有电子新闻采集系统ENG(Electronic News Gathering)、电子现场节目制作EFP系统(Electronic Field Production)、电子演播室节目制作系统ESP(Electronic Studio Production)以及虚拟演播室系统VSS(Visual Studio)。

5.2.1 电子新闻节目采集系统(ENG)

ENG,即"电子新闻采集"(Electronic News Gathering)。这是一种单机采访模式,使用便携式的摄像、录像设备,进行电视新闻采集的系统称为电子新闻采集系统。该系统一般由便携式摄像机和录像机、一名摄像师和一名记者构成,如图5-14所示。

图5-14 ENG系统

ENG系统具有适应新闻事件的突发性,电视报道时效性、现场性等特点。此外要求携带的采录设备具有小型、轻便、灵活、机动的特点。

5.2.2 现场节目制作系统(EFP)

EFP,即"电子现场制作"(Electronic Field Production)。这套系统一般包括三台以上的摄像机,一台视频信号切换台,一个调音台及其他辅助设备,如图5-15所示。EFP方式主要适用于在事件发生的现场或演出、竞赛现场制作电视节目,进行现场直播或录播,因此,现场性特别强烈。EFP技术是一套系统集成技术,一般需要转播车(如图5-16所示)来完成。电视台都具备EFP设备和相关的技术人员。

图5-15　EFP系统

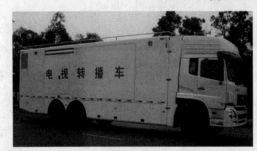

（a）电视转播车外形　　　　　　　　　　（b）车内场景

图5-16　转播车

5.2.3　电子演播室制作（ESP）

ESP即"电子演播室制作"（Electronic Studio Production）。ESP技术是一个高科技制作系统，设备和技术要求高。整个系统包括演播室数字灯光系统、广播级摄像机系统、高保真音响、还包括数字特技、动画特技系统，如图5-17所示。ESP既可以录播，也可以直播，是电视台自办节目的主要手段，如，大型综艺节目的制作。高校广播电视专业实验室建设的演播室，设备的高档程度达不到演播室的设备标准，一般配备ENG设

图5-17　ESP系统

备，再配备切换台、调音台、非线性编辑系统，形成一个电视节目制作系统，同时完成ENG、EFP、ESP各种电视制作方式的实验教学。

在演播室内，多台用于景物拍摄的配有三脚架（如图5-18所示）、升降台（如图5-19所示）或摇臂（如图5-20所示）的摄像机和用于声音拾取的传声器，通过各自的专用电缆和控制室把相应的设备连接起来，将视频和音频信号传输到控制室。此外还装有用于节目制作的布景和道具、照明设备、监视设备以及用于同期声音录制的扩音设备等。

图5-18　三脚架　　　图5-19　升降台

图5-20　摇臂

5.3　虚拟演播室

虚拟演播室技术是计算机技术、虚拟现实技术、电视摄像技术、电视抠像技术结合在一起形成的。计算机技术和虚拟现实技术产生二维或三维虚拟场景，电视摄像技术产生真实画面，电视抠像技术将真实画面融入虚拟场景中，使电视画面具有特别的艺术效果。图5-21所示为虚拟演播效果。图5-22所示为某校园电视台虚拟演播系统的布局图。

图5-21 虚拟演播效果

图5-22 某校园电视台虚拟演播系统的布局图

由于虚拟演播室背景大多是由计算机生成的,可以迅速变化,这使得丰富多彩的演播室场景设计可以用非常经济的手段来实现。虽然虚拟演播室发展时间短,技术上还存在一些问题,但是由于它本身所具有的无穷魅力以及其不可低估的发展前景。目前国内越来越多的节目采用了虚拟演播室系统制作完成,如甘肃卫视的《决胜海陆空》、深圳卫视的《军情直播间》等,如图5-23所示。

《决胜海陆空》节目　　　　　　　　《军情直播间》节目

图5-23　国内采用虚拟演播室制作的节目

5.3.1　虚拟演播室的发展

虚拟演播室从概念的提出到可实用的虚拟演播室技术，经过了20多年的发展，整个发展过程可以概括为以下几个阶段：

（1）20世纪70年代中期，BBC使用了一种电动的控制装置，通过电动的方式控制云台的水平摇动和上下俯仰。这个设计被称为"场景同步"。

（2）最早的实时虚拟演播室系统于1991年在日本得到应用。NHK使用虚拟演播室的雏形制作出一部名叫《极小空间》的科学纪录片。这部借助虚拟演播室系统制作的电视片获得了相当不错的效果。

（3）1993年，IMP和VAP两家公司同时研究全新的色键应用解决方案，即计算机生成的背景图像根据摄像机的运动而同步运动，并且将生成的背景图像输入到色键器中。

（4）1994年，阿姆斯特丹举行的国际广播电视大会（IBC）上，虚拟演播室系统第一次展现在广电业工作者的面前。

（5）1995年，以色列的ORAD公司开发了一套虚拟演播室系统叫做CyberSet。该系统采用了改进后的基于网格识别的摄像机跟踪方式，通过使用一台专用的高端计算机以及在演播室蓝箱墙壁上绘制的浅蓝色网格，系统就能够计算出摄像机的准确位置。

（6）1996年，SGI公司引入了一款新型的图形渲染引擎——"infinite Reality"。这款新的渲染引擎的性能确保了一些新技术的实现，它能够处理由更多多边形构成的虚拟场景以及首次实现了场景虚焦的特殊效果。

（7）1997年，SGI公司的Onyx图形工作站不再是虚拟演播室中唯一采用的图形渲染设备。Accom公司带来了他们的Elset-Live-NT系统，同时Evans&Sutherland公司也完成了Mindset系统的开发，而这两个虚拟演播室系统都是基于Windows NT的系统平台。

我国虚拟演播室技术的研发起步于20世纪末，新奥特公司、中科大洋公司、索贝公司等多家国内视频产品生产厂商（商标如图5-24所示），在虚拟演播室系统的研发上投入了大量技术力量，并逐步在关键技术上取得了突破和创新，开发出了更加适合于国内电视台使用的虚拟演播室系统。

（a）新奥特　　　　　　（b）中科大洋　　　　　　（c）索贝

图5-24　部分国内编播设备厂商

现在，三维虚拟演播室已逐渐成为主流产品，技术日渐完善。虚拟演播室技术的应用也扩展到了互联网上，目前已有了具有虚拟实况和网络重放功能的互联网节目。

5.3.2　虚拟演播室的分类

虚拟演播室系统从功能上划分，可以分为二维虚拟演播室系统和三维虚拟演播室系统。二维虚拟演播室系统普遍具备遮挡功能，通常也被称为"二维半虚拟演播室系统"。

二维系统通常以一张或一组平面图像为背景，根据摄像机推、拉、摇、移的参数变化对整幅图像进行缩放或平移处理，以提供相应的背景，如图5-25所示。在此系统中摄像机不需移动。

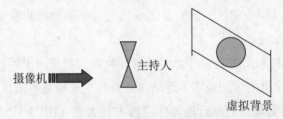

图5-25　二维系统示意图

需要注意的是，二维系统的背景一般是事先做好的平面图像，这是二维虚拟演播室系统的重要特征，也是区别于三维虚拟演播室系统的本质特点。

三维系统是基于OpenGL或D3D图形渲染平台之上，采用高质量的专业3D图形加速处理卡，配以相应的场景处理技术来保证系统能够流畅地运行复杂的三维场景。三维系统的特点是构建真正的三维的虚拟场景，三维系统调用的场景是用传统的3D建模工具（如3ds Max、Maya、Softimage等）建立的标准虚拟场景模型文件（.3DS），在专业图形工作站上根据摄像机推、拉、摇、移参数的变化进行实时三维填充和渲染。因此场景模型和实时渲染是三维虚拟演播室的重要特征。

三维虚拟场景中的景物具有真正的三维属性，随着摄像机的推、拉、摇、移，可以看到景物的侧面和背面，而且在三维场景的物体之间是有景深效果的，随着摄像机的推、拉、摇、移，物体间的空间位置关系也有相应的变化，如同真正实景搭建的效果一样。图5-26为三维虚拟演播室系统框图。

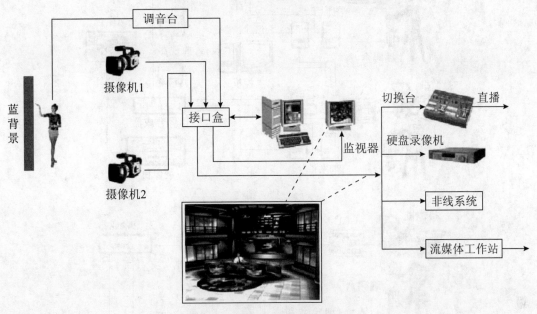

图5-26　三维虚拟演播室系统框图

5.3.3　虚拟演播室的构成

虚拟演播系统是一套由计算机软件、主机、现场摄像机、摄像机跟踪器、图形图像发生器、色键器以及视/音频切换台构成的节目制作系统。图5-27为虚拟演播室的系统结构图，从系统结构看，虚拟演播室主要包括三个部分：摄像机运动参数的获取和实时计算、实时色键计算以及三维虚拟场景的实时生成和输出。

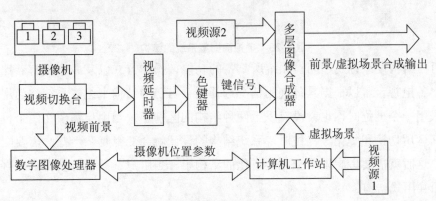

图5-27　虚拟演播室的系统结构图

目前，虚拟演播室系统在结构上基本可以分为两种类型，即独立通道化系统结构如图5-28（a）所示，共用式系统结构，如图5-28（b）所示。

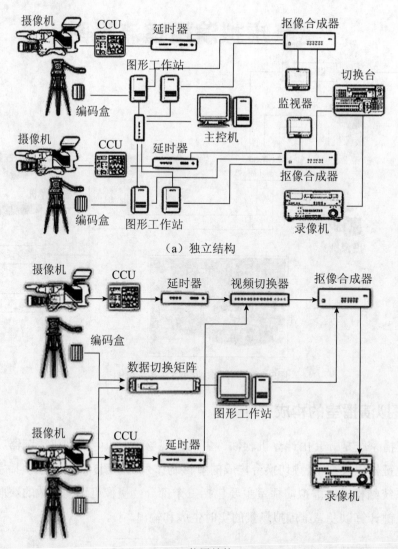

(a) 独立结构

(b) 共用结构

图5-28 虚拟演播室系统的结构

这两种结构设计方式不同，系统所具备的功能、操作方式以及成本都有着比较明显的区别，各电视台可以根据具体使用情况选择适合自己的结构来组建系统。当用户的演播室只采用一个机位时，也就没有以上两种结构的区别了。当用户需要在两个机位的合成信号间运用切换和叠化等特技时，系统结构的设计就会变得复杂一些，需要配置更多的设备，这时就需要考虑采用独立通道化的结构了。当用户不需要特技切换或直播时，可以采用共用式结构。

5.3.4 工作原理

虚拟演播室技术是在传统色键抠像技术的基础上，充分利用了计算机三维图形技术和视频合成技术，根据摄像机的位置与参数，使三维虚拟场景的透视关系与前景保持一致，经过色键合成后，使得前景中的主持人看起来完全浸尽于计算机所产生的三维虚拟场景中，而且能在其中运动，从而创造出逼真的、立体感很强的电视演播室效果，如图5-29所示。

图5-29　数字合成的逼真虚拟图像

（1）真实摄像机拍摄的人物在带识别标志的蓝屏前表演的视频图像首先进入视频切换台。

（2）一路送数字图像处理器，实时获取现场摄像机运动的各种参数，并与虚拟场景中的虚拟摄像机相匹配，接着把摄像机位置与三维虚拟场景相匹配。

（3）一路送视频延时器，以保证前景与虚拟背景在合成时严格同步，接着其输出送到色键器，从带识别标志的人物图像中去掉识别标志和蓝背景部分，并且给出描述前景与虚拟背景整合比例的键信号。

5.3.5　虚拟演播室关键技术

虚拟演播室的关键技术主要有摄像机跟踪技术、色键抠像与合成技术、图形渲染平台以及虚拟场景制作技术。

1．摄像机跟踪技术

与传统的演播室相比，虚拟演播室明显增加的一套系统便是摄像机跟踪系统。而摄像机跟踪技术也是直接影响最后节目效果的关键技术。后期的合成系统及场景生成系统等的工作均是建立在此基础上的。摄像机跟踪系统为其他系统提供摄像机、主持人、计算机虚拟场景之间的对应位置关系数据。虚拟演播系统需要测量的与摄像机运动及镜头运动相关的参数有8个：三个位置参数（X水平、Y深度、Z高度），三个角度参数（分别沿X、Y、Z轴的旋转角度），推拉（Zoom）位置参数，聚集（Focus）位置参数。

目前主要的跟踪技术有机械传感器、网格识别、红外传感器技术。

1）机械传感跟踪

基于机械传感器的跟踪方式是最先应用于虚拟演播室系统的一种跟踪方式，并且至今仍然广泛地应用，如图5-30所示。

图5-30 机械跟踪

机械传感跟踪方式是先在摄像机镜头上安装好传感装置，获取摄像机变焦和聚焦的参数。然后将摄像机放置在云台上，在摄像机的云台上安装的高精度传感器和机械齿轮与装在镜头上变焦环和聚焦环上的齿轮咬合紧密。一些设备的机械传感跟踪摇移精度达到0.00035度，重复精度为0.00011度，俯仰精度达到0.00026度，重复精度为0.00013度，拍摄局部特写不受限制。

机械跟踪的缺点是摄像机不能大范围地移动，不能根据演员坐、站来升降摄像机。而且在拍摄前需要进行复杂繁琐的摄像机定位和镜头校准，不能与实景演播室混用一个演播室，摄像机等设备不能共享。

2）网格识别跟踪

基于网格识别技术的虚拟演播室，是在演播室的蓝幕上用两种深浅不同、线条粗细不等、线间空格两两不相同的蓝色绘制的网络图案。蓝箱内的真实摄像机在摄取前景图像的同时，也摄录了网格图案的影像，将这一图像进行数字化处理后并打上标签，然后送入图形处理计算机，利用图像分析法，参照在摄像机中设置的起始参数，根据图像中的网格图案，计算出摄像机机头的运动参数（摇移、俯仰）及空间位置参数（地面位置X、Y和高度Z）的变化，用这些参数的变化量去控制图形计算机生成虚拟背景的变化，使场景中物体位置的变化及透视关系与真实摄像机中看到的一致。网格线如图5-31所示。

图5-31 蓝箱网格线图

网格跟踪是目前使用较广、最方便快捷的摄像机定位方式。网格跟踪具有对摄像机的型号和镜头种类没有限制，无需镜头校准，定位快捷（只需要1帧）等优点，但有被拍摄物体的活动范围以及可拍摄范围受到一定限制等缺点。

3）红外定位跟踪

在演播室的蓝箱上方两侧安装2台到4台可以发射和接收红外线的装置，对演播室摄像机布局的空间进行覆盖。在演播室摄像机顶部安装4个排列好的低强度红外线发射器。每个红外线发射器的发射频率都不一样，并且要求至少要被2台红外线摄像机拍到。图像计算机根据传送来的信号识别红外跟踪摄像机输出画面中的光源图像，通过对摄像机反射回的红外线进行处理，来计算和确定摄像机在演播室中的位置和方向。根据主持人佩戴的红外反射器反射回的红外线来获得主持人的位置，这样红外接收器接收到主持人的信号，就能感知深度也就是景深识别功能。

2. 色键抠像与合成技术

最终输出要把所产生的三维背景和摄像机实际拍摄的前景图像合成在一起。在合成之前首先要把前景图像中的人物图像提取出来，可使用传统的色键抠像技术分离人物图像和蓝色背景。由于前景图像要与最终的三维背景相结合，所以必须考虑前景图像的深度信息。深度是指背景和前景演员的各像素到摄像机的距离。所以这里的合成又被称为深度合成。

虚拟演播室采用了传统的色键合成系统，却突破了传统色键系统的限制，消除了摄像机不能与背景同步运动的致命弱点，做到了真实的演员能深入到虚拟的三维场景中，并能与其中的虚拟对象实时交互。在虚拟演播室中演员在一间蓝色屏幕代替的真实背景里进行现场表演，摄像机拍摄以蓝箱为背景的前景图像，经延时后与产生于计算机的实时虚拟背景以相同的定位时间进行工作，并通过色度键控器"联动"在一起，实时产生出一个组合的图像。

由于计算机图形技术的迅速发展，计算机实时绘制各种复杂逼真的三维场景已成为可能。这些场景可以与摄像机摄制的视频信号完美地合成在一起，使演员表演的空间得到了扩展。同时"虚拟摄像机"也可合成进系统中，它可实现的功能如在演播室范围外游移，以完全不同的场景出现或飞出演播室之外到达遥远的地方、并可在运动中安全、平滑地返回虚拟演播室场景，过渡到真实的摄像机。

3. 实时渲染技术

实时渲染指将虚拟场景、贴图、虚拟灯光等元素利用计算机图形工作站快速地转换成可视画面的过程。

4. 蓝室设计

一般由一面或多面蓝色墙和蓝色地板组成，墙面与地面的角度应大于90度，更容易打灯光。

5. 虚拟演播室系统中的几项其他技术

1）"像素级"深度键技术

处理演员在虚拟场景中的位置时,以前采用"分层次"深度键技术,即物体被分别归类到有限的几个深度层次中,演员在虚拟场景中的位置不能连续变化。对于"像素级"深度键技术,构成虚拟场景的每一个像素都有相应的Z轴深度值,因此演员在虚拟场景中的位置可以连续变化。使用这种技术后,虚拟物体、真实物体及表演者可在节目中动态地相互遮挡,从而增加了虚拟场景的真实感,如图5-32所示。

图5-32 "像素级"深度键效果

2）"垃圾色块"技术

用虚拟演播室系统制作节目时,当摄像机拍摄到非蓝区域时会出现"穿帮"现象,为了解决这个问题,采用了"垃圾色块"技术。当摄像机拍摄到非蓝区域时,自动由"垃圾色块"填补虚拟背景,实现了背景保护功能,使演播的范围可以超出了演播室的蓝色背景范围,如图5-33所示。还可以用这项技术制作出虚拟天花板。

图5-33 "垃圾色块"处理技术

3）视音频的同步

经过图像发生器的运算生成后会需要2至4帧的延长时间,现场同期声也需相应地延长。

4）灯光技术

灯光对虚拟演播室来说非常重要,灯光必须保证色键器抠像的技术要求。蓝色舞台需要被灯光照射得非常均匀,灯光越均匀,用户需要在键控器上做的修饰越少,容易保留蓝背景上的阴影。

5.3.6 技术展望

纵观整个电视技术行业的发展趋势，单个传统演播室正在被超大型、高清至4k技术、多媒体交互、计算机特技效果等高技术含量的节目制作所取而代之。无论是国家电视台还是地方电视台，国外、还是国内，都逐渐依赖计算机来管理整个演播室系统，借助网络传递交换媒资。因此，新一代演播室系统的建设，成为一种可以引领国内同行的创新性研究方向。电视台在节目制作中都开始使用这种有别于传统的新型技术手段，依托光纤网络、基于VSM系统（Visual Studio Managerment，虚拟演播室管理系统）将视频系统、音频系统、非线性编辑系统等子系统的控制打通，方便地管理整个演播室系统。

5.4 在线图文包装技术

随着电视媒体的日益发展和科技的快速发展，传统的电视包装技术已经满足不了现代人们日益增长的物质文化和精神文化的需要，人们对审美的追求越来越高，对电视节目的要求也越来越高。在线图文包装技术正好能满足这一要求，它的实时性、可操作性、美观性很强，与现代电视技术的要求不谋而合。

5.4.1 在线图文包装技术的概念

在线图文包装是指在演播室、转播车、播出机房等"线上"就可以完成从字幕、动画、栏目风格、节目模板、实时资讯等在内的所有节目包装内容。这些内容在演播室录制或者直播节目的时候一次就可以全部做完了，不需要再到后期机房进行包装或者后期制作。节约了时间、人力和物力，节约了节目制作的成本，提高了节目的制作效率、质量和观看性。

在线图文包装系统能够实现三维场景的实时渲染播出，是集多时间线处理技术、数据库技术、实时视频开窗等多功能于一体的计算机系统，主要用于美化电视节目实时播出的效果。

在线图文包装是对电视节目、栏目、频道甚至电视台的整体形象进行着一种外在形式要素的规范和强化。这些外在的形式要素包括声音（语言、音响、音乐、音效等）、图像（固定画面、活动画面、动画）、颜色等诸要素。

5.4.2 在线图文包装技术的特点

在线图文包装技术按节目形态可分为新闻类、体育类、综艺类。这些不同形态的节目通过不同的在线包装元素组合来体现不同形态节目的特点风格。在线包装的元素模块包括：虚拟场景、多层字幕包装、三维图文包装、多通道视频包装、过渡动画特技包装、实时外部数据展示、在线音频包装等。通过这些元素包装模块，可实现各种图文字幕、三维图表、直播连线、实时数据的包装效果，如图5-34所示。

（a）图文字幕的三维包装　　　　　　（b）实时数据的三维包装

（c）异地视频连线　　　　　　　　　（d）实时外部数据读取

图5-34　在线包装效果

在线包装的特点如下。

（1）实时三维渲染

在线图文包装提供了高质量、高清晰度的实时三维渲染，其三维渲染引擎的渲染核心是基于计算机图形卡的GPU技术实现的。

（2）三维场景、字幕与视频结合

在全三维空间中，不仅处理三维物体，同时以各种纹理贴图方式来处理字幕、图像、动画序列、输入活动视频和视频文件回放，使它们作为三维场景中的纹理贴图无缝融入到其中，从而展现出各种三维图形效果。

（3）实时输入视频

支持高清或标清视频输入的实时开窗功能。采用贴图模式进行的DVE，可以将实时画面作为材质纹理以多种混合方式贴加在任意物体的表面，进行所有平面和三维特技处理和各种变换，适合后期制作类节目使用。

（4）视频、图像序列回放

支持多种格式的视频文件和图像文件序列的实时回放。回放画面均作为材质纹理以多种混合方式贴加在任意物体的表面。可对所有平面进行三维特技的处理和各种变换，非常适合制作画中画效果和各种复杂的活动纹理和背景效果。

（5）音频支持

支持各种音频接口，支持直通背景视频的嵌入式音频或者其他接口输入的音频直通。通过时间线支持音频文件与视频画面的同步回放，产生音频效果。

（6）强大的数据库支持

数据库技术在图文包装系统的应用中占有很重要的地位。在天气、财经和资讯节目中，在体育项目尤其是大型综合运动会的转播中的作用和需求十分明显。

（7）网络化、系统化的工作流程

提供完整的涵盖制作、播出和模板管理功能的软件包。这些软件可以根据实际应用的不同需求，配置在单机或者是多机系统之中。通过网络通信和控制支持不同岗位的明确分工和协作配合的工作流程，共同完成图文的制播工作。

（8）在线、后期图文包装和虚拟演播室位于同一平台

渲染引擎和制作平台在支持三维在线及后期包装的同时，也是虚拟演播室系统的构建平台，使用构建的虚拟演播室系统可以同时具备字幕图形包装的技术能力。

5.4.3 渲染技术

目前电视节目制作对于新一代图文包装系统的技术要求可以归纳为：对高清、标清全面地支持；高质量的实时三维渲染，三维场景、字幕与视频无缝结合；实时输入视频多窗口DVE，多层多物件混合播出；在线数据修改与数据库支持；完善的网络制作与播出流程等。

最新的字幕三维实时渲染技术主要包括：系统构架、视频输入/输出接口，以及基于CPU和GPU的图形图像、三维加速、三维特效等软件编程技术。

三维实时字幕的系统构架要实现完成各项渲染任务在CPU和GPU的合理分工。图文系统的字型、字效算法和图像的压缩解压等工作可以交由CPU完成，而图文的各种动态光效、三维特技可以交由GPU来完成，以确保图文系统的实时性。

在CPU和GPU的编程方面，SGI的OpenGL和Microsoft的DirectX都提供了解决方案，这使得对系统硬件可以进行深度地控制和调配。针对最新图文对实时、多层、三维和子像素的技术需求，必须寻找更为先进的技术解决方案。三维图形加速引擎具有强大的图形处理能力，因之被引入广电技术领域。运用GPU强大的三维图形加速能力，结合计算机图形图像技术，设计出新一代图文包装系统在技术上是完全可行的。

新一代图文包装系统的渲染处理将以GPU为图形图像的渲染核心，以GPU为字幕渲染核心，使图文包装系统的图形渲染模式符合多层、三维和子像素的渲染要求。因为在GPU进行图形图像处理过程中，每个物件都具有三维属性，都具有独立层的概念，每一个层都有相应的深度Z坐标以反映相互物件间的前后关系。另外，GPU除了在三维物件顶点渲染方面具有明显优势之外，在物件的纹理、颜色等像素渲染方面同样能力强大，使得应用GPU来实现字幕系统子像素级的渲染已经成为可能。

5.4.4 在线图文包装系统

在线图文包装系统是一整套新型的电视图文制播的技术平台和产品系列，为更高水

平的电视节目视觉效果的创意和发布提供了全新的解决方案。系统采用突破性的创新技术，兼容并突破传统的电视图文技术理念，同时支持图文包装、日常字幕和虚拟演播室等多方面应用，支持面向标清、高清过渡期的技术需求，真正满足今后一段时期广电领域的发展需要。当今提供在线包装系统的厂商主要有国内的新奥特，国外的傲威、威姿、凯龙等公司。

1. 傲威在线包装系统

傲威是以色列的一家国际性在线包装媒体运营商。该公司的图文包装系统采用突破性的创新技术，兼容三维虚拟演播室技术、三维图文技术、数据库技术。该系统支持在实景演播室拍摄中植入虚拟三维模型动画、虚拟三维数据图表、虚拟电视墙、虚拟三维图文字幕等功能，可将枯燥的数据可视化、直观化。该系统可将三维图文、三维模型动画真实地融入到摄像机拍摄的节目信号画面中，并且能跟随摄像机镜头的变化而变化，突破了传统的电视图文制作理念，为演播室节目拍摄和制作提供全新的制作手段。

傲威在线包装系统与虚拟应用三机位系统图如图5-35所示。

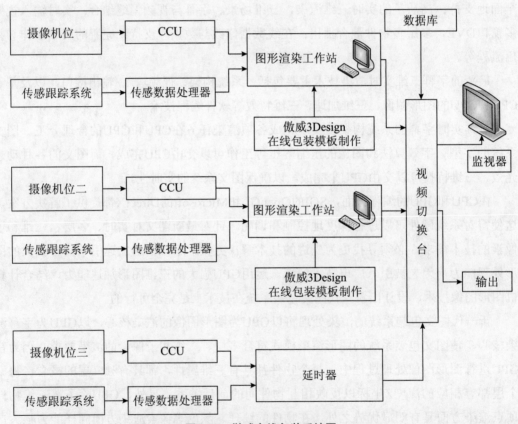

图5-35 傲威在线包装系统图

整个系统实现了对摄像机实时拍摄运动参数的精确传感。即为每个摄像机都配一套传感跟踪系统将实时景物参数传到CCU，再通过图形渲染工作站将传输来的实时景象和虚拟背景结合起来一同传输到视频切换台进行整理播出。为防止实时播出时发生意外，在机位三还配有一套延时系统以备发生意外情况。延时系统主要有两个作用：一是当进行某些大型晚会或体育赛事直播的时候延时系统会合理的安排10秒左右的时间延时播出，这样现场有意外情况可以随时切换和剪辑；二是当进行节目播出的时候演播室如有意外情况发生，延时器可以将插播的广告延迟或提前播出，争取时间换另一套系统播出。

2. 新奥特在线包装系统

新奥特Mariana在线图文包装系统的拓扑图如图5-36所示。整个系统包括：场景设计器、字幕创作工具、播出服务器、演播室播出、自动播出控制器、数据库播出控制器、模板文件管理中心、模板打包工具、模板文件同步传送工具、播出表单编辑工具等功能。主控工作站和图形渲染工作站是核心部分，当摄像机在演播室进行实时拍摄时，传感跟踪系统也会跟着一起运动。当跟踪系统得到的数据经过传感数据处理器处理后和拍摄的实时景物到达图形渲染工作站，这时通过新奥特Mariana软件制作出的模板和场景一同导入到图形渲染工作站进行虚实结合，再经过视频切换台进行简单的色键抠像后，由演播室进行播出。

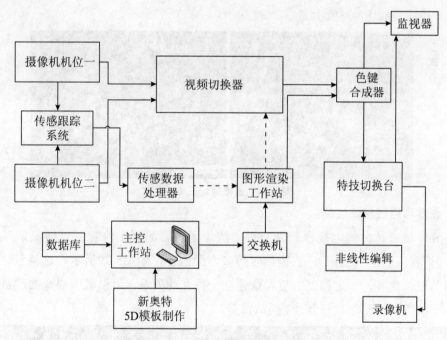

图5-36 新奥特在线包装系统图

5.4.5 在线包装系统的应用

实时在线图文包装系统通常应用于演播室中的新闻、财经、体育等栏目中。在一些大型晚会如春晚、演唱会、体育比赛等现场直播中也得到了广泛地应用。

在线包装系统一般应用于以下几个方面。

1. 演播室直播类栏目

在线包装系统提供的标题、字幕、动画、图片信息、实时信息、视频连接和傲威3d实时图形包装和音频视觉包装手段，适用于新闻、报纸、选举、天气预报、财务报告和其他形式的节目播出。

多场景、多任务的新闻直播在线包装综合应用了多种在线包装元素模块并可独立地控制、实时地转换，形成独特的新闻直播形式，如图5-37所示。

2. 大型的体育赛事类栏目

在大型的体育赛事转播中，在线包装系统主要负责播出所有的图文字幕，包括新闻标题、人名标题、运动员资料、计时计分结果、金牌

图5-37 多场景、多任务独立控制叠加播出

榜、节目导视、赛事导视、图片新闻、多路连线视频窗、滚动新闻等。这个系统是整个体育赛事转播中重要的说明性系统，能够扩展与转播相关的信息，全面实现对赛事预告、赛前介绍、赛中分析、赛后总结、精彩回顾的立体包装效果。世界杯赛事播报中虚拟现场三维重现如图5-38所示。

图5-38 虚拟现场三维重现

3. 频道和栏目整体包装

目前，越来越多的电视台录制节目中增加了丰富的网上内容，包括短信互动、故事、实时新闻、天气信息、广告倒计时等多方面内容，如图5-39所示。这类包装程序属于渠道的整体包装，一定程度上与观众建立一种互动关系，可以吸引观众的注意力，是创建一个频道整体形象的一个重要组成部分。

图5-39 某频道的在线包装

4. 春晚等大型的直播类节目

自2006年以来，几乎每届春晚都会运用到在线包装技术，在2010年以前多用于像贺词、视窗连线、底飞歌词等小项目。自2010年以后，虚拟图文包装开始大面积使用，2014年春晚节目转场过程中所用到的在线包装技术如图5-40所示。

图5-40 春晚转场中的在线包装应用

在线包装系统未来的发展应该是以系统化、网络化的应用为主，同时应用到更多的领域里，例如频道总控播出等。总控播出在线包装系统建设的目标在于，通过全新的图文包装设计改版，使频道风格耳目一新，提高频道品牌；通过丰富的图形渲染效果，增强系统功能，完善操作的便捷性，提高系统安全性，从而保证系统更加安全顺畅地运行。以网络化、系统化的工作模式应用于播出线领域，已经取得了重大的成功，相信在不久的将来还将应用到更多的新兴领域中去。

5.5 全媒体演播中心

5.5.1 全媒体的含义

全媒体包括的是电台，电视台，报纸的所有内容，涵盖了新闻、娱乐、教育、体育、财经、生活以及法律等各个方面，几乎无所不包。形式上，过去的报纸主要是文字和图片，电台是声音，电视台是图像以及伴音，全媒体则是汇集了文字，图片，声音，图像这些形式在一起了。从传输形式上来看，报纸是印刷发行，广播电台是通过调频，调幅发射，电视是通过高频的调制发射和有线传输。

全媒体不仅支持媒体原有的模式，还可以支持网络和互通。比如报纸的版面可以给电视，手机和计算机网络，电台的节目可以给电视，手机和计算机网络，电视也是同样可以提供给手机和网络。当然也包括互相引用，如报纸可能会采用电视的图像，电台的声音；电台在转播体育比赛时也会参考电视的图像来解说；电视中目前的报评就是结合了报纸，有些热点评论，就是电台的节目的照搬。所以全媒体是意味着包容了目前的所有的媒体信息，模式和传输，可以支持到这些媒体模式。

另一方面，过去不同媒体模式需要各自的记者去采访，回来加工编排后再审核，发布。全媒体则可将所有信息都提供给读者和观众，由读者，观众自己选择需要的内容。因此全媒体是信息资料的全面结合和有效利用，是资源效率的最大限度发挥。

5.5.2 全媒体演播中心的组成

全媒体演播中心由信号调度中心系统、视音频系统、4G在线直播和全媒体综合信息处理平台等组成。

1. 信号调度中心系统

信号调度中心连接着演播室录制区，新闻中心，外源媒体信号，气象局天气预报，交通局实时路况信息，现场大屏互动点评区，包装制作编辑区，使得节目制作采编播一体化，使得节目制作更高效。

2. 视音频系统

全媒体演播室视频系统由高清摄像机，高清切换台，多码流视频矩阵，特技机，高清录像机，硬盘录像机，在线包装工作站，图文字幕设备和信号转换设备，设备控制和监测系统等组成。

3. 4G在线直播

传统的卫星、微波等传输方式，虽然传输技术、稳定性都相当成熟，但存在着时效性、区域性的多种限制，很难满足前线记者对新闻素材快速回传或突发性事件快速实时直播的要求。随着网络技术的发展，4G在线直播可以突破新闻采集的地域、地形、温度等由极端天气、环境造成的限制，满足信号传输的高品质，保密性和稳定性等要求，是电视节目连线现场最好的技术之一。

4. 全媒体综合信息处理平台

在全媒体综合信息处理平台中，不同来源的线索都作为一个个独立的元数据储存起来，并进行相应的数据处理，例如：查重、主题划分、类型筛选、格式检查等，根据发生时间的先后次序，在平台门户上自动展现给用户，如图5-41所示。

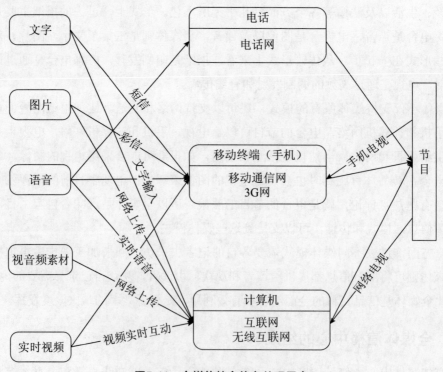

图5-41 全媒体综合信息处理平台

全媒体综合信息处理平台具有丰富的汇聚内容，通过网页抓取、微博、微信、视频、短信、彩信、微博、邮件、热线电话等一应俱全，避免零抓碎取，徒劳无功，减少搜集线索的困难。

5. 数字通话系统

在电视节目制作、播出、转播、现场直播、演播室连线、现场直播等过程中，各个岗位的工作人员需要使用演播室通话系统进行沟通。

5.5.3 全媒体中心的发展趋势

全媒体中心的发展趋势主要表现在传输手段网络化、媒体界限模糊化与技术架构"云"化。

1. 传输手段网络化

网络成为全媒体的核心，全媒体中心的内容来源有文字，图片，音频和视频，基本以文件模式传递，有文本文件和图片文件。对于这些文件的处理都是在电脑中操作，处理后的文件可方便地链接到网站上，提供给手机访问和因特网访问。

随着技术的发展，电台，电视台播出都开始使用文件服务器和工作站了，即将事先制作好的节目存放在硬盘中，然后自动控制播出，这样也是基于文件模式，依靠网络来传输文件了。同时，网络作为一种传输的工具，网络的带宽也不断地提升，已经可以支持到万兆了，因此，可以方便地使用网络进行音频和视频的信号传输了。

2. 媒体界限模糊化

传统媒体，界限比较分明，而在全媒体中几乎所有的媒体以文件形式表现，因此界限比较模糊。例如，很多报纸都有自己的网站，推广电子报纸，估计很快就会淘汰纸质印刷的模式。在内容上除了文字、图片以外，也包括了视频，用户可以点击观看所报道的事件的相关的视频，不仅有文字，而且也有图像和声音了。美国时代周刊杂志的网站，其信息就有文字、图片和视频，支持的设备有手机、平板电脑和电视等。

3. 技术架构"云"化

全媒体演播室趋向"云""场""端"的技术架构。"多路进"汇聚了电视、报刊、网络新闻、网络图片、现场信号、社交媒体、现场连线、网友爆料、互动信息、网友直播等全媒体信息素材，形成了"媒资云""互动云""应用云"为一体的"云立方"，供节目使用。各个屏幕之间实现资源和互动的互联互通，现场导演和主持人通过遥控、触控、跨屏等交互手段完成播报场景的互动可视化包装及无缝对接。"多路出"节目的内容和相关素材、互动信息，可以实时通过互联网及移动互联网实施分发与反馈，让观众通过网络电台、移动客户端、微博微信等社交平台即可轻松参与互动，互动结果实时在演播室实时呈现，形成双向互动的节目创新。

5.6 思考题

1. 简述节目编辑制作系统的主要功能。
2. 什么是线性编辑？什么是非线性编辑？简述非线性编辑系统的组成、各部分功能以及非线性系统的主要特点。
3. 简述键控的基本原理。
4. 电视节目制作系统有哪些？简述各个系统的主要特点及应用。
5. 什么是虚拟演播室？简述虚拟演播室的节目制作流程。
6. 什么是图文包装技术？
7. 简述在线包装的特点。
8. 简述全媒体演播中心的组成。

第6章 电视中心播控系统

电视中心播控系统在广播台网中,承担着广播节目的制作及将节目信号传送到发射台等任务,负责对节目的采、编、播出和监控。

6.1 节目播控系统概述

6.1.1 播控中心的组成与结构

电视中心的节目播控系统是建立在网络结构基础上,集播出、上载、控制、存储等功能于一体的网络化系统,具有安全性高、功能强、扩展灵活的特点。

播控中心将输入的信号,按照预先编排好的节目单实时切换后,通过同轴电缆、微波、光缆送往发射台、有线电视网、卫星上行站等。图6-1为播控中心的系统框图。

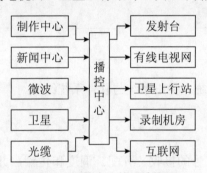

图6-1 播控中心的系统构架

6.1.2 与播出的相关名词

(1)素材:在播控系统中提到的素材是指可以用于播出的物理节目内容,主要包括磁带和存储在视频服务器上的硬盘节目。

(2)素材库:电视台有大量的用于播出的素材,这些素材放到一起就构成了素材库。通常表现为硬盘素材库和磁带库。素材库还包含有节目管理信息,如标题,计划播出时间等内容。

(3)段落:有时候为了方便,需要把多条素材组合成一个完整的包来使用,这种包称为段落。例如:在播出广告时候,可能有多条广告素材组合到一起构成一个广告段落,以后可以直接通过段落标识使用这个段落。

(4)段落库:多个已经做好的段落放在一起构成了段落库,可以供编辑节目单时使用。

节目编排表:初步的节目时间表,包括节目的名称和计划播出时间,但不包含具体的素材或磁带信息。

（5）节目串联单：详细的节目播出单，已经充分细化，每条节目的准确播出时间和具体的硬盘素材ID或磁带号和入出点信息都已经清楚。

（6）节目：节目单中的一条，指的是安排在某个时间播出的一段电视内容。

（7）帧精确：精确到帧，包括：节目录入视频服务器时要根据给定的入点帧和出点帧，一帧不多、一帧不少地录入；节目播出时要按照给定的时间点开始播出，时间点也要精确到帧；实时相应GPI的外来播出信号，时间点也要精确到帧；播出时节目之间或节目与广告之间的衔接要精确到帧；播出时视频切换和音频切换要同步精确到帧等等。帧精确是评价数字播控的一个重要性能指标。

（8）延时播出：指有观众参与的现场直播节目提前一定时间开始，用专用的延时系统直接将节目信号采集到电视播出系统的内存储器中事先进行信号排队，不经过任何编辑、加工，按预先设定的直播时间自动直接播出的方式。主要目的是为监播人员提供一定的监播时间，以防止不利于社会稳定和安全的画面及语言播出。

国家广电总局规定，有群众参与的电视节目必须延时20秒以上播出。延时直播绝非录播。

6.2 播控系统

数字播控系统由总控系统、播出系统与软件系统组成。

6.2.1 总控系统

总控系统负责台内外信号的接收、分配、调度和传输，并建立全台的总同步，实现多频道播出。总控系统主要由视音频矩阵系统、视音频分配放大器系统、同步系统、时钟系统、Tally系统、总控监看等组成。

总控系统以矩阵为核心，对台内各个演播室信号、卫星接收信号、CCTV信号、前端回传信号、发射塔信号等外来信号进行综合调度，用于节目的播出和收录。总控系统是外来信号、节目播出信号、录制信号等各类信号汇集的枢纽和桥梁。

核心设备矩阵对所有输入（台内外）输出（至发射台、微波站、有线电视网、卫星地球站等）信号进行调度。此外还具有提供垫片、彩条、测试图等公共信号源、直播时采用延时播出方式，边播出边上载等辅助功能。

6.2.2 播出系统

播出系统是按照预先编排好的节目时间顺序，在播出机房用切换方式将电视节目的图像和伴音送往传输与覆盖部门。播出系统由播控切换矩阵、播控切换台/切换开关、视音频处理与分配放大器、监视与监测、台标、时钟信号发生器、字幕机和自动播出控制设备、自动播出软件等组成,图6-2为节目播出系统示意图。

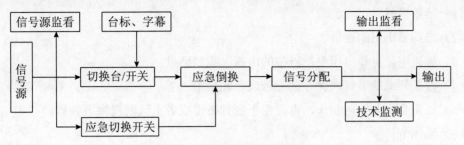

图6-2 节目播出系统示意图

播出方式主要有直播、录播以及转播三种形式。

- 直播:在节目制作的同时进行播出;
- 录播:播出事先录制好的节目;
- 转播:将现场或其他电台的节目接收下来,经放大等处理后由本台播出。

1. 全自动播出系统

早期的播出系统的播出方式是计算机根据事先输入的节目时间表来控制切换台,自动切换节目通道,但录像机的上带及退带都是由人工完成的形式,即半自动播出系统。

而全自动播出系统即全部由计算机进行管理和控制的播出系统。在这种方式中,所有用于播出的磁带都必须标有条形码。可以一次性地将十几或几十盘播出磁带送入播出带仓中,机器自动将各带盒上的条形码读入内存中。机械手按照要播出的节目时间顺序自动将磁带从带仓中拿出并插入到某个录像机中,录像机自动卷带到播出的起始画面。播出完毕以后,机器会自动退带,然后准备下一盘播出磁带。

2. 播出任务的组织和分工

- 总编室:核心业务是组织节目播出,安排节目播出时间。但大部分电视台的广告节目的细节是广告部完成的。
- 播出部:核心业务是对播出的实施。它要负责照看录像机,视频服务器,切换台等设备。通常负责电视剧等节目的上载。
- 广告部:一般会负责广告节目单的编制,以及广告素材的准备。
- 新闻部:新闻素材的准备,播出通常由播出部完成。有的新闻部也有自己负责新闻节目的播出。对于播出部来说,新闻是一个外来节目,与我们这里谈到的频道播出系统无关。

3. 播出业务的流程

(1)先上载,再编单

节目制作完以后,用户就手动上载到视频服务器中;在编辑播出串联单的时候,大部分素材都已经上载好了,只需要把节目和素材关联上就行。

(2)先编单,再上载

总编室先编好节目单,并生成待上载的素材列表。上载人员根据这个单子去上载。

4. 播出任务的基本工序

（1）准备素材。

（2）准备播出用的磁带。

（3）如果用硬盘播出还要把磁带的内容上载到硬盘。

（4）收录外来的节目，保存到磁带或者硬盘中。

（5）如果是用非编网制作，也需要下载到磁带或者上载到视频服务器。

（6）编制节目单。

（7）提前一周或一个月编制节目编排表。

（8）提前几天编制节目串联单。

（9）编制广告串联单。

5. 硬盘播出系统

将要播出的电视节目存入到硬盘存储器，播出时直接从硬盘调出所需的节目内容的电视节目播出系统。硬盘播出系统由以下几个部分组成。图6-3为硬盘播出系统的组成框图。

- 上载工作站：通过网络向播出服务器上载需要播出的音视频节目。
- 播出工作站：控制播出服务器的输出通道，实现节目的自动播出，能通过RS232/422串口控制录像机和播出切换台，在网络发生故障时将播出切换到录像机的输出信号。
- 文件管理服务器：为工作站服务，存储公共数据。
- 播出服务器：硬盘播出系统的核心，它可通过网络实现音视频数据的上下载，并能实现多频道的自动播出。存储器通常采用磁盘阵列结构。播出服务器常有一主、一备两个服务器。

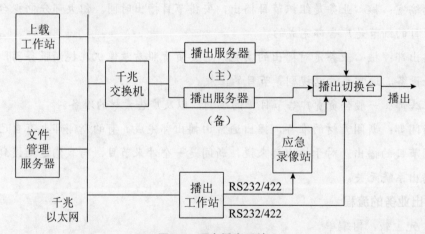

图6-3 硬盘播出系统

这种播出方式省去了磁带播出所需要的反复选带、上带、播放、退带等过程，提高了工作效率；由于硬盘的平均故障率远低于录像机，提高了系统的稳定性；信号的还原度高，多次重播的图像质量一致性好，播出信号的质量比较稳定；可很好地和未来的全数字、网络化、资源共享的节目编播体系相衔接。

6.2.3 软件系统

硬盘播出系统的软件系统主要包括。
- 素材上载模块：硬盘素材的上载包括VTR上载和外来信号上载。
- 素材管理模块：完成素材的一般维护工作，包括浏览、审看、删除、修改、调度等功能。
- 节目单编辑模块：方便灵活高效地编排节目单。
- 播出控制模块：根据节目单控制播出设备完成播出任务。
- 系统管理模块：完成用户权限管理、设备配置、日志查询统计等系统维护工作。

6.3 全台网技术

磁带为载体的传统制播系统存在串行制作，效率低下，只能线性制作，不能协同共享；效果单一，质量劣化；节目特效和图文包装功能匮乏，多代复制后图像质量劣化，无法长期保存；播出安全难以保证；维护困难，成本极高；改造复杂不易实现等问题。

电视节目的网络化制作播出是以数字电视和信息网络为基础，以高速网络和大容量存储为核心，以通用计算机和服务器为平台，全流程以文件为载体实现电视节目制作播出的工作模式。这个过程需要采用相关的技术，使节目磁带变成节目文件，如图6-4所示。

图6-4 节目磁带变成节目文件

6.3.1 全台网的概念

全台网又称电视台网，根据国家广电总局发布的《电视台数字化网络化建设白皮书》中的定义：电视台网是指以现代信息技术和数字电视技术为基础，以计算机网络为核心，实现电视节目的采集、编辑、存储、播出交换以及相关管理等辅助功能的网络化系统。

6.3.2 系统组成

电视台网由基础支撑平台、业务支撑平台、业务系统、统一信息门户组成，其总体框架如图6-5所示。

图6-5 电视台网总体结构

1. 基础支撑平台

基础支撑平台由基础网络平台、系统软件平台组成。它为电视台网业务系统提供软硬件基础运行环境，并实现各业务系统在网络层的互联互通。

2. 业务支撑平台

业务支撑平台由公共服务平台、互联互通平台组成。它为电视台网各业务系统提供用户认证、服务注册、消息、报表、转码、迁移、智能监控、数据交换、流程控制等公共服务，并实现全台业务系统的统一管理和互联互通。

3. 业务系统

业务系统由节目生产业务板块（简称为生产板块）和综合管理业务系统（简称为管理系统）组成。其中生产板块实现电视台节目生产"采、编、播、存、管"各个业务环节全流程的数字化、网络化和信息化，管理系统实现电视台节目生产的辅助管理。

4. 统一的信息门户

统一的信息门户是电视台网各分散业务系统的统一访问入口，可根据服务对象和操作权限的不同，可以进行个性化的设置，实现单点登录和信息集成。

6.3.3 系统总线架构

全台网系统包括多个业务子系统。各子系统之间、全台网系统与外部系统之间的互联互通是实现跨系统工作流程的基础。系统总线架构如图6-6所示。

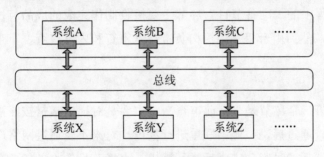

图6-6　系统总线模型图

总线模型的具体实现由基础网络平台和业务支撑平台共同完成。基础网络平台实现系统之间数据交换的物理链路，业务支撑平台实现应用适配和管理功能，如图6-7所示。

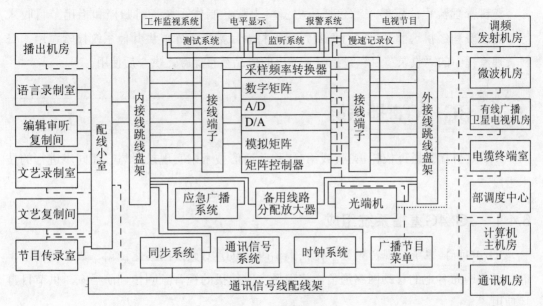

图6-7　主控系统图

6.3.4　系统总体流程

从全台系统总体层面看，流程主干是策划拍摄、节目制作、节目备播和节目播出，资料管理则是支持以上流程的基础。节目备播和资料管理都属于媒体资产管理的范畴。

1. 策划拍摄

策划拍摄流程是节目生产流程的起始，虽然它不全是全台网系统涵盖的范围，但是这里为了说明总体流程将它列出。策划拍摄中的"节目计划"包括全台统一节目规划和栏目部门节目策划两个方面的内容。节目计划完成以后进行外出拍摄素材供制作使用。

2. 节目制作

节目制作流程的素材来源主要有外拍上载的素材、收录的素材、从媒资系统调用的资料和采集的演播素材。节目制作阶段包括了多个具体制作环节，将在具体制作流程中说明。

3. 节目备播

节目备播流程中的"准备节目"环节主要接收制作完成的成品节目、上载广告和外购的播出节目等,然后由台里专门机构负责技术审查和内容审查,审查通过以后迁移到播出。

4. 节目播出

播出流程的第一个环节是"播前审查",主要是对播出素材按照播出串联单进行头尾检查。播前审查通过后,按照串联单进行播出。对来不及通过网络送播的节目,可在播出紧急上载,然后通过紧急审查后进行播出。直播节目的收录任务在演播室或收录系统完成。另外,设置播出监录对播出信号全程采集,供日后检查或支持其他业务应用。

5. 资料管理

资料管理流程的资料来源包括历史资料上载、制作系统资料归档和播出节目收录等。这些资料经挑选整理后进行编目,最后将编目数据入库,供其他系统检索调用。资料管理流程中的"收录节目"是指收录播出的成品节目保存,供今后使用。

6.4　3G/4G直播系统

3G/4G直播即通过依托第3代或第4代移动通信技术来实现录影与广播同步进行的技术手段。

6.4.1　3G/4G直播系统组成

3G/4G直播系统集视音频数字化采集编码、3G/4G无线网络化传输、数字化输出,借助目前遍布各地的移动网络通信,将现场实时拍摄的视音频回传到演播室,供节目直播使用。

3G/4G直播系统由3G/4G移动终端、3G/4G基站、3G/4G媒体服务器、3G/4G新闻工作站、3G/4G直播工作站等组成,如图6-8所示。

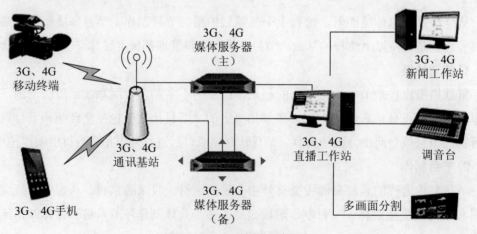

图6-8　3G/4G直播系统组成

由上图可以看到，3G/4G移动终端将视音频进行编码。视音频流进行切分后通过网络传输模块发送到3G/4G基站。通过Internet网络连接到通信机房。3G/4G媒体服务器接收回传来的切分数据流，并合成为一个数据流。送到3G/4G录播工作站进行SDI信号传输和文件录制，SDI信号通过传输切换台用于直播。录制的文件作为新闻素材编辑后再利用。系统主要包括以下几个主要部分：

1）视音频采集移动终端

视音频采集移动终端把视音频信号转换成视音频数据流并切分流数据，并将数据通过多个数据端发送到3G/4G网络。3G/4G传输终端配合摄像机使用，可以采用专业摄像机，也支持手持型DV。无线通信类型为3G（CDMA2000/WCDMA/TD-SCDMA）、4G（LTE/WIMAX）、WiFi、Ethernet等多信道混用，支持多卡绑定，传输文件格式为H.264，码率可达到500kbps～5Mbps。

2）3G/4G媒体服务器

安装在中心机房或者演播室的3G/4G媒体服务器，由视频服务器和存储服务器组成。用于接收移动终端通过3G/4G网络实时回传的视频流，进行IP数据流的接收、合成数据包及控制命令转发。该服务器同时连接和管理存储服务器中的视音频信号，以及管理系统中的各种设备和资源，通过以太网发送给后端输出服务器。传输终端静态接入时，至少支持20路D1的稳定可靠连接。该服务器可以互为热备份，以保证数据的安全接收。

3）3G/4G服务管理系统

3G/4G服务管理系统集计算机网络、通信网络及智能化软件于一体，是综合的信息化管理平台，实现素材的收集、分发、管理，同时还提供了信道情况监测以及用户权限管理功能，能够让台内技术人员实时控制/监测各路全段信号的直播、转发等情况。通过该管理平台，台内人员可以实时与现场人员方便地通信、调度，并对3G/4G移动终端信道情况进行监测。同时，系统提供了用户管理功能，方便分级管理。系统的数据业务能够实时地进行数据处理，通过对数据的合成、纠错、封装，提供给音视频流媒体转发及预览，方便管理。

4）视音频输出工作站

视音频输出工作站用于接收3G/4G服务器发送的数据包，然后通过解码输出供播出使用的SDI信号。工作站的广播级视音频板卡可以支持4路SDI信号同时输出，同时监看3G/4G服务器接收的视频信号，可以支持最多20路信号源选择，还可以直接把指定的监看信号回录成文件保存在本地硬盘，供后期制作使用，使用非常方便。为确保系统的安全性，视音频输出工作站可以配备两套互为备份。

6.4.2　3G/4G播发模式

3G/4G播发模式有现场直播、录播和文件传输模式三种。

1. 现场直播

当电视台记者报道一条突发新闻或民生新闻只需要一个记者和一个摄像师时。在新闻现场安装网卡之后，将3G移动终端挂载到摄像机后并连接好视频线和音频线后开始加电。3G移动终端搜索到3G机站信号后将自动进行拨号操作，拨号成功后开始自动连接3G直播系统服务端，连接成功后记者就可以进行新闻直播报道了。

3G移动终端对现场拍摄的视频信号进行H.264编码，之后再通过3G网络传回到电视台的媒体服务器上。媒体服务器对收到的视音频信号进行解码，并将解码后的视音频信号直接输出到节目部门的导播室。通过导播人员切换再将视音频信号送到播出机房。现场直播的过程如图6-9所示。

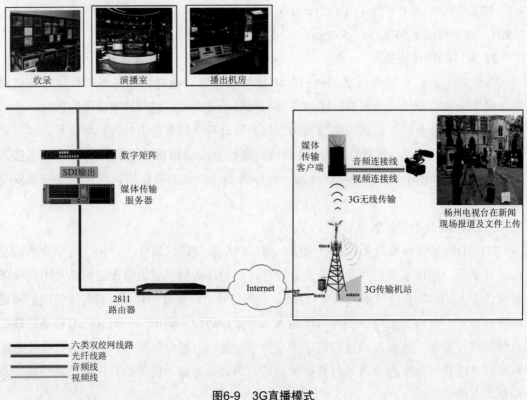

图6-9　3G直播模式

2. 录播模式

在3G/4G网络信号不好或者对播出时效性要求不高但对播出画面要求比较高的时候就可以使用录播功能。该模式与普通电视的录播没有多大区别。

3. 文件传输模式

通过3G/4G移动终端也可以将录制好的素材以文件方式传回到电视台内部的生产网中。文件传输方式适合于对新闻实时性要求不是特别高但对图像要求质量较高的新闻，其系统如图6-10所示。

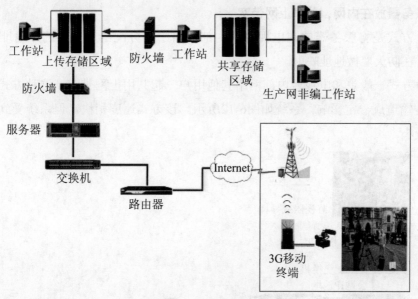

图6-10 文件传输模式

6.4.3 3G/4G直播服务器的部署方式

3G/4G直播系统服务器可以在下列两种环境下进行部署：一种是直接将3G直播系统服务器放在公网上，独享上网带宽；一种是将3G直播系统服务器放在内网中共享上网带宽。

1. 服务器接在公网上，独享上网带宽

这种方式是将服务器直接挂在公网上，整个服务器的所有端口都可以被互联网访问。服务器网络连接通畅后，可以将3G/4G上网卡插到笔记本，在笔记本电脑上通过Telnet端口登录，系统如图6-11所示，该方式速度较快，但系统受到不法攻击的概率较大。

图6-11 服务器接在公网

2. 服务器放在内网，共享上网带宽

这种方式是将服务器放在电视台的内部网络中，分配给服务器的IP地址是内部地址，同时在防火墙做地址映射。

这种方式一般是和电视台内部网络其他用户一起共用上网带宽，这种方式势必会对3G/4G传输造成一定影响。系统如图6-12所示。该方式速度稍快，但系统受到不法攻击的概率较小。

图6-12　服务器放在内网

6.4.4　4G直播技术

与3G网络相比，4G网络的特点更突出。

- 网络数据业务的时延更短。只需经过基站和网关两次转发即可；
- 网络速度更快。4G网络理想的带宽达到100Mbps～150Mbps，比3G网络快50多倍；
- 用户在发起业务时响应速度更快。为了节省无线资源，3G用户在长期不进行业务时，数据链路会自动释放，下次开始业务时再重新建立，而4G用户在开机后数据链路即刻建立，且永不释放；
- 可容纳用户更多。4G无线基站每个扇区允许接入的用户数量超过400，单载波容量是3G的20倍以上；
- 可提供差异化服务。4G网络将数据业务按照业务等级不同而给予不同服务，也就是用户的优先接入权限。图6-13为4G直播系统图。

4G的即摄即传业务具有使用更简便、传输更快、采编播更从容等三大特点，改变了传媒行业传统的工作方式。记者无需借助身形庞大的电视转播车，只要在摄像机的传输模块上插入4G上网卡，连接上4G网络，就能在拍摄的同时把影像传回后方。

4G直播设备的应用，意味着电视转播不再受传输线缆的制约，视频类节目迎来无线直播时代，对于传媒业乃至信息消费都具有重要意义。

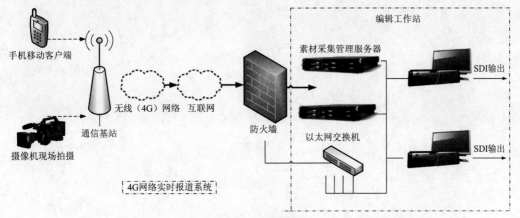

图6-13 4G直播系统

利用4G网络，电视新闻行业，现场记者只需拿一台安装4G通信模块的摄像机，就可以将现场拍摄的视频传送到电视台编辑系统，进行实时电视播放，真正做到了随时随地现场直播，完全可以不用电视直播车。不仅仅电视媒体行业，在4G时代，每个普通人都能进行现场直播，任何人都能成为高速信息源，拿起4G手机就能成为视频直播的发布者。4G直播使流媒体直播突破线缆传输的限制，视频直播行业迎来了无线高清直播时代。

6.5 思考题

1. 简述电视播控中心的组成及功能。
2. 什么是延时播出？简述延时播出的意义。
3. 总控系统由哪些部分构成？简述总控系统的主要功能。
4. 简述播出系统的组成及功能。
5. 什么是硬盘播出系统？简述其有何特点。
6. 什么是全台网？
7. 简述全台网的组成。
8. 简述3G/4G直播系统的组成。
9. 4G直播技术的优点是什么？

存储与检索篇

第7章 媒体存储技术

存储就是根据不同的应用环境通过采取合理、安全、有效的方式将数据保存到某些介质上并能保证有效地访问。存储包含两方面的含义：一方面是数据临时或长期驻留的物理媒介；另一方面是保证数据完整、安全存放的方式或行为。存储就是把这两个方面结合起来，为客户提供一套数据存放的解决方案。

存储按照使用方式和存储规模，可分为移动存储设备和非移动存储设备。企业中存储数据的绝大多数设备都是非移动存储设备。随着计算机和通信技术的不断发展，存储技术也发生了极大的变化，从最开始的磁存储到后来的光存储、移动存储、闪存、到现在热门的网络存储技术。不同的存储方式在存储容量、可便携性、可维护性、应用场合等方面都各有不同。本章将主要介绍不同的存储技术。图7-1所示为存储技术发展历程中的几个关键成果。

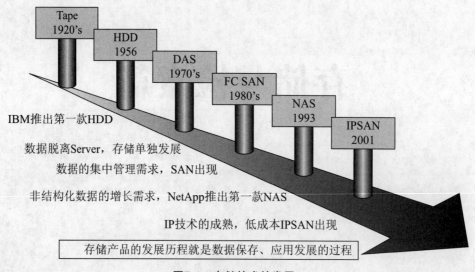

图7-1 存储技术的发展

7.1 媒体的存储介质

存储介质的物理单元之所以能够存储数据，是因为它的某种性质能够发生变化，以此反映出所存储的数据。通过识别这种性质上的变化，可读出数据，而用某种编码方法改变性质则可将数据写入介质。

7.1.1 磁存储设备

磁存储技术是指利用磁技术对数据进行读写，对应的存储介质为磁盘，磁带等。

图7-2为盒式录音带的实物图。

磁盘系统靠磁场来更改已储存的数据，磁盘系统是通过磁头以感应的方式从磁盘读写数据，磁头与高速旋转的磁盘必须保持一定的间隙。这种方式容易造成磁头碰撞盘片而损坏数据。

磁记录技术是指利用磁特性和磁效应记录、存储和读出各种声音、图像以及数据等信息的技术，其原理

图7-2　盒式录音带

是：先将需要记录和存储的信息转变为相应的电信号输送到磁头电路中，使写入磁头中产生与输入电信号相对应的磁场，用该磁场作用于磁记录介质，使磁记录介质从原来的退磁状态转变为磁化状态。在需要输出信息时，使用读出磁头作用于磁记录介质，使磁记录介质产生的磁场作用于读出磁头，获取磁记录介质中存储的信息。

尽管磁存储方式的存储密度高、易于读写。但长期保存也存在着风险性，气候环境、磁环境、人为因素都有可能破坏磁记录，造成不可挽回的损失。

磁记录技术的起源可以追溯到1857年使用钢带的录音机雏形。1898年，丹麦人Valdemar Poulson使用直径为1 mm的碳钢丝制作了世界上第一台可供实用的磁录音机。1928年，德国人Fritz Pfleumer与AEG（伊莱克斯）公司合作制作了第一台磁带录音机，被称为是磁带录音机的鼻祖，从此磁带录音机进入了实用化。1947年，$\gamma\text{-Fe}_2\text{O}_3$的发明标志着磁带记录技术与当代的接轨，目前以这种材料为基础的磁粉仍然被广泛用于各种磁带的制作。

早期的计算机使用的磁存储介质仍然是磁带，其标志是1953年IBM 726磁带机的出现。随着计算机技术的发展，基于模拟信号的录音、录像技术由于其较低的保真度、还原度和信息存储量，已经不能满足人们的需要。这样，基于二进制的数字存储技术受到了越来越多的关注。在这种存储技术中，磁化状态代表1的信号，退磁状态（未磁化）则代表0的信号。这样，就实现了在更小的空间实现大量信息存储的可能。由于这种存储技术主要用于计算机技术中，因此基于计算机存储的磁盘存储技术也就取代磁带机成为人们关注的热点。这种技术的实用化始于1956年IBM公司制作的世界上第一块硬盘。

现在的硬盘，无论是IDE还是SCSI，采用的都是"温彻思特"技术，该技术有以下特点：

- 磁头、盘片及运动机构密封；
- 固定并高速旋转的镀磁盘片表面平整光滑；
- 磁头沿盘片径向移动；
- 磁头对盘片接触式启停，但工作时呈飞行状态不与盘片直接接触。

7.1.2　光存储设备

计算机和信息产业的发展使越来越多的信息内容以数字化的形式记录、传输和存

储，对大容量信息存储技术的研究也随之不断升温。激光技术的不断成熟，尤其是半导体激光器的成熟应用，使得光存储从最初的微缩照相发展成为快捷、方便、容量巨大的存储技术，各种光ROM纷纷产生。与磁盘相比，光盘具有存储密度高，存储容量大的特点，且具有成本低廉、不易划伤、无磨损、可长期保存信息等特点。

1. 光存储的基本原理

光存储技术是用激光照射介质，通过激光与介质的相互作用使介质发生物理、化学变化，将信息存储下来的技术。其基本的物理原理是：存储介质受到激光照射后，介质的某种性质（如反射率、反射光极化方向等）发生改变，介质性质的不同状态映射为不同的存储数据，存储数据的读出则通过识别存储单元性质的变化来实现。

在实际操作中，一般用电脑来处理信息，因为电脑只能识别二进制数据，所以要在存储介质上储存数据、音频和视频等信息，首先要将信息转化为二进制数据。现在常见的CD光盘、DVD光盘等光存储介质，与软盘、硬盘相同，都是以二进制数据的形式来存储信息的。写入信息时，将主机送来的数据经编码后送入光调制器，使激光源输出强度不同的光束，调制后的激光束通过光路系统，经物镜聚焦然后照射到介质上，存储介质经激光照射后被烧蚀出小凹坑，所以在存储介质上，存在被烧蚀和未烧蚀两种不同的状态，这两种状态分别对应着两种不同的二进制的数据。

光盘系统是由光盘驱动器和光盘片组成。驱动器是用于读/写信息的设备，光盘片是用于存储信息的介质，其结构如图7-3所示。

CD盘上的数据要用CD驱动器来阅读。CD驱动器由光学读出头、光学读出头驱动机构、CD盘驱动机构、控制线路以及处理光学读出头读出信号的电子线路等组成。凹坑和非凹坑本身不代表1和0，而是凹坑端部的前沿和后沿代表1，凹坑和非凹坑的长度代表0的个数。图7-4所示为CD光盘的读出原理。

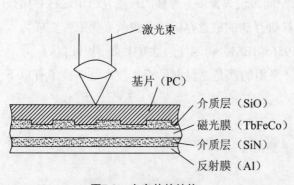

图7-3 光盘片的结构　　　　图7-4 CD光盘的读出原理

2. 光盘的发展历程

1972年Philips公司面向新闻界展示了可以长时间播放电视节目的VL（Laser Vision，激光视盘系统）光盘系统。

1982年Philips公司和Sony公司成功地开发了记录有数字声音的光盘，及被命名为Compact Disc，又称CD-DA（Compact Disc-Digital Audio）盘，中文名称为"数字激光唱盘"，简称CD盘。

1985年，Philips公司和Sony公司开始将CD-DA技术应用于计算机领域。

1987年，国际标准化组织（ISO）在High Sierra标准的基础上经过少量修改后，将其作为ISO 9660发布，成为CD-ROM的数据格式编码标准。

1994年，DVD光盘（Digital Video Disc，数字视频光盘）被推向市场，这也是继CD光盘后出现的一种新型、大容量的存储介质。

1995年，Sony/Philips财团伙同Toshiba/Time Warner财团联手推出了DVD标准。

1997年，VCD产业的最大受惠者C-CUBE预感到VCD危机，但其在DVD技术上并不领先，故联合一些厂家推出VCD标准。

2002年，蓝光DVD和MPEG-4两大阵营争抢中国DVD市场企图建立新的DVD标准。

2006年，蓝光光盘（Blu-Ray Disc）推出。蓝光光盘是人们在对多媒体品质要求日益严格的情况下，为了存储高画质影音及海量资料而推出的新型光盘格式，属于DVD光盘的下一代产品。

3. CD光盘

CD盘的外径为120 mm，重量为14克～18克。激光唱盘分3个区：导入区、导出区和声音数据记录区。图7-5 所示为5英寸CD光盘数据记录分布图。

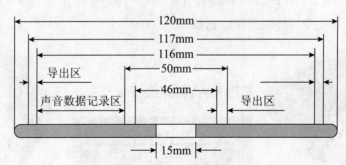

图7-5　5英寸CD光盘数据记录分布图（图中数值均为直径）

光盘包括只读光盘、只写一次光盘和可擦写光盘三种，前两种都是属于不可擦除的光盘。

1) 只读光盘

只读光盘上的数据都是在大批量生产制作时生成的，用户可根据需要选读光盘上的信息，但不能擦除、更改或再写入新的数据。常见的只读光盘有CD-ROM、激光唱片（CD-DA）、激光视盘（LD）以及存储视频图像和电影的VCD等。只读光盘主要用于作为电子出版物、素材库和大型软件的载体。图7-6为只读光驱与只读光盘实物图。

CD-ROM的形状也类似于激光唱盘，能够存储650MB左右的数据。用户只能从CD-ROM读取信息，而不能往盘上写信息。

（a）CDR光驱　　　　　　　　　　（b）只读光盘

图7-6　只读光驱与只读光盘

2）一次写多次读光盘

一次写多次读光盘WORM（Write Once Read Many）的原理是存储单元的状态只能改变一次，且一旦改变，就不能回到原来的状态，因此写是不可逆的。但重复可读的次数在理论上是无限的，其使用寿命大约为30～100年。常用的WORM光盘有CD-R光盘，使用CD-R刻录机写入数据。刻录机支持逐次写入光盘内容，可以继续使用未使用过的剩余空间，但对于已经写入内容的空间则不允许重新写入。WORM在广播中主要用于档案存储。

3）可擦写光盘（CD-R/W）

可擦写光盘E-R/W（Erasable-Read/Write）像硬盘一样可以任意读写数据，即允许在擦除了盘片上原有数据以后重新写入新的数据。光盘的擦、写过程是一对逆过程，写即改变光介质的性质，擦即恢复光介质原来的性质。擦写光盘常有磁光型（Magnetic Optical，MO）和相变型（Phase Change，PC）两种擦写操作原理。图7-7为磁光型可重写光驱，图7-8为相变型可擦写光驱与光盘。

图7-7　磁光型可重写光驱　　　　　图7-8　相变型可擦写光驱与光盘

4. DVD光盘

DVD原名是Digital Video Disc，意思是"数字视频光盘（系统）"。DVD不仅可以用来存放视频节目，同样可以用来存储其他类型的数据。DVD在数据存储方面具有其他媒质所无法比拟的容量和灵活性。因此又把Digital Video Disc更改为Digital Versatile Disc（数字通用光盘），缩写仍然是DVD。

DVD技术是目前应用最广泛的光存储技术，全方位的DVD光盘产品，涵盖了从音频到视频，从只读到可写，从家电到计算机的整个应用领域。

DVD有6种格式标准，如表7-1所示，各种标准定义了DVD的物理特性、文件系统及各种特殊的应用和扩充，如视频应用、音频应用等。表7-2为各种DVD存储容量的对比情况。

表7-1 DVD格式标准

标准	DVD
Book A	DVD-ROM（只读）
Book B	DVD-Video（视频）
Book C	DVD-Audio（音频）
Book D	DVD-R（可写一次）
Book E	DVD-RAM（随机存取存储器）
Book F	DVD-RW（可重复擦写）

表7-2 各种DVD存储容量的对比

DVD形式	盘片格式	说明	容量
DVD-Video Player，DVD-ROM	DVD-5	单面单层	4.7GB或2小时以上的视频
	DVD-9	单面双层	8.5GB或4小时以上的视频
	DVD-10	双面单层	9.4GB或4.5小时以上的视频
	DVD-14	一面单层一面双层	13.2GB或6.5小时以上的视频
	DVD-18	双面双层	17.1GB或8小时以上的视频
DVD-RAM（DVD-VR）	DVD-RAM 1.0	单面单层	2.6GB
		双面单层	5.2 GB
	DVD-RAM 2.0	单面单层	4.7 GB
		双面单层	9.4 GB
DVD-R	DVD-R 1.0	单面单层	3.9 GB
	DVD-R 2.0	单面单层	4.7 GB
		双面单层	9.4 GB
DVD-RW DVD+R、DVD+RW	DVD-RW 2.0	单面单层	4.7 GB
		双面单层	9.4 GB
		单面单层	4.7 GB
		双面单层	9.4GB

5. 蓝光盘

目前市面上的DVD均采用650nm波长的红色激光，其存储容量为单面单层为4.7G，已经无法满足日益增长的存储市场的需求。而Blu-ray和HD DVD则采用了405nm波长的蓝紫色激光，使得光盘单面单层的存储容量得到大幅提高，可以达到红光DVD的5倍以上，而不同之处主要在于盘片结构和物理格式。图7-9为蓝光光盘实物图。

2002年2月19日，光存储领域的9家知名公司在日本东京宣告建立下一代大容量光盘记录格式的参数标准，并将其命名为蓝光光盘（Blue-Ray Disc，BD）。蓝光光盘的记录介质采用相变材料，为可擦写光盘。通过405nm波长的蓝紫光激光器发出激光，利用0.85数值孔径的光学头，它成功地缩小了聚焦光斑。利用0.1mm厚度的光学保护层，可降低盘片抖晃所产生的偏差，同时使盘片能更好地读出和提高记录密度。蓝光光盘的轨道间距为0.32μm，大约是DVD光盘的1/2，从而获得了单盘单面27GB的存储量，以及36Mbit/s的传输速度。单面双层盘片的容量可以达到50GB，双面双层更是可以突破100GB的存储容量，但其与现在的CD/DVD无法兼容。

由于蓝光光盘采用了全球标准的"MPEG-2"传输流压缩技术，使其适用于存储高清晰度视频信息等需要大容量的场合。与DVD的技术发展类似，蓝光技术的发展也充满了激烈的竞争。HD DVD是可以与蓝光光盘争雄的另一种基于蓝光的新一代高密度高速度光盘系列。

6. HD DVD

HD DVD是东芝等厂商力推的下一代大容量存储技术，它采用了与Blu-ray一样的405nm波长激光。HD DVD光盘在外观上同现在的CD ROM和DVD ROM盘片并没有什么区别，直径依然是12cm，不过它的容量却有了极大的提升，单面单层容量达到了15GB。HD DVD可向下兼容，即现有的CD/DVD亦可在HD DVD驱动器上使用，这个特性无疑更受PC用户的欢迎。图7-10为HD DVD实物图。

图7-9　蓝光光盘

图7-10　HD DVD

与Blu-ray相比，HD DVD较BD在生产难度与成本上要低许多，HD DVD可以沿用现有的DVD光盘生产设备制作HD DVD光盘。HD DVD光盘不需要特殊的保护盒，而BD则需要，在这一点上，HD DVD的便携性和成本到要优于后者。HD DVD单层容量为15GB，双层容量为30GB，而BD在单层存储容量方面要比前者多 67%——单层为25GB，而双层更达到了50GB。

7. 光存储的特点

（1）记录密度高、存储容量大。光盘存储系统用激光器作光源。由于激光的相干性好，可以聚焦为直径小于0.001mm的小光斑。用这样的小光斑读写，光盘的面密度可高达$10^7 bit/cm^2$～$10^8 bit/cm^2$。一张CD-ROM光盘可存储3亿个汉字。

（2）光盘采用非接触式读写，光学读写头与记录盘片间通常有大约2mm的距离。这种结构带来了一系列优点：首先，由于无接触，没有磨损，所以可靠性高、寿命长，记录的信息不会因为反复读取而产生信息衰减；其次焦距的改变可以改变记录层的相对位置，这使得光存储实现多层记录成为可能。

（3）激光是一种高强度光源，聚焦激光光斑具有很高的功率，因而光学记录能达到相当高的速度。

（4）易于和计算机联机使用，这就显著地扩大了光存储设备的应用领域。

（5）光盘信息可以方便地复制，这个特点使光盘记录的信息寿命实际上为无限长。同时，简单的压制工艺，使得光存储的位信息价格低廉，为光盘产品的大量推广应用创造了必要的条件。

当然，光存储技术也有缺点和不足。光学头无论体积还是质量，都还不能与磁头相比，这影响光盘的寻址速度，从而影响其记录速度。

8. 各项信息存储技术的结合发展

（1）磁存储与光存储的结合——磁光存储技术。这是一种利用激光在磁光存储材料上进行信息写入和读出的技术。磁光存储技术结合了磁存储与光存储的优点，存储密度高，存储容量大，而且存取时间短。

（2）采用缩微片和光盘两种存储媒质的复合系统。在随录随用、检索速度、影像远距离传送等方面，光盘优于缩微片，而在输入速度、复制发行、存储寿命、法律依据陆方面，缩微片又优于光盘。日本的佳能和富士公司先后推出一种采用缩微片和光盘两种存储媒质的所谓复合系统。采用复合系统的另一个优点是，原来已拥有大量缩微片的旧系统仍可继续使用，并能顺利地向新系统过渡。

（3）"三合一"的存储系统，即将缩微、磁和光盘存储技术结合在一起的复合系统。

7.1.3 移动存储设备

移动存储设备主要有软盘、移动硬盘、闪存等。

1. 大容量软盘

最早的大容量软盘是ZIP公司推出的，提供100MB和250MB两种类型。内置式存储容量为250MB驱动器售价大约为1000元，数据传输速率为1.4MB/s。图7-11为ZIP软盘实物图。

图7-11　ZIP软盘

LS-120是ZIP的主要竞争对手，容量为120MB，优势是兼容普通软盘。但正因为兼容普通软盘，传输速率仅为565kb/s。

SuperDisk也是一种大容量软驱，容量为120MB，兼容1.44MB的普通软盘，读写120MB盘片时为290kb/s，而读普通的1.44MB盘片时为55kb/s。

与其他的移动存储设备相比,软盘的存取速度明显慢,在安全和寿命上都比较差,2000年以后开始逐渐退出市场。

2. 移动硬盘

移动硬盘以硬盘为存储介质、强调便携性的存储产品。具有容量大、数据传输效率高、可靠性高以及轻巧便携等特点。

硬盘尺寸从3.5英寸全面走向2.5英寸后,又出现了1.8英寸、1英寸硬盘。2.5寸移动硬盘盒可以使用笔记本电脑的硬盘,2.5寸移动硬盘盒体积小重量轻便于携带,一般没有外置电源。1.8英寸硬盘常用于MP3播放设备。数码相机中使用的硬盘一般是1英寸的。

移动硬盘大多采用USB、IEEE 1394、eSATA接口,能提供较高的数据传输速度,图7-12为IEEE 1394接口实物图。不过移动硬盘的数据传输速度一定程度上受到接口速度的限制,USB 2.0、IEEE 1394、eSATA移动硬盘接口就相对会快些。USB 2.0接口的传输速率是60MB/s,IEEE 1394接口的传输速率是50MB~100MB/s,USB 3.0接口的传输速率是625MB/s。Windows 8以后,IEEE 1394接口也逐渐退出市场。

图7-12 IEEE 1394接口

3. 硬盘扩展

当存储系统的容量、速度、稳定性达不到多媒体应用需求时,需要对存储系统进行扩展。硬盘的扩展方式主要有磁盘跨接技术以及独立磁盘冗余阵列。

(1)磁盘跨接技术。

磁盘跨接是把多个驱动器(也就是一个硬盘)附加到一个单个的主适配器上去的方法。数据首先被写入到第一个驱动器,当第一个驱动器写满后,控制器切换到第二个驱动器,数据被写入到第二个驱动取直到第二个驱动器写满,控制器又一次切换,如此继续。

在早期磁盘容量不够大的时候,对一些需要大存储容量的对象,例如视频信息,可采用这种方法来增加存储容量。磁盘跨接通过加入新增的驱动器来增加存储容量,提供了磁盘整体容量的简易增加方法。但这种方法并不提供更好的容错性和可靠性,事实上,可靠性会下降。

(2)RAID技术(廉价磁盘冗余阵列或独立磁盘冗余阵列,Redundant Array of Independent Disks)。

RAID是多个磁盘的一组阵列,数据分布在多个驱动器上以获得容错性、大存储容量及性能的改进。RAID技术并不是一个新的概念,他源于大型主机的冗余、容错等思想。这种方法在容量,吞吐速度,可靠性方面都有所提高。

RAID子系统由多个用单个控制器操作的小型磁盘驱动器构成,这些驱动器对主机来说,就如同一个单一的驱动器。

从主机方面来看,逻辑上把它们看作一个驱动器(物理上是多个小驱动器)。很大的驱动器要维持与较小的驱动器相同的性能水平就需要更昂贵的驱动器电子设备。使用廉价磁盘冗余阵列可以在低成本的情况下提高整体存储容量。RAID中吞吐量速度的提高是通过把读写操作并行地分布在多个磁盘驱动器上来实现的，这一过程称为数据划分（data striping）。它使数据分离在多个驱动器上，这样一个单一的I/O请求的不同部分就可以由多个磁盘平行地来服务，如图7-13所示。

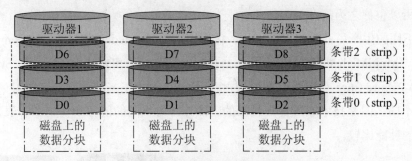

图7-13　RAID的数据组织方式

很明显，这种方法有一个很大的问题：数据分布在不同的驱动器上，如果没有额外的冗余度，数据就会有更大的危险，危险性将随磁盘数目而翻倍，任何一个磁盘的失败都能导致读或写数据的失败。所以在RAID技术的某些策略中增加了一些冗余。目前已经开发出若干不同的RAID方式以满足不同的需要。

数据按照不同的算法分别存储于每块磁盘上从而达到不同的效果，这样就形成了不同的RAID级别（RAID LEVEL）。目前主要有RAID 0、RAID 1、RAID 2、RAID 3、RAID 4、RAID 5、RAID 10等多个级别。不同的RAID级别代表不同的存储性能、数据安全和存储成本。

4．闪存

闪存（Flash Memory）是一种半导体存储芯片，在不加电的情况下数据也不会丢失。它结合了ROM和RAM的长处，不仅具备电子可擦除可编程（EEPROM）的性能，还不会因断电而丢失数据，同时还可以快速读取数据，图7-14所示是闪存存储器的芯片。U盘和MP3播放器里用的就是这种存储器。

图7-14　闪存存储器

在1984年，东芝公司的发明人Fujio Masuoka首先提出了快速闪存存储器的概念。与传统电脑内存不同，闪存的特点是非易失性其且记录速度也非常快。与EPROM相比，它采用电可擦除，可10次重复擦除、擦写速度快、耗电量小。NOR和NAND是现在市场上两种主要的非易失闪存技术。

Intel于1988年首先开发出NOR闪存技术，彻底改变了原先由EPROM和EEPROM一统天下的局面。紧接着在1989年，东芝公司发表了NAND闪存技术，强调降低每比特的成本，拥有更高的性能，并且像磁盘一样可以通过接口读取数据。

闪存卡（Flash Card）是利用闪存技术达到存储电子信息的存储器，一般应用在数码相机、掌上电脑、MP3播放器等小型数码产品中作为存储介质。由于样子小巧，有如一张卡片，所以也称之为闪存卡。

根据不同的生产厂商和不同的应用，闪存卡有SmartMedia（SM卡）、Compact Flash（CF卡）、MultiMediaCard（MMC卡）、Secure Digital（SD卡）、Memory Stick（记忆棒）、XD-Picture Card（XD卡）和微硬盘（MICRODRIVE）等类型。这些闪存卡虽然外观、规格不同，但是技术原理都是相同的。图7-15为不同的闪存卡实物图。表7-4为不同的闪存卡的性能比较。

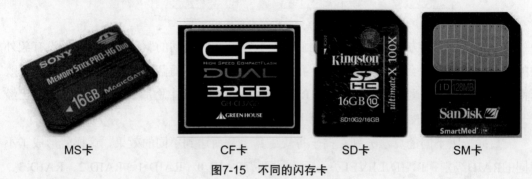

图7-15　不同的闪存卡

表7-4　不同的闪存卡性能比较

类型	SM	CF	MMC	SD	Memory Stick
发布时间	1995	1994	1997	1999	1997
发布厂商	东芝	SanDisk	SanDisk 西门子	东芝 松下 SanDisk	索尼
物理尺寸	45×37×0.76	43×36×3.3	32×24×1.4	32×24×2.1	50×21.5×0.28
工作电压	3.3V、5V	3.3V、5V	2.7V～3.6V	2.7V～3.6V	2.7V～3.6V
公开标准	是	是	是	是	否
适用领域	MP3、DC	PDA、数码相机	MP3、DC、DV	MP3、C、DV、E-BOOK	仅索尼公司产品
支持厂商	东芝，三星，索尼等	IBM，HP，佳能，东芝等	SanDisk，西门子等	三星等	索尼
其他	操作系统都支持	有MMC和SPI两种模式	数据安全性高，支持物理写保护	数据安全性高，支持物理写保	仅仅索尼公司使用

1）SM卡

SM卡即Smart Media（智能卡），是市场上常见的微存储卡，一度使用在MP3播放器上，体积很小：45mm×37mm×0.76mm，非常薄，仅重1.8克，具有比较高的擦写性能。Smart Media具有3.3伏和5伏两种工作电压，但不可以同时支持两种电压。目前已经没有多少数码产品使用这种卡了。

2）CF卡

即Compact Flash（微型快擦写卡），是一种袖珍闪存卡（尺寸为43mm×36mm×3.3mm），存储文件的速度比较快、存储容量适中，能耗低，在中、高档数字照相机上应用比较多。笔记本电脑的用户可直接在PCMCIA插槽上使用该卡，使数据很容易地在数码相机与电脑之间传递。

3）MMC卡

即Multi Media Card（多媒体卡），MMC的发展目标主要是针对数码影像、音乐、手机、PDA、电子书、玩具等产品，尺寸只有32mm×24mm×1.4mm，只有1.5克。MMC也是把存储单元和控制器一同做到了卡上，智能的控制器使得MMC保证了兼容性和灵活性。MMC的操作电压为2.7伏到3.6伏，写/读电流只有27mA和23mA，功耗很低。

4）SD卡

即Secure Digital Card（安全数码卡），SD卡的数据传送和物理规范由MMC发展而来，大小和MMC差不多，尺寸为32mm×24mm×2.1mm。长宽和MMC一样，只是厚了0.7mm，以容纳更大容量的存储单元。SD卡与MMC卡保持着向上兼容，也就是说，MMC可以被新的SD设备存取，平均数据传输率能达到2MB/s。

5）MS

SONY Memory Stick（记忆棒），由索尼公司开发。尺寸为50mm×21.5mm×0.28mm，重4克。采用精致醒目的蓝色外壳（新的MG为白色），并具有写保护开关。和很多Flash Memory存储卡不同，Memory Stick规范是非公开的。电压为2.7伏到3.6伏。记忆棒用在SONY公司的PMP、PSX系列游戏机、数码相机、数码摄像机、索爱的手机和笔记本上。

7.2 网络存储技术

7.2.1 网络存储的意义

计算机技术及其相关的各种网络应用的飞速发展，引领了信息的膨胀。视频、音频、图片、文字、游戏以及办公室大量的数据资产积累的越来越多，且呈现爆炸性的增长，因此需要更大的存储空间。存储系统不再是计算机系统的附属设备，而成为互联网中与计算和传输设施同等重要的三大基石之一。网络存储已成长为信息化的核心发展领域，并逐渐承担着信息化核心的责任。实际上，信息技术在任何时候都是处理、传输和存储技术的三位一体的完美结合，三者缺一不可。

数据量的迅速增长也提出了新的问题和要求，如何确保数据的一致性、安全性和可靠性，如何实现不同数据的集中管理，如何实现网络上的数据集中访问，如何实现不同主机类型的数据访问和保护等。所有这些都对现有的存储技术提出了挑战，呼唤着新的网络存储技术及其产品的出现，也使得网络存储技术迅速地崛起。

在网络存储技术中，由网络存储设备提供网络信息系统的信息存取和共享服务。其主要特征体现在超大存储容量、大数据传输率以及高的系统可用性、远程备份、异地容灾等方面。目前，网络存储技术正在成为计算机领域的研究热点，可以说，网络存储将引发继信息处理（如CPU）和信息传输（如Internet）之后IT领域的第三次技术浪潮。如何适应新的存储需求，采用什么技术来突破当前存在的存储服务的瓶颈，是人们普遍关心和迫切需要解决的问题。

7.2.2 网络存储架构

常见的网络存储技术有三种，分别是：直接连接存储 DAS（Direct Attached Storage）、网络连接存储 NAS（Network Attached Storage）以及存储区域网络 SAN（Storage Area Network）。

1. 直接连接存储 DAS

以服务器为中心的存储体系，外部数据存储设备通过SCSI接口和电缆直接挂接到服务器中，存储系统是服务器的一部分。所有访问均通过服务器进行，包括应用服务和文件服务。图7-16为DAS网络存储架构。

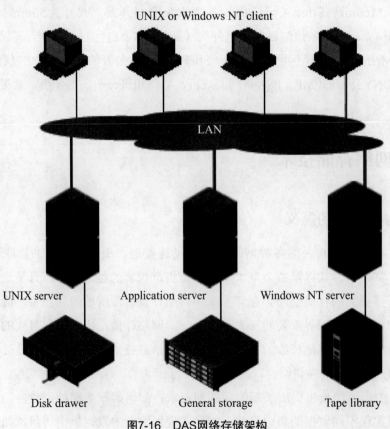

图7-16　DAS网络存储架构

DAS特别适合于对存储容量要求不高、服务器的数量很少的中小型局域网,其主要的优点在于存储容量扩展的实施非常简单,投入的成本少而见效快。

但DAS也存在诸多问题：服务器本身容易成为系统瓶颈;如果服务器发生故障,则数据不可访问;对于存在多个服务器的系统来说,设备分散,不便管理。同时多台服务器使用DAS时,存储空间不能在服务器之间动态地分配,可能造成相当的资源浪费; 数据备份操作复杂。

2. 网络连接存储NAS

该模式以数据为中心,使用一个专用存储服务器与网络直接相连,通过NFS或CIFS对外提供文件级的访问服务。简单说就是将直连在各个服务器上的硬盘以及硬盘的文件系统分割、独立出来,将其集中到一台连接在网络上、具备数据存储功能的存储服务器上。这台网络存储服务器就叫做NAS,图7-17为NAS网络存储架构。

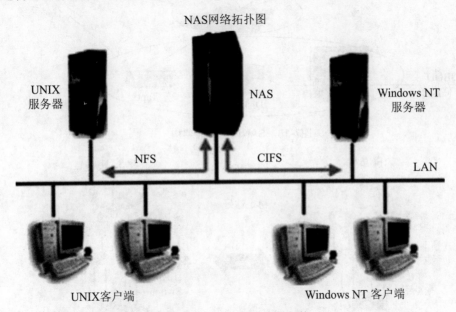

图7-17　NAS网络存储架构

NAS将存储设备通过标准的网络拓扑结构连接,可以无需服务器直接上网。不依赖通用的操作系统,而是采用一个面向用户设计的、专门用于数据存储的简化操作系统。内置了与网络连接所需的协议,因此使整个系统的管理和设置较为简单。该模式主要面向高效的文件共享任务,适用于那些需要网络进行大容量文件数据传输的场合。以IBM为代表的业界各大存储厂商纷纷推出了针对NAS的解决方案。

这种存储方式的优点是不占用应用服务器资源、广泛地支持各种操作系统及应用、扩展较容易、即插即用,安装简单方便。但不适合存储量大的块级应用,且数据备份及恢复占用网络带宽。

3. 存储区域网络SAN

该模式以网络为中心,将存储系统、服务器和客户端都通过网络相互连接。SAN最直观的理解就是：由很多的磁盘、磁盘阵列组成一个网络,这个网络就类似一块巨大的硬盘，这块硬盘再通过数据线连接到服务器上。图7-18为SAN网络存储架构。现在，用于实现SAN的技术分两种：FC SAN 和IP SAN。图7-19所示的是FC SAN与IP SAN之间的差别与联系。

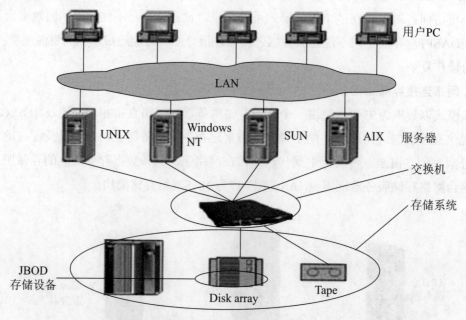

图7-18　SAN网络存储架构

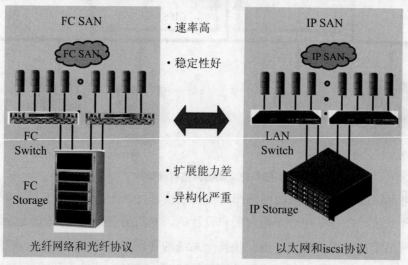

图7-19　FC SAN与IP SAN

SAN更适合网络关键任务的数据存储，与其他存储技术相比，SAN具有以下特性：高可用性、高性能、便于扩展、可实现高效备份，适合于海量数据、关键数据的存储备份，支持服务器的异构平台，支持集中管理和远程管理等。

但是，SAN也有一些不足存在，比如安装和升级比NAS复杂，多客户端共享资源需额外的软件。

1）FC SAN

FC是一种数据传输技术，侧重于数据的快速、高效、可靠地传输。随着数据存储在带宽上的需求提高,这项技术才逐渐应用到存储系统上。

FC的协议与TCP/IP协议类似,采用5层光纤协议封装和承载SCSI协议。

2）IP SAN

使用IP协议封装和承载SCSI协议。早期的IP SAN是采用TCP/IP和FC技术相结合的方式传输SCSI指令,逐渐发展成可以采用iSCSI封装技术传输SCSI指令和数据。

IP SAN是以IP为基础的SAN存储方案,是IP存储技术应用的第三阶段,是完全的端到端的、基于IP的全球SAN存储。它充分利用了IP网络的技术成熟、性能稳定、传输距离远、安装实施简单、后期维护量少的特点,可为用户提供一个运行稳定、实施简单方便、价格低廉的大容量存储系统,是一种可共同使用SAN与NAS,并遵循各项标准的纯软件解决方案。IP SAN可让用户同时使用千兆网与光纤通道,建立以IP为基础的网络存储基本架构。由于IP在局域网和广域网上的应用以及良好的技术支持,在IP网络中也可实现远距离的块级存储,以IP协议替代光纤通道协议,IP协议用于网络中实现用户和服务器连接,随着用于执行IP协议的计算机的速度的提高以及千兆以太网的出现,基于IP协议的存储网络实现方案成为SAN的更佳选择。

7.2.3 网络存储技术的趋势

随着互联网以及云计算技术的发展,网络存储技术向着存储方案的融合、存储管理的自动化与智能化、虚拟化,提高存储效率,以及减少总体拥有成本（TCO）,增加投资回报（ROI）的方向发展。

1. 存储体系架构的融合

通过IP SAN供给SAN资源,通过CIFS和NFS共享NAS资源,最大限度地利用存储资源,在同一存储池中同时分配SAN 和 NAS 资源,为SAN和NAS同时提供存储服务,如图7-20所示。图7-21为多种存储方案的融合方案。

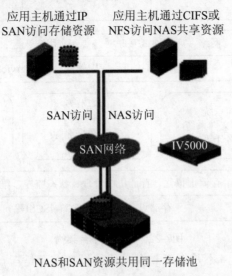

图7-20　SAN和NAS的融合解决方案

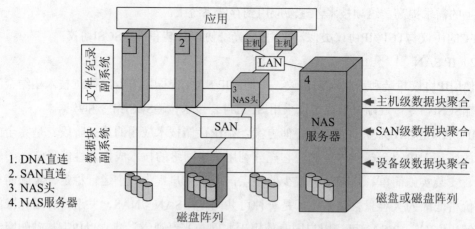

图7-21 多种存储方案的融合

2. 云存储

云存储是在云计算（Cloud computing）的概念上延伸和发展出来的一个新的概念。云计算是是分布式处理（Distributed Computing）、并行处理（Parallel Computing）和网格计算（Grid Computing）的发展，是透过网络将庞大的计算处理程序自动分拆成无数个较小的子程序，再交由多部服务器所组成的庞大系统经计算分析，之后将处理结果回传给用户的一种技术。

云存储的概念与云计算类似，它是指通过集群应用、网格技术或分布式文件系统等功能，将网络中大量各种不同类型的存储设备通过应用软件集合起来协同工作，共同对外提供数据存储和业务访问功能的一个系统。图7-22所示为云存储平台架构。云存储的核心是应用软件与存储设备相结合，通过应用软件来实现存储设备向存储服务的转变。

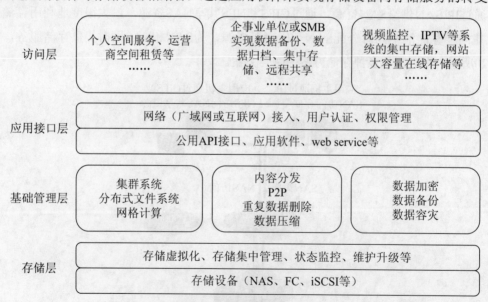

图7-22 云存储平台架构

云存储对于用户来讲，不是指某一个具体的设备，而是指一个由许许多多个存储设备和服务器所构成的集合体。用户使用云存储，并不是使用某一个存储设备，而是使用整个云存储系统带来的一种数据访问服务。所以严格来讲，云存储不是存储，而是一种服务。

7.2.4 数据存储方式

数据的存储方式主要有在线存储、离线存储以及近线存储，如图7-23所示。

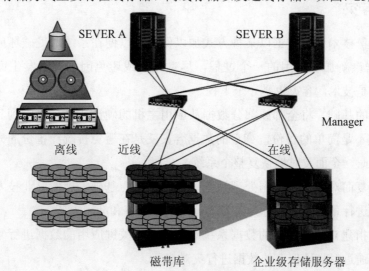

图7-23 数据存储的三种方式

1. 在线存储

在线存储（On Store）是工作级的存储。在线存储的最大特征是存储设备和所存储的数据时刻保持"在线"状态，可以随时读取和修改，以满足前端应用服务器或数据库对数据访问的速度要求。其中最主要的在线存储是磁盘存储。早期的在线存储设备主要是服务器中内置的硬盘，随着存储技术的发展，现在在线存储设备还包括光纤磁盘阵列或SCSI磁盘阵列等磁盘设备。在线存储价格相对昂贵，但性能最好。大多数情况下，系统的核心应用都是采用这种存储形式的。

2. 离线存储

离线存储（Off Store）主要使用磁带存储。大多数情况下主要用于对在线存储的数据进行备份，以防范可能发生的数据灾难，因此又称备份级的存储。离线海量存储的典型产品就是磁带或磁带库，价格相对低廉。离线存储介质上的数据在读写时是顺序进行的。当需要读取数据时，需要把磁带卷到头，再进行定位。当需要对已写入的数据进行修改时，很多情况下数据都需要全部进行改写。因此，离线存储主要用于数据的备份和恢复。在大多数的情况下，磁带上的数据会尽量少的进行访问操作。磁带存储价格相对最低，但容量价格比最好。

3. 近线存储

所谓近线存储（Near Store）就是指将那些并不是经常用到，或者说数据的访问量并不大的数据存放在性能较低的存储设备上。但对这些的设备要求是寻址迅速、传输率高。因此，近线存储对性能要求相对来说并不高，但又要求相对较好的访问性能。在多数情况下由于不常用的数据占总数据量的比重比较大，这也就要求近线存储设备的容量相对较大。传统定义的近线存储设备主要为DVD-RAM光盘塔和光盘库设备。但随着存储设备的不断发展，现在常用的近线设备为磁带设备。

7.2.5 数据容灾

数据容灾备份技术是将数据以某种方式加以保留，以便在系统遭受破坏或发生其他特定情况时数据重新加以利用的一个过程，尽量减少或避免因灾难的发生而造成的损失。容灾不仅仅是技术，容灾也是一个工程。

备份是容灾的基础，将全部或部分数据从应用主机的硬盘或阵列复制到其他存储介质的过程。容灾不是简单的备份，真正的数据容灾就是在避免传统冷备份的先天不足，它能在灾难发生时，全面及时地恢复整个系统。

为了灾难恢复而对数据、数据处理系统、网络系统、基础设施、专业技术支持能力和运行管理能力进行备份的过程称为灾备，分为数据灾备和应用灾备。

数据灾备是指建立一个异地的数据系统对本地系统关键应用的数据进行复制。当出现灾难时，能够通过对异地保存的数据进行灾难恢复。

应用灾备是指异地建立一套完整的，与本地数据系统相当的应用系统，可以与本地应用系统互为备份，也可与本地应用系统共同工作。灾难出现时，异地应用系统可承担本地应用系统的业务运行，图7-24所示为容灾方案应用灾备的基础是数据灾备。

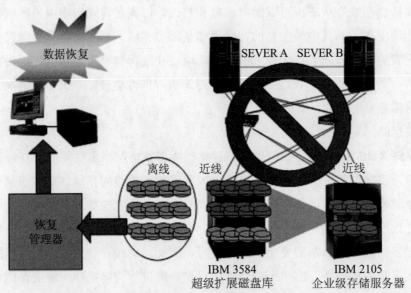

图7-24 容灾方案

灾难备份常用的技术有磁带备份、磁盘镜像和双工、RAID技术、HotSpare技术、双机热备、服务器双工、网络冗余和远程磁盘镜像等。针对灾难级的灾难备份技术，通常在多种常用技术应用叠加的基础上，还需要实施远程备份。

7.3 思考题

1. 常见的存储介质有哪些？简述每种存储方式有何优缺点。
2. 简述存储技术的发展趋势。
3. 硬盘扩展主要有哪些方式？什么是RAID技术？有何特点？
4. 常见的闪存卡有哪些？
5. 常见的网络存储架构有哪些？简述每种存储架构的系统架构以及优缺点。
6. 简述IP SAN 与 FC SAN的异同。
7. 什么是云存储？
8. 数据的存储方式主要有哪几种？简述各自的特点。
9. 什么是容灾备份技术？为何要对数据进行容灾备份？

第8章 媒体资产管理与检索

媒体资产管理与检索是对各种类型的媒体资料数据,如视音频资料、文本文件、图表等进行全面管理并进行按需检索。提高管理与检索效率对最大限度利用有限的媒体资源价值有着重要作用。

8.1 媒体资产管理系统

媒体资产管理系统(Media Asset Management,MAM)简称媒资系统,是一个以管理为核心的计算机网络化应用系统。通过对节目资料的数字化处理形成不同格式的数据化文件,再对其进行保存、分类、索引。

8.1.1 媒体资产的含义

媒体资产主要指内容资产。报社、广播电台、电视台、网站、通信社等媒体单位,每天都要生产大量的文字、图片、音视频等新闻业务数据,描述这些数据的元数据以及它们的版权信息等。

(1)素材(Essence):素材是内容以不同形式和格式的物理表示。它能够被生产、改变、存储、交换、传输或者播出。在广播环境中,素材被定义为节目原材料。素材拥有不同的形式,如音频、视频、图像、文本等。根据素材与时间的相关性,可分为离散型(非时间相关)和连续型(时间相关)两种媒体或素材类型。

基本的连续媒体素材元素有视频、音频和运动图形(动画),其时间相关性是由时间线及其相联系的时码来表示的。

(2)元数据(Metadata):通常被解释为"关于数据的数据(data about data)",用于描述实际素材和它的不同表现形式,元数据可做以下分类。

- 与内容相关的元数据,给出实际内容或主体的描述。
- 与素材相关的元数据,用于描述可用的格式、编码参数和记录的具体信息。
- 与位置相关的元数据,描述内容的位置、数量和载体等状况。

实际的素材用于使用和操作,元数据则用于描述、查找和检索内容。

8.1.2 媒资系统的建设目标

媒资系统的主要目的是为用户提供媒体资料数据的收集、编辑、存储、管理、查询检索和再利用,从而高效地保存和利用媒体资产,其建设目标主要有如下内容。

(1)最大化资产的价值。
(2)减少分类、检索和保管素材的费用。
(3)提供跨企业获取的能力,加速制作周期。
(4)更好的安全防护,提供授权、水印等。
(5)能够更灵活地应对技术和企业业务的发展变化。
(6)集中化、统一的媒体资产管理。

8.1.3 媒资系统的组成与功能

1. 媒体资产管理系统的主要功能

(1)既可以管理素材,又可以管理元数据。

(2)管理素材的主要任务:对高容量、高带宽和一部分对时间敏感的数字化数据的存储、管理和协调;也包括对专业化生产和广播电视系统播出的集成。

(3)元数据的管理主要涉及描述、存储和定位信息系统以及数据库中与内容相关的数据,包括人工注解、索引信息。

2. 媒体资产管理系统的组成

典型的媒体资产管理系统由五部分组成,分别是:素材的数字化上载与转码、编目与标引、检索浏览、回迁下载以及存储管理,如图8-1所示。

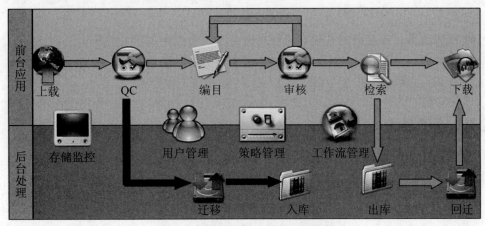

图8-1 媒体资产管理系统逻辑架构

- 数字化上载与转码:实现传统信号采集,生成数字化媒体数据并以一种开放的文件格式或压缩编码格式保存在存储介质上。
- 编目与标引:编目是对待归档的资料进行统一的、科学的、标准化的编目标引(对节目的描述过程称为标引,包括文字信息描述、关键帧代表帧采集,并将各种描述生成元数据),把无序的信息变为有序的资源。
- 检索浏览:使用户快速、准确、全面地找到想要的数据,并以低码流浏览视音频。
- 回迁下载:找到目标数据后,向系统提出调用或下载请求,存储管理系统响应用户需求并迅速定位高码流节目的位置。

- 存储管理：实现数据迁移、任务调度、离线数据管理、迁移策略制定等功能。

8.1.4 媒体资产管理所涉及的技术

媒体资产管理所涉及以下几个方面的技术：

- 采集技术：把外来的视音频素材通过数据化方式转入到媒体资产管理系统中。
- 存储技术：采用在线、近线和离线三级存储模式。
- 管理技术：完成对数字化素材存储的管理、安全管理和计费管理。
- 传输技术：由FC网络和以太网组成了以存储媒体资源为中心的传输网络。
- 压缩编码技术：目前的编码有DV、JPEG、MPEG-X、H.264等方式。

8.2 基于内容的检索技术

基于内容的检索技术是指根据图像、视频的内容和上下文关系，对大规模的图像、视频数据库中的数据进行检索。

多媒体信息的"内容"表示含义、要旨、主题、特征、细节等。

- 概念级内容：表达对象的语义，一般用文本形式描述。
- 感知特征：视觉特征，如颜色、纹理、形状等；听觉特征，如音高、音质、音色等。
- 逻辑关系：音视频对象的时间和空间关系，语义和上下文关联等。
- 信号特征：通过信号处理方法获得的明显的媒体区分特征。
- 特定领域的特征：如人脸、指纹等。

8.2.1 图像检索

基于内容的图像检索，即CBIR（Content-based image retrieval），是计算机视觉领域中关注大规模数字图像内容检索的研究分支。

典型的CBIR系统，允许用户输入一张图像，以查找具有相同或相似内容的其他图像。而传统的图像检索是基于文本的，即通过图像的名称、文字信息和索引关系来实现查询功能。目前相关研究已进行了近20年，传统的搜索引擎公司包括Google、百度、Bing都已提供一定的基于内容的图像搜索产品。如：Google Similar Images，百度识图等。

基于内容的图像检索旨在对图像信息提供强有力的描述，实现视觉信息的结构化，最终达到用户对这些视觉信息内容自由访问的目标。它是一门涉及面很广的交叉学科，包括信号处理、图像处理、机器视觉、数据库、信息检索与模式识别等相关技术。具有如下特点：

（1）直接从图像媒体内容中提取信息线索；
（2）基于内容的图像检索实质上是一种近似匹配的技术；

（3）整个过程是一个逐步逼近和相关反馈的过程。

图像检索系统一般由两个子系统构成，库生成子系统和查询子系统。库生成子系统主要以离线的方式工作，而查询子系统提供在线的图像检索功能。

库生成子系统完成的主要功能是图像预处理和特征提取。图像预处理包括对入库前的图像进行的一系列处理，如图像压缩格式转换、色彩空间转换、滤波、图像比例调整等。基于内容的检索是建立在图像视觉特征提取的基础上，特征提取是库生成子系统的核心模块。它主要完成图像视觉特征的提取，包括对图像的颜色、纹理、形状以及一些文本描述特征提取。

图像查询子系统完成基于内容的检索功能。由查询接口、结果浏览器与检索引擎三个模块组成。

图像检索的一般过程为：首先通过图像库生成子系统生成图像特征库及图像库，此操作可以脱机执行；然后用户通过查询接口进行参数设置，包括显示的图像的数目，用户感兴趣的图像特征以及一些阈值；在用户提交了检索请求（如范例、草图）后，检索引擎主要是完成图像的相似性匹配工作，并按照相似度的大小对图像进行排序；最后结果浏览器主要用来显示查询的结果。图8-2为图像检索系统的结构图。

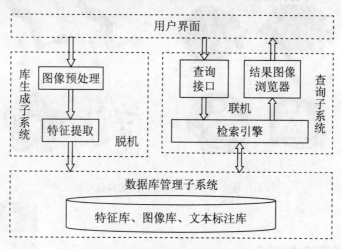

图8-2 图像检索系统的结构图

以图像的特征作为索引，对静态图像进行检索是目前使用最多的方法。对于静态图像，其用于检索的特征主要有颜色、纹理、形状等，其中颜色、形状和纹理特征的应用较为普遍。主要思想是根据图像的颜色、纹理、图像对象的形状以及它们之间的空间关系等内容特征作为图像的索引，计算查询图像与目标图像的相似距离，按相似度匹配进行检索。

1. 颜色特征

颜色特征是在CBIR系统中应用最为广泛的视觉特征，因为颜色和图像中的物体或场景十分相关。而且，与其他的视觉特征相比，颜色特征对图像本身的尺寸、方向、视角的依赖性较小，如图8-3所示。

图8-3　图像的颜色特征

2. 形状特征

形状特征是图像目标的一个显著特征。很多查询可能并不针对图像的颜色，因为同一物体可能有不同的颜色，但其形状总是相似的，这里又可细分为基于区域的形状特征、基于轮廓的形状特征和基于3D的形状特征等几种，如图8-4、图8-5和8-6所示。如检索某辆汽车的图像，汽车的颜色可以是红的或绿的等，但形状不会如飞机的外形。另外对于图形来说，形状是它唯一重要的特征。

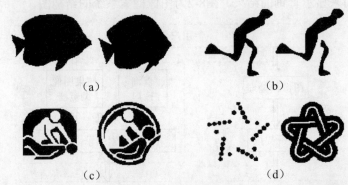

图8-4　基于区域的形状特征

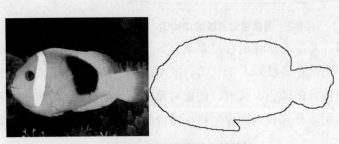

图8-5　基于轮廓的形状特征

图8-6　3D形状特征

3. 纹理特征

纹理是图像的重要信息和特征，是一种全局特征。它描述了图像或图像区域所对应的景物的表面性质，包括表面结构组织及其与周围环境关系的许多重要信息，如图8-7所示。并且，纹理特征是一种统计特征，有旋转不变性和较强的抗噪音能力。在检索具有粗细、疏密等方面有较大差别的纹理图像时，利用纹理特征进行检索是一种有效的方法。

图8-7 图像纹理特征

目前普遍使用的纹理特征是通过Gabor小波或离散小波变换（DWT）和树结构小波变换得到的。

4. 语义特征

现行的商用系统通常采用关系型数据库，这些系统中图像的属性包括：图像来源、拍摄时间和地点、媒介类型、分辨率、输入设备、压缩方式以及与图像相关的注释信息。注释信息对于用户来说是非常自然的描述，这些特征都属于图像的语义特征。

目前图像检索的主要障碍是难以描述图像的语义信息，在此背景下提出了一种根据相关图像的语义和图像之间的语义关系来反映目的图像语义的方法。图像之间的语义关系通过语义链表示，多种类型的语义链构成了基于语义链的图像网络。基于语义链的推理规则主要用于辅助智能图像检索。

现阶段，基于语义的Web图像检索方法已经在信息网格和知识网格平台得到实现，正交的语义空间进一步提高了图像检索的效果和智能性。

8.2.2 视频检索

基于内容的视频检索主要是通过对非结构化的视频数据进行结构化分析和处理，采用视频分割技术，将连续的视频流划分为具有特定语义的视频片段——镜头。把"镜头"作为检索的基本单元，在此基础上进行关键帧（representative frame）的提取和动态特征的提取，形成描述镜头的特征索引。

镜头的组织和特征索引，一般采用视频聚类等方法研究镜头之间的关系，把内容相近的镜头组合起来，逐步缩小检索范围，直至查询到所需的视频数据。图8-8为基于内容的视频检索过程。

视频分割、关键帧提取和动态特征提取是基于内容的视频检索的关键技术。

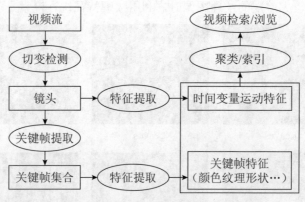

图8-8 基于内容的视频检索过程

1. 视频的结构化分析

视频的结构由高到低一般可以分为以下几个方面：视频序列、场景、镜头与帧。

- 一个视频序列一般是指单独的一个视频文件，或一个视频片段。视频序列由若干个场景组成。每个场景包含一个或多个镜头，这些镜头可以是连续的或者有间隔的。每个镜头包含有若干连续的图像帧。
- 场景是由若干个相关镜头所组成的视频片段，它可以显示一定的内容。
- 镜头是一系列视频帧的组合，是摄像机从一次开机到关机所拍摄的画面。
- 帧是视频的最小单位，每一帧均可以看成一副独立的静态图像，播放文件时，定格在任意时刻的画面即为一帧图像。

2. 镜头分割

通常视频流中的镜头，是由时间连续的视频帧组成的。它对应着摄像机一次纪录的起停操作，代表一个场景在时间上和空间上的连续的动作。镜头之间有多种类型的过渡方式，最常见的是"切变"，表现为在相邻两帧间发生的突变性的镜头转换。此外，还存在一些较复杂的过渡方式，如淡入、淡出等。

镜头分割是实现基于内容视频检索的第一步，它是通过对镜头切换点的检测找出连续出现的两个镜头之间的边界，把属于同一个镜头的帧聚集在一起的过程。镜头切换主要有突变和渐变两种方式：突变是指一个镜头与另一个镜头之间没有过渡，由一个镜头瞬间直接转换为另一个镜头的方法；渐变是指一个镜头到另一个镜头渐渐过渡的过程，主要包括淡入淡出、溶解和扫换等。

突变镜头切换的相邻两帧之间差别很大，所以无论在像素域还是压缩域，检测突变的方法都比较成熟，检测成功率也高。镜头渐变切换时相邻两个帧之间的差别不是很大，并且帧间结构上具有相关性，使得渐变检测有一定难度。

镜头边界检测的典型方法包括像素比较法、颜色直方图比较法、子块匹配法等。镜头切边检测作为视频检索的第一步具有重要意义，其结果将对整个视频检索结果产生直接的影响。

3. 关键帧的选取

关键帧是用于描述一个镜头的关键图像帧，它反映一个镜头的主要内容。关键帧的选取一方面必须能够反映镜头中的主要事件，因而描述应尽可能准确完全；另一方面，为便于管理，数据量应尽量小，且计算不宜太复杂。

一个镜头包含大量信息，在视频结构化的基础上，依据镜头内容的复杂程度选择一个或多个关键帧代表镜头的主要内容，因此关键帧（或关键帧序列）便成为对镜头内容进行表示的手段。关键帧的选取方法很多，比较经典的有帧平均法和直方图平均法。

- 帧平均法：是从镜头中计算所有帧在某个位置上像素值的平均值，然后将镜头中该点位置的像素值最接近平均值的帧作为关键帧。
- 直方图平均法：是将镜头中所有帧的统计直方图取平均，然后选择与该平均直方图最接近的帧作为关键帧。

这些方法的优点是计算比较简单，所选取的帧具有平均代表意义。缺点是从一个镜头中选取一个关键帧，无法描述有多个物体运动的镜头。一般说来，从镜头中选取固定数目的关键帧不是一种好的方法，因为这种方法对于变化很少的镜头选取的关键帧过多，而对于运动较多的镜头，用一两个关键帧是无法充分描述的。

4. 镜头关键帧的选取

对于不同级别的视频单元，所提取的特征也是不同的。在场景级，提取故事情节；对于镜头，视频检索的最小单位，提取运动对象的基本信息（定位形状）及视频的运动信息；在关键帧层次上，提取颜色、纹理、形状与语义等特征。

较常用的特征大部分建立在镜头级上。当视频分割成镜头后，就要对各个镜头进行特征提取，得到一个尽可能充分反映镜头内容的特征空间，这个特征空间将作为视频检索的依据。视频数据的特征分为静态特征和动态特征。

- 静态特征的提取主要针对关键帧，可以采用通常的图像特征提取方法，如提取颜色特征、纹理特征、形状和边缘特征等。
- 动态特征也称为运动特征，是视频镜头的重要特征，是反映视频变化的重要信息。传统的获取视频运动特征的方法是运动估计，通过匹配算法估计出每个像素或区域的运动矢量，作为视频的运动特征。典型方法有像素域运动估计，首先估计出图像中每个像素点的运动矢量，然后取主运动矢量为全局运动矢量。像素域运动估计算法虽然结果很好，但该方法存在计算量大、效率低的问题，为此又衍生出很多种快速算法，如块匹配运动估计、可变形块匹配以及分层块匹配估计等。运动对象的轨迹就是常用的运动特征之一。

5. 视频场景聚类

视频结构分析的过程，就是将语义相关的镜头组合、聚类的过程。结构分析的目的，是使视频数据形成结构化的层次，可以方便用户进行有效地浏览。

举例来说，假设有一段两人打乒乓球的视频段，在拍摄过程中，摄像机的焦点在两人之间来回切换,用我们前面所述的镜头分割技术,必然会把这一段视频分割为多个镜头。而这一组在时间上连续的镜头是相关的,因为这一组镜头是一个情节,图8-9所示的就是镜头的聚类分析的过程。

图8-9 镜头的聚类分析

6. 视频检索/浏览

视频检索方法完全不像全文检索,在很大程度上也不同于图像检索。视频本身的层次化结构则要求视频检索必须层次化进行。因此,视频的特征决定了视频检索必须是层次化的,且用户接口是多表现模式的。下面介绍几种常用的检索方法:

(1)基于框架的方法:该方法通过知识辅助对视频内容建立框架,并进行层次化检索。

(2)基于浏览的方法:基于浏览的方法始终是视频检索中一个不可缺少的方法。如果用户没有明确的查询主题或用户的主题在框架中没有被定义等,用户可以通过浏览来确定其大概的目的。

(3)基于描述特征的检索:该检索针对视频的局部特征检索,描述特征包括说明性特征和手绘特征。

(4)视频的检索反馈在检索的实现中除利用图像的视觉特征进行检索外,还应根据用户的反馈信息不断地学习改变阈值重新检索,实现人机交互,直到达到用户的检索要求。

8.2.3 音频检索

基于内容的音频信息检索技术(Content-Based Audio Information Retrieval,CBAIR)是继基于内容的图像检索之后发展起来的一个新兴研究方向,是指通过对音频的特征分析，对不同音频数据赋以不同的语义，使具有相同语义的音频在听觉上保持相似。其中基于内容的音乐检索是具有较高实用价值的一个部分。它研究如何利用音频的幅度、频谱等物理特征，响度、音高、音色等听觉特征，词字、旋律等语义特征实现基于内容的音频信息检索。

音频检索的第一步是建立数据库，对音频数据进行特征提取，并通过特征对数据聚类。音频检索主要采用示例查询方式，用户通过查询界面选择一个查询例子，并设定属性值，然后提交查询。系统对用户选择的示例提取特征，结合属性值确定查询特征矢量，并对特征矢量进行模糊聚类。然后检索引擎对特征矢量与聚类参数集匹配，按相关性排序后通过查询接口返回给用户，如图8-10所示。

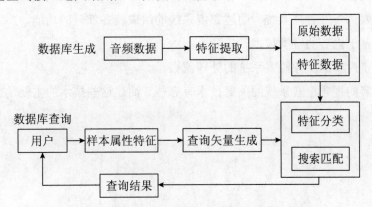

图8-10　基于内容的音频检索系统的结构示意图

基于内容的查询和检索是逐步求精的过程，它存在一个特征调整、重新匹配的过程。

（1）用户提交查询，用户利用系统提供的查询方式形成查询条件。

（2）将查询特征与数据库中的特征按照一定的匹配算法进行匹配。

（3）满足一定相似性的一组候选结果按相似度大小排列返回给用户。

（4）对系统返回的一组初始特征的查询结果，用户可以通过遍历（浏览）的方式挑选出满意的结果，也可以从候选结果中选择一个示例进行特征调整。形成一个新的查询，这个过程可以多次进行，直到用户对查询结果满意。

1. 音频特征的提取

音频特征提取是指寻找原始音频信号的表达形式，提取能代表原始信号的数据。音频特征提取有两种不同的技术线路：一种是从叠加音频帧中提取特征，其原因在于音频信号是短时平稳的，所以在短时提取的特征较稳定；二是从音频片段中提取，因为任何语义都有时间延续性，在长时间刻度内提取音频特征可以更好地反映出音频所蕴涵的语义信息，一般是提取音频帧的统计特征作为音频片段的特征。常用到的频域特征有：能量谱特征、平均功率、功率谱特征以及倒谱特征等。

2. 相似度匹配

音频的相似度匹配是基于内容的音频检索技术的关键环节，匹配算法的性能直接影响着检索结果和整个系统的性能。相似度匹配包括精确匹配、模糊匹配、相似度计算以及相关度计算等。其性能各不相同，适用范围也不同，通常根据实际需要对这些方法组合使用。

基于内容的音频检索是一个新兴的研究领域，在国内外仍处于研究、探索阶段。当今时代，多媒体信息可以说是无所不在，不仅数据量大、而且包含有大量的非结构信息，所以如何高效地检索多媒体信息就显得非常重要了。

8.3 思考题

1. 什么是素材？什么是元数据？什么是媒体资产？
2. 什么是媒体资产管理系统？简述媒资系统的组成及各部分的功能。
3. 什么是基于内容的检索技术？
4. 简述基于内容的图像检索系统的处理流程。
5. 基于内容的视频检索系统的关键技术有哪些？简述这些技术的主要功能。

传输与覆盖篇

第9章 无线音频广播

音频广播诞生至今已经有近百年的历史了，期间虽有起起落落，但随着移动接收端的车载普及以及数字化改造进程的推进，音频广播仍拥有很大的市场份额。

9.1 无线广播的技术基础

声音和图像广播的传播媒介是电磁波。这个频率很高的电磁波被称为无线电波。它不仅可以在空间传播，也可以通过导线（光缆或者电缆）传播。不仅能用来传送广播和电视节目，还可以用来进行通信、传真以及利用它来发现某些目标（雷达），引导轮船和飞机的航行（导航），控制火箭和卫星（无线电遥控和遥测）等。

9.1.1 无线广播的历史

1895年，意大利物理学家马可尼成功地进行了无线电通信实验。1896年，俄国物理教授波波夫在莫斯科表演了无线电发送接收试验。1904年，英国人贝尔威尔和德国人柯隆发明了一次电传一张照片的电视技术。1920年，世界上第一座广播电台开始播音（美国匹兹堡的KDKA广播电台），其工作流程如图9-1所示。1928年，美国纽约的31家广播电台进行了世界上第一次电视广播试验。

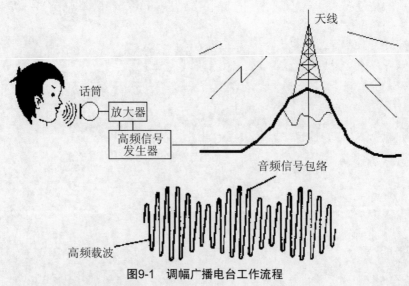

图9-1 调幅广播电台工作流程

9.1.2 广播电视频段的划分

目前我国广播电视无线电波频的划分如表9-1所示。

表9-1 我国广播电视无线电波频的划分

波段			波长	频率	主要用途
中波			570m～187m	526.5kHz～1606.5kHz	国内广播
短波			130m～11.5m	2.3MHz～26.1MHz	主要用于对国外广播
超短波	甚高频（米波）	Ⅰ波段	6.16m～3.26m	48.7MHz～92MHz	用于电视广播的1至5频道
		Ⅱ波段	3.5m～2.78m	87MHz～108MHz	用于调频广播
		Ⅲ波段	1.8m～1.35m	167MHz～223MHz	用于电视广播的6至12频道
	特高频（分米波）	Ⅳ波段	0.64m～0.53m	470MHz～566MHz	用于电视广播的13至24频道
		Ⅴ波段	0.495m～0.31m	606MHz～958MHz	用于电视广播的25至68频道
微波			可分为特高频（分米波）、超高频（厘米波）、极高频（毫米波）。卫星广播通常使用C波段（3.9GHz～6.2GHz）和Ku波段（13.35GHz～17.25GHz）		用于传输节目和卫星广播

9.1.3 广播电视载波信息的类型

1. 载波

载波是一个特定频率的无线电波，单位Hz。在广播电视发送过程中人们使用载波传递信息，将声音或图像基带信号调制到一个高频载波上然后再在空中发射和接收。所以载波是传送信息的承载工具。形象的说载波就是一列火车，声音、图像信号就是货物。

载波三个重要属性：频率、振幅和初始相位。

$$U_t = U_0 \cos(\omega t + \varphi) \tag{9-1}$$

载波波长与频率的关系：波长=光速/频率

2. 基带信号

基带信号是信源的原始电信号，其特点是频率较低，信号频谱从零频附近开始，具有低通特点。通俗地说，基带信号就是发出的直接表达了要传输的信息的信号。例如声音和图像信号就是基带信号，如图9-2所示。

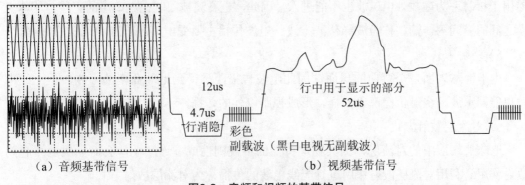

（a）音频基带信号　　　　　　　　（b）视频基带信号

图9-2 音频和视频的基带信号

9.1.4 电波的传播

无线电通信是利用电磁波在空间传送信息的通信方式。电磁波由发射天线向外辐射出去，天线就是波源。电磁波中的电磁场随着时间而变化，从而把辐射的能量传播至远方。

1. 无线电波的传播方式

无线电波的传播方式主要有地波方式、天波方式、空间波方式、波导方式、绕射方式、对流层散射方式、视距传播，如图9-3所示。

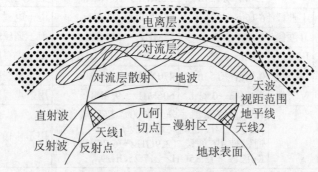

图9-3 无线电波的传播方式

1）地波方式

沿地球表面传播的无线电波称为地波（或地表波）。这种传播方式比较稳定，受天气影响小，地波主要受地球表面的影响。

2）天波方式

射向天空经电离层折射后又折返回地面（还可经地面再反射回到天空）的无线电波称为天波。天波可以传播到几千公里之外的地面，也可以在地球表面和电离层之间多次反射，即可以实现多跳传播。

3）空间波方式

主要指直射波和反射波。电波在空间按直线传播，称为直射波。当电波传播过程中遇到两种不同介质的光滑接口时，还会像光一样发生镜面反射，称为反射波。

4）波导方式

当电磁波频率为30kHz以下（波长为10km以上）时，大地犹如导体，而电离层的下层由于折射率为虚数，电磁波也不能进入。因此，电磁波被限制在电离层的下层与地球表面之间的空间内传输，称为波导传波方式。电波传播主要受电离层下缘和地面的影响。

5）绕射方式

由于地球表面是个弯曲的球面，因此电波传播距离受到地球曲率的限制，但无线电波也能同水波的绕射传播现象一样，形成视距以外的传播。

6）对流层散射方式

地球大气层中的对流层，因其物理特性的不规则性或不连续性，会对无线电波起到散射作用。利用对流层散射作用进行无线电波的传播称为对流层散射方式。

7）视距传播

点到点或地球到卫星之间的电波传播。

2. 无线电波频率与传播方式的关系

（1）VLF（$f < 30\text{kHz}$）：传播损耗近似等于自由空间传播损耗，即相当于电波在理

想的、均匀的、各向同性的介质中传播，不发生反射、折射、绕射和吸收现象，只存在因电磁能量扩散引起的传播损耗。

（2）LF（30kHz＜f＜300kHz）：在这个频段内，有两种重要的传播方式：地波方式及电离层天波方式。天波信号幅度具有明显的昼夜变化，这是由于电离层吸收和变化的缘故。

（3）MF（300kHz＜f＜3MHz）：在该频段内，传播方式也是地波和天波。

（4）HF（3MHz＜f＜30MHz）：在该频率范围内，信号的传播一般是通过电离层，主要以天波方式传播，因而表现出较大的变化。电离层的传播特点主要表现为会造成长途传输的多径失真，出现信号干扰甚至中断的情况。

（5）VHF和UHF（30MHz＜f＜3GHz）：该频带内，安排有大量固定的和移动的业务。该频段除低端之外，通常不是通过有规则的电离层来进行电波传播的。

9.1.5 无线多径波

1. 多径波的概念

当无线电波遇到物体时，产生反射、折射和散射，而在电波传播的过程中会遇到不同的物体，因而会产生不同的反射、折射和散射，所以在任何一个接受点上均可能收到来自不同路径的同源电磁波，这就是多径传播，如图9-4所示。

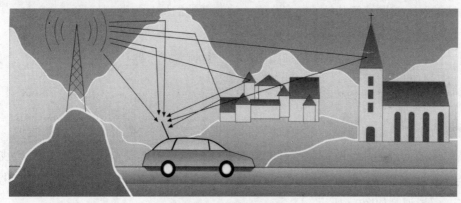

图9-4 无线多径波

2. 多径衰落

接收端接收到的信号是直达波和多个反射波的合成。由于大气折射是随时间变化的，传播路径差也会随时间和地形、地物而变化。那么多径信号如果同相，则相加；如果反相，则抵消。由此造成接收端信号的幅度变化，称为衰落。由于这种衰落是由多径引起的，因此称之为多径衰落。

3. 多径波的影响

在FM（调频）无线电广播中，在发射台和接收机之间，信号出现了两个或更多个的传播途径的情况。多径传播效应是由于大型建筑物或山脉反射信号所引起的。接收天线将会收到直达信号和经反射而有延迟的信号。多径效应会产生失真，在收看电视节目时，多径传播效应便会让图像出现"重影"。

9.2 调制技术概述

9.2.1 模拟信号和数字信号

简单地说模拟信号是幅度随时间变化是连续基带信号，例如通过话筒或摄像机直接采集的音频和视频信号；而数字信号是信号幅度随时间变化是不连续的信号，模拟信号与数字信号的波形示意如图9-5所示。

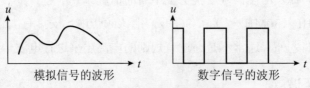

图9-5　模拟信号和数字信号

9.2.2 调制的概念和意义

1. 调制的概念

把低频信号载运到容易传播的高频率交变电流上的过程就是调制。受调制的高频信号称为载波（一定要注意其频率是多少）；调制载波的信号为调制信号。

2. 调制的意义

通过调制可以实现基带信号的远距离传输；可以实现多路传输。

9.2.3 模拟调制

载波的模拟调制有调幅、调频和调相，但实际应用的主要有调幅、调频两种。调幅是使高频载波信号的振幅随调制信号的瞬时变化而变化的调制方式，有单边带、残留边带和全载波双边带等。调频是使高频载波信号的频率随调制信号的瞬时变化而变化的调制方式。模拟调制如图9-6所示。

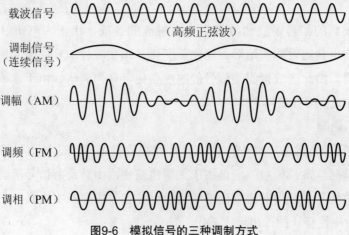

图9-6　模拟信号的三种调制方式

9.2.4 数字调制

为了使数字信号在信道中传输，要用到数字信号对载波进行调制，如图9-7所示。实现数字调制的前提是要对要视音频信号首先进行模数转换（ADC）。

图9-7　数字调制的实现

数字调制就是把数字基带信号的频谱搬移到高频处，基本的数字调制方式有三种：幅移键控ASK（Amplitude Shift Keying），频移键控FSK（Frequency-Shift Keying）和相移键控PSK（Phase Shift Keying），如图9-8所示，它们分别对应于用正弦波的幅度、频率和相位来传递数字基带信号。

采用数字调制和传输的优势主要有：抗干扰性强，传输质量好；降低传送送设备的发射功率；频率资源利用率高；信号复用性强，保密性高。

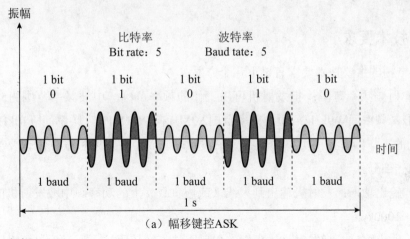

（a）幅移键控ASK

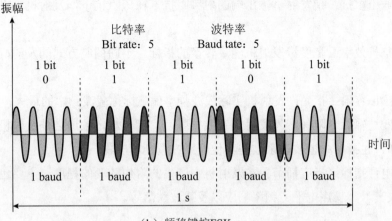

（b）频移键控FSK

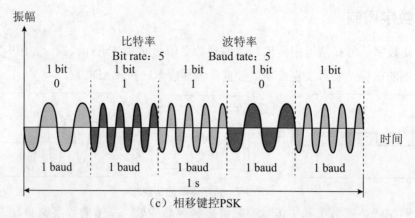

(c) 相移键控PSK

图9-8 数字信号的三种调制方式

9.3 调幅广播

调幅广播是指通过控制电磁波幅度的大小来携带信息的广播方式，主要应用于中波和短波广播。

9.3.1 技术要求

调幅广播的主要技术要求有以下几个方面：

（1）射频频率范围：指发射机可以工作的频率范围。中波频率范围为526.5kHz～1606.5kHz，频率间隔9kHz；短波频率范围2.3MHz～26.1MHz，频率间隔10kHz。一般中波发射机的工作频率范围可以覆盖整个中波频段，而短波发射机根据设计要求仅覆盖短波频段的一部分。

（2）输出功率：发射机输出到天线（或假负载）上的功率。中波发射机的载波功率通常为1～1000kw。

（3）输出阻抗：指发射机输出端的射频阻抗，在该阻抗下，发射机可以给出额定输出功率。

（4）整机效率：是度量发射机能量转换的指标。不同调制方式的发射机的整机效率也不同。

（5）频偏容限：指允许发射机实际载波频率偏离标称载波频率的最大范围。

（6）残波辐射容限（带外发射、杂散发射）：指在规定频道之外发射机的射频辐射功率的总和，包括射频谐波、杂波与其他非线性调制的产物。

（7）电声指标：指广播节目在发射机中产生的附加畸变的程度。主要包括非线性失真（谐波失真）、噪声电平、频率响应以及载波跌落等。

9.3.2 调幅广播发射台的组成

调幅广播发射台主要分中波广播发射台和短波广播发射台，其组成的系统如图9-9

所示。它包括发射台的核心设备——调幅发射机、馈线和天线、辅助设备（冷却系统，假负载，调试监测设备等）、控制台和配电装置等。图9-10为中波发射机房的照片，图9-11为中波广播发射天线。信号源的节目信号，经线路放大器送至主用发射机。

自动控制装置既可以控制发射机的开、关机和故障检测报警，还可以对主备用设备自动切换，对一些操作进行遥测遥控。假天线（即假负载）和监测设备用于自台测量和调整发射机技术指标。冷却设备包括风冷、水冷或蒸发冷却等方式，主要对发射机等大电流器件进行冷却。

发射台的关键部件都设有备份：节目源、电源备份，大功率发射机有局部备份和备件。如图9-12所示。

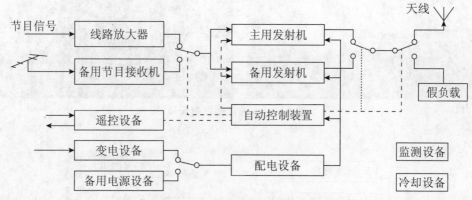

图9-9　广播发射台组成系统框图

图9-10　中波发射机房

图9-11 中波广播发射天线

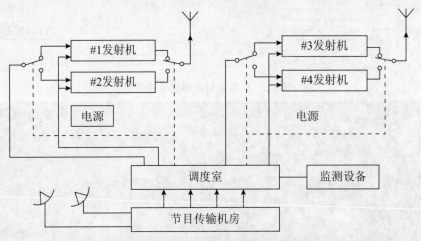

图9-12 大功率调幅广播发射机系统图

9.3.3 调幅发射机

发射机是能量转换放大器,将电能变换成携带有广播节目信号的电磁波能量。它的作用是将节目信号放大、调制,以电磁波的形式从天线发射出去。

1. 调幅广播发射机的分类

(1) 按工作原理划分:乙类板调式、脉宽调制式（PDM）、脉阶调制式（PSM）、数字调幅式（DAM）以及M^2W（Modular Medium Wave Transmitter）发射机。其中乙类板调（电子管）发射机在半个多世纪里一直占统治地位,主要是因其性能稳定和电声质量较好。

(2) 按工作频率划分:中波发射机和短波发射机。

（3）按信号调制划分：模拟信号调制，数字信号调制。

（4）按功率划分：50KW以上（包括50KW）为大功率发射机，多用于省级以上发射台；50KW以下为中小功率发射机多用于地市级发射台。大功率和中小功率，其工作原理和基本结构均相同，只是元器件容量和放大能力的不同。

2. 调幅广播发射机的组成

调幅广播发射机一般由高频（射频）、音频、电源、控制保护和冷却五部分组成。

（1）射频系统由激励信号源（振荡器或频率合成器）、驱动前级（射频末前级或叫中放级）、功率放大级（射频末级）、功率合成器和机内网络等组成。

（2）音频调制系统。

在脉宽调制发射机中，音频调制系统由调制推动（将模拟音频信号转换成为脉冲宽度调制信号）、调制器（将脉宽调制脉冲信号进行功率放大）和低通滤波器（将脉宽调制脉冲信号解调成模拟音频电压，实现对功率放大器的射频输出电压幅度控制）组成。

在数字调制发射机中，音频调制系统由音频处理器（将音频信号叠加在控制射频输出功率的直流信号上，并进行一些必要的模拟量的自动补偿。）、模/数转换器（将连续变化的模拟信号，转变成为离散的数字信号，即二进制的数字音频信号）和调制编码器（将二进制的数字音频信号转换为确定射频功率放大模块开启个数的二进制的控制信号）组成。

（3）控制监测系统由开/关机控制程序电路（按时序进行开，关机过程控制）、开/关机控制程序电路（按时序进行开，关机过程控制）、人身安全保护电路（通过门连锁和放电捧实现对人身安全的保护）。

（4）电源供电系统由大功率整流电源及其滤波器（为射频功率放大器提供直流高压电源）、低压整流电源及其滤波器（为发射机的小功率的前级各部分提供低压电源）组成。

（5）冷却系统。

中小功率发射机的冷却有些采用强迫风冷，完成发射机内部功率器件的散热；有些采用循环水冷方式散热。

9.3.4 调幅广播的接收

调幅广播的接收机种类很多，有矿石收音机、超再生来复收音机以及超外差式收音机等。

1. 矿石收音机

1910年，美国科学家邓伍迪和皮卡尔德用矿石来做检波器，配以天线、地线以及基本调谐回路而组成的没有放大电路的无源收音机，主要用于中波公众无线电广播的接收，故由此而得名，图9-13为矿石收音机的电路和实物图。今天人们习惯把那些不使用电源，电路里只有一个半导体元件的收音机统称为"矿石收音机"。至今仍有不少爱好者喜欢自己DIY和研究。

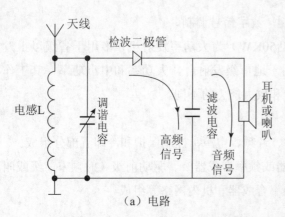 

（a）电路　　　　　　　　　　　　（b）实物图

图9-13　矿石收音机

2. 超外差式收音机

把所有电台的高频信号都变成一个固定的中频信号，然后对这个中频进行放大，检波（鉴频），灵敏性和选择性大大提高，图9-14（a）为超外差式收音机的原理框图，图9-14（b）和（c）为实物图。今天的收音机基本都是在这个基础上，再经过进一步改进和提高做出来的。

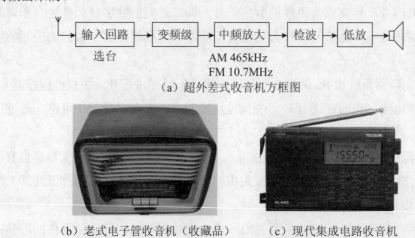

（a）超外差式收音机方框图

（b）老式电子管收音机（收藏品）　　　（c）现代集成电路收音机

图9-14　超外差式收音机

9.4　调频广播

调频广播是指通过控制电磁波频率偏移的大小来携带信息的广播方式，主要应用于超短波广播。

9.4.1　技术要求

调频广播的主要技术要求有以下几个方面：

- 射频频率范围：87MHz～108MHz，按100kHz频率间隔设置电台频点；
- 主载波调制方式：频率调制，最大频偏为±75kHz；

- 音频信号的频率范围：30Hz～15kHz；
- 音频输入电平：2V$_{P-P}$。

9.4.2 调频广播的优点

调频广播的优点主要表现在：
- 保真度高：调频广播占有200kHz带宽，调制频率可以到15kHz。
- 动态范围宽：调频广播动态范围宽可达60dB以上，可以较好地表现一般音乐信号，适用于各类节目广播。
- 信噪比好：调频广播频率高并且调制度大，远高于噪声频率及幅度。
- 没有串扰现象：调频广播使用VHF波段，只能在视距范围内传播。因此，即使用同一频率的两个电台，只要相距一定距离，就不会有串扰现象。
- 功能更多：可实现单声道声、立体声广播、多节目广播和数据广播等。

9.4.3 立体声广播

调频立体声广播目前广泛使用的是和差制。它是将左、右声道信号进行编码，形成和信号与差信号，再进行调制（该载波频率称为副载波频率，为超音频信号），形成超音频调制信号，再调制于高频载波上发射出去，形成调频立体声广播。

目前立体声广播的制式绝大多数国家（包括我国）都采用了AM-FM导频制。这种方式不是直接用一个载波送左、右两个声道的信号，而是将左、右路声道的信号进行编码，形成和信号与差信号，再进行调制（该载波频率称为副载波频率，为超音频信号），形成超音频调制信号，再调制于高频载波上由天线发射出去，如图9-15所示。

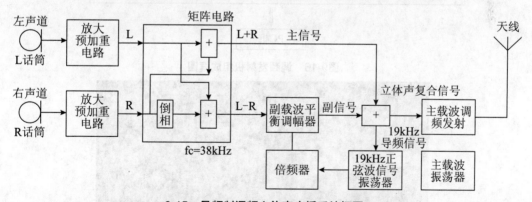

9-15 导频制调频立体声广播系统框图

导频制立体声广播在发送端将左右两个声道信号经立体声编码器编码后形成立体声复合信号。复合信号包括三个信号：一是主信道信号，即左右信号之和，简称"M"信号，占据15kHz以下的频率；二是副信道信号，即差信号，对38kHz副载波进行抑制副载波调幅后的信号，占据23k到53kHz的频率范围；三是导频信号，19kHz，以便在接收机恢复出副载波信号。

为改善接收机在高音频段的信噪比，在调频广播中采用了加权技术，即在发射端通过高音频提升网络提升高音频段的电平，称为预加重。接收端按相应的规律通过高音频衰减网络降低高音频段的电平，称为去加重。

在去加重过程中，同时也减小了噪声的高频分量，但是预加重对噪声并没有影响，因此有效地提高了输出信噪比。

预加重通常用时间常数 τ 表示，我国规定为 $50\mu s$。

9.4.4 调频广播发射系统的组成

调频发射机系统由调频激励器、调频功放单元、无源部件（包括功率合成器、功率分配器、低通滤波器、定向耦合器）、控制与指示、供电电源、计算机监控系统和冷却系统。图9-16为调频发射机组成的框图，图9-17为调频发射机房的照片。

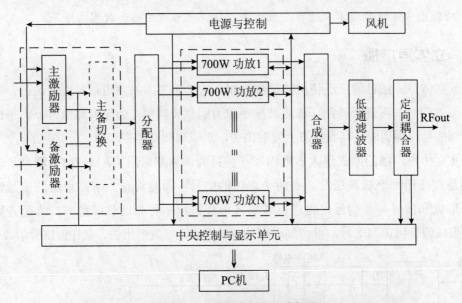

图9-16　调频发射机组成框图

图9-17　调频发射机房

9.4.5 调频广播的接收

调频广播的接收分单声道接收和立体声接收。

1. 单声道调频广播的接收

接收天线将各电台的调频传号送至输入回路。经初步选台后将所需要接收的电台信号送至高频放大器进行放大，放大后的信号与本机振荡信号在混频器中进行变频，形成10.7MHz中频信号。再由选频回路选出10.7MHz的中频信号送至中频放大器进行放大，然后再经限幅器限幅，削去调频波的幅度变化。限幅后的中频调频信号送至鉴频器，解调出音频信号。最后经低频电压、功率放大推动扬声器发出声音，如图9-18所示。

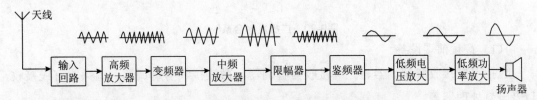

图9-18 单声道调频广播超外差式接收机框图

其主要特点是：

（1）调频接收机工作波段频率较高，带宽较宽，音质要好很多；

（2）调频接收机中频放大器末级加了限幅放大器，可以提高抗干扰能力；

（3）调频接收机的低频信号的还原采用鉴频器，电路比普通调幅检波器的要复杂一些。

2. 立体声调频广播接收

在导频制式中，立体声接收机与单声道接收机的主要差别在于鉴频器之后增加了一个立体声解码器。它的主要任务是从鉴频器输出的立体声复合信号中分离出左、右两个声道的信号，如图9-19所示。

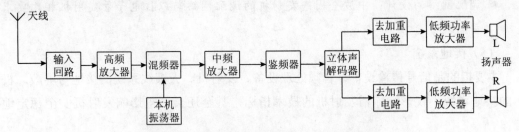

图9-19 立体声调频广播超外差式接收机框图

立体声解码器的种类很多，但按解调方式来分主要有两种：一种是矩阵式解调器，又称频分解调器；另一种是开关式解调器，又称时分解调器。

9.5 广播发射台系统的配置

在广播发射台的机房中，还必须有以下配置：音频前端接收和处理系统，电源变电、配电系统，控制监测系统，天、馈线系统以及机房的接地系统，如图9-20所示。

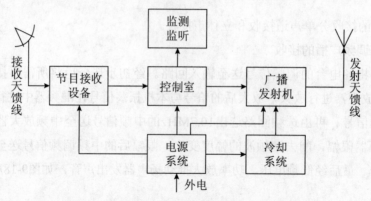

图9-20 广播发射台系统

（1）音频前端设备

包括卫星接收和解调器、光纤接收与解调器、微波接收与解调器、调频，有线接收以及音频处理器等。

（2）电源供电设备

包括高压配电柜、高压变压器、低压配电柜，稳压柜，UPS电源以及发电机等。

（3）控制检测设备

包括控制台、调制度监视仪、载波/音频报警器以及监听放大器。

（4）天、馈线系统

包括发射天线及地网、天线调配网络、射频传输线（馈线），有时还需配置馈线调配网络。

- 发射天线及其地网：应有合适的天线电气高度和良好的地网，具有较高的天线增益和合适的可工作带宽。
- 调配网络的设计：中波全固态发射机的调配网络与以往电子管发射机相比要求更高。

（5）接地系统

主要指的是信号传输设备、音频处理设备、发射机、天馈线系统的接地与屏蔽。机房的接地系统不仅影响广播发射机的技术指标，甚至还会严重影响发射机安全稳定地工作。

9.6 音频广播的监控

发射机可通过微机的监测控制器与机房内的计算机主机一起构成计算机实时控制系统，组成机房管理系统，还可以经过计算机网络进行远程监测和控制。图9-21为某音频广播的监控系统的监控界面图。

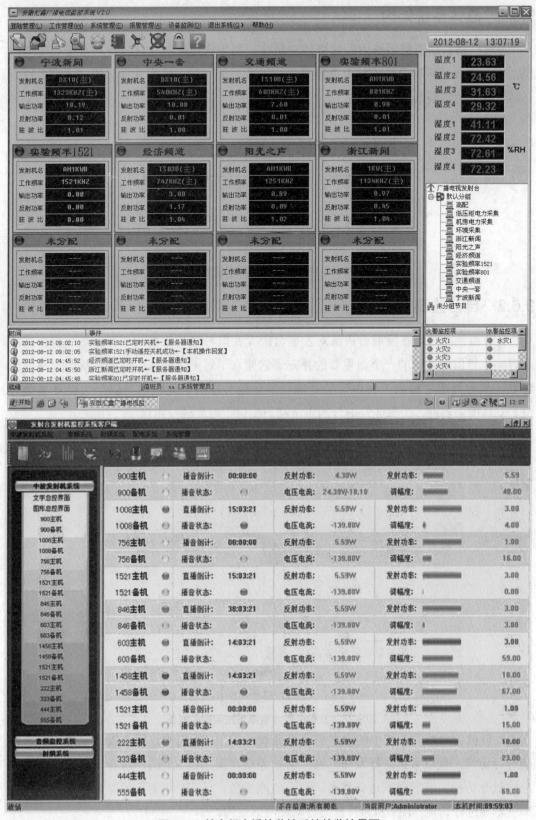

图9-21 某音频广播的监控系统的监控界面

9.6.1 总体系统架构

音频广播自动监测系统由发射机监控系统、音频监测系统、自台监测系统、安全监控系统、综合网络管理系统、电力监测系统以及智能切换器集成软件等组成。图9-22为音频广播自动监测系统的架构图。

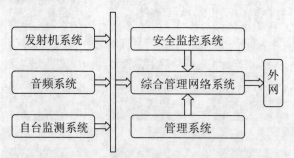

图9-22 音频广播自动监测系统的架构图

9.6.2 自台监测系统

自台监测系统是在发射台内部对发射台的无线信号进行监测的一套系统。自台监测是音频信号监测系统的一个很重要的补充。它建立了对无线信号的监测，从而使发射台建立了从台外信号输入、台内信号处理、射频信号发射、无线信号四个关键环节全方位、立体的监测网，为保证发射台的正常播出提供了可靠的技术保证。

自台监测系统具有无线监测、集中管理以及远程监测监听的特点。该系统是一个具有集中管理和远程发布功能的无线监测系统。图9-23为发射机自台监测系统架构的框图。

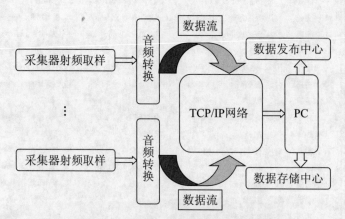

图9-23 发射机自台监测系统架构的框图

发射机自台监测系统中的发射机监控系统，采用C/S架构。综合管理系统作为客户端进行访问，获取数据进行发布。音频解控系统，采用C/S架构，综合管理系统作为客户端进行访问，获取数据进行发布。自台监测系统，采用C/S架构，综合管理系统作为浏览器端进行访问。图9-24为自台监测系统网络结构。

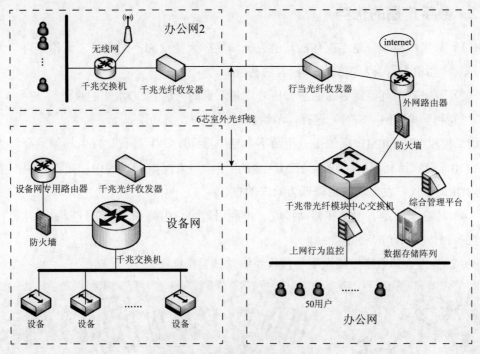

图9-24 自台监测系统网络结构

9.7 数字广播

数字广播已经不是传统意义上的纯音频广播,他不仅可以传送声音,还可以传送图像和文字,因此它涵盖了音频广播和多媒体广播。

9.7.1 数字音频广播制式

(1) DAB,DAB+,是Digital Audio Broadcasting的缩写,中文意为数字音频广播,主要用于欧洲的广播系统。

(2) DRM,DRM+,是Digital Radio Mondiale的缩写,中文意为数字调制广播,当初主要想应用于中、短波广播中,北美,欧洲都用,现在也有可能用于FM广播。

(3) HD Radio——IBOC,主要用于北美的广播系统。

(4) ISDB-T,只有日本采用。

(5) 其他类型,如FMeXtra,Compatible AM-Digital(CAM-D)等。

粗略地分,DAB是30MHz以上的广播,DRM是30MHz以下的广播。它们使用不同频段的频率资源,发展与应用没有任何冲突。

具体来说,DAB的工作频率范围是47MHz～3GHz,地面广播最佳的工作频段是现今已被FM广播占用的87MHz～108 MHz频段。等到DAB发展到一定的程度,模拟FM广播退役以后,目前地面大多数DAB电台都要搬迁到87MHz～108 MHz的频段工作。DRM的工作频段与现今的模拟AM长、中、短波广播完全相同。

9.7.2 数字广播的优势

（1）数字广播本身是多媒体的，能充分满足广大受众的不同需要，无论是对广大受众还是对广播机构自身，都会带来极大的利益。

（2）数字广播可得到更高的声音信号质量，最高可达到CD水平的质量。

（3）利于单频网（SFN）运行，节约频谱，节约发射功率。

如果模拟制式的FM广播的覆盖用数字音频广播（DAB）替代，发射功率可降低为原来的1/30，而频谱利用率起码可为FM广播的3倍。如果模拟制式的中、短波调幅广播的覆盖用DRM替代，发射功率可降低为原来的1/4。

（4）适合于固定、便携和移动接收，可利用地面、电缆和卫星进行覆盖，并具有极强的抗多径传播引起的衰落能力。

图9-25为多媒体数字广播发射与接收系统总体架构框图。

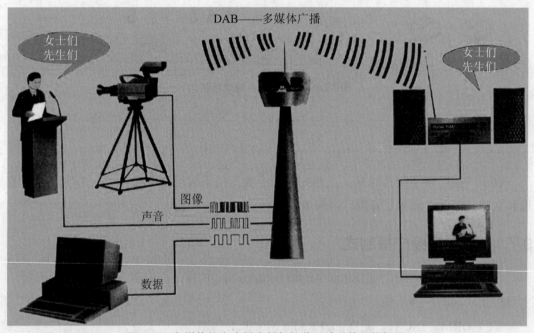

图9-25 多媒体数字广播发射与接收系统总体架构框图

9.7.3 数字音频广播的关键技术

1. 压缩编码

数字音频的基础是音频信号的数字化，直接采用PCM（Pulse Code Modulation，脉冲编码调制）编码，通过取样、量化，使之成为数字信号。PCM的码率很高，必须进行压缩编码，否则会浪费频道资源。例如，未经压缩的一路数字立体声的码率在2Mbps左右，5.1路环绕立体声的原始码率在6Mbps左右。音频压缩编码有多种方式，前面已经介绍过如WMA、AAC、DRA等。不同的压缩编码用于不同的场合，同时压缩编码技术也在不断发展。

2. 复用技术

信号复用是为了便于在通道中传输多套节目和不同类型的节目和数据。将不同类型的业务复合在一起,打成固定长度的包,给每个音频和数据一个识别号(PID),将所有的节目号及有关节目信息列表,并给每个表一个识别号,如图9-26所示。不同的数字音频广播制式,对其复用都有自己的定义,即使是同一标准,不同模式的码流结构也可能不同。

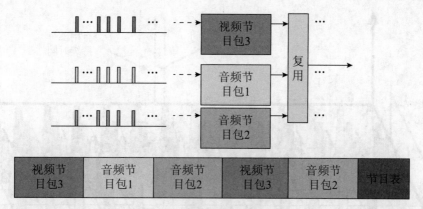

图9-26 音频节目信号的复用

3. 信道编码(纠错)

数字信号在介质通道里传输会因为失真和干扰而产生错误,造成误码。因此,信道编码的目的就是纠错,信道编码是一种纠错编码。

信道的选择性衰落特性是失真的主要原因,其成因有两个,一是信号反射,二是邻频、同频干扰。信道编码要针对信道特性而进行相应的选择,比如空气介质、电缆介质和光缆介质中信道编码的类型就不一定一样。

如果在原有码流中增加一些码(冗余),码流就会提高抗干扰能力。例如把一句话重复说,对方就不会听错,文章的"废话"不一定没有用。增加冗余的做法和码率压缩的做法正好是相反的。只是原有的冗余没有纠错能力。选择增加纠错冗余既有方法问题,也有效率问题,各种纠错编码方法都需要数学运算。纠错编码的实质是通过数学运算把错的地方找出来,然后把它改过来。

以检错为例,8比特的一个字节,其中前7位是要传输的信息,第8位是效验码。效验码是0还是1则根据前7位的和决定,使得8个比特的总和是奇数(或者偶数,事先定好)。当收到一个字节时,只要把8个比特加起来,看是否为奇数就可以知道传输过程中有没有发生误码了。

纠错可以分为前向纠错和反馈纠错,广播电视用的是前向纠错编码(FEC)。主要的前向纠错编码有两类:线型分组码(Block coding)和卷积码(Convolution Coding),前者用于我国的数字地面电视,后者用于DAB/DMB广播。

4. 调制技术

在数字音频广播中采用的调制技术主要是COFDM(Coded Orthogonal Frequency

Division Multiplexing，编码的正交频分复用），它使用多个载波进行传输，可以使每个载波的码率降低，即不把鸡蛋放在一个篮子里，各载波是正交的，使它们相互不干扰，配合编码，即增加前向纠错的RCPC，实现差错保护。

COFDM技术用多载波代替单载波，使每个符号持续时间大大延长，抗干扰能力增加，可以加入保护间隔，适应多径传输环境。可以加入时间交织、频率交织等保护手段，各载波之间保持正交，容易分离，如图9-27所示，降低了整体技术上的实现难度。

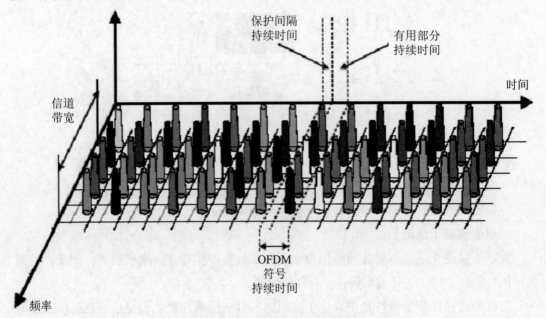

图9-27　COFDM技术原理示意图

COFDM技术用IFFT产生多载波信号，在DAB里，每个载波用差分四相相移键控。在其他系统，用QAM调制，有保护间隔，在DAB里采用码率兼容可删除型卷积码（RCPC）。

9.7.4　DAB

DAB（Digital Audio Broadcast）系统的发展起源于1980年德国广播技术研究所，以Eureka-147系统针对地面音讯广播技术进行研究，并制定了Eureka-147 DAB标准。该系统在欧洲部分地区得到了较好地发展。

1．DAB发射系统的工作原理

在DAB系统发射端，输入信号先经过若干个MUSICAM音频编码器进行信源编码，按照MPEG标准将数据率降低，通过复用器将经过数据率压缩的各路信号复合起来，才能送往COFDM编码器和调制器，进行信道编码和调制，产生出带宽为1.536 MHz的COFDM基带信号。DAB发射机再将低电平COFDM基带信号变为高电平射频信号，对COFDM基带信号进行频率变换和功率放大，将其通过天线发射出去，如图9-28所示。

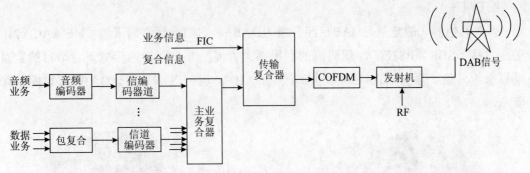

图9-28 DAB发射系统框图

2. DAB的接收

DAB 数据的接收须使用专用的接收设备。在接收端对信号按照与发射端形成的发射信号相反的顺序进行解调处理，把信号提供给音频广播节目和数据业务。其接收机的高频部分首先是从分配给DAB使用的频段中，选择出所需要的传送声音节目和数据业务的频率块（1.536MHz）。进行频率变换，将高频信号变为中频信号。解出基带信号送入COFDM解调器，以获得相应于发射端通过复用器而形成的传输复用信号。经过接收机的同步、解复用器、时间解交织和频率解交织、解码、解扰、源解码器等后，再经D/A转换，送出模拟的声音信号供使用，DAB接收机原理框图如图9-29所示。

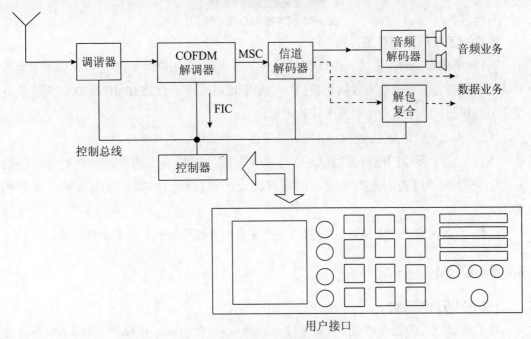

图9-29 接收机原理图框图

3. 采用DAB的国家

WorldDAB（国际DAB论坛）每年都会公布世界推进DAB的情况，现在有40多个国家采用了DAB，欧洲全部使用DAB。此外，加拿大、澳大利亚、亚洲各国（日本除外）、南美、南美、南非都选择了DAB制式。

4. DAB+

面对其他制式的竞争，DAB已经升级为DAB+，它的音频编码采用了HE AAC v2，里面包括了SBR和PS技术，使码流的利用率大大提高。在同样的带宽下，节目的数量是原来的三倍。原有的DAB可以全部改为DAB+，也可以部分改为DAB+，如图9-30所示。

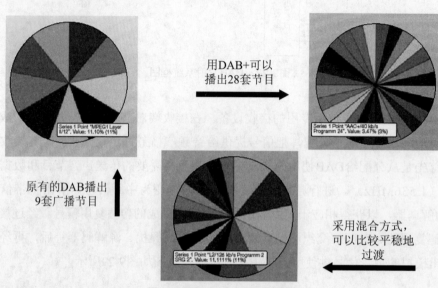

图9-30　DAB+与DAB的混用

5. DAB系统的四种覆盖方式

（1）单频同步网：只需一个DAB频率块，以单频网（SFN）同步运行，实现多套节目的大面积覆盖。网内多台发射机使用中心频率相同、带宽为1.536MHz的DAB频率块，播出节目相同，调制信号在时间上精确同步。

（2）本地电台：使用一个DAB发射机覆盖一座城市。

（3）卫星：利用卫星传送DAB信号覆盖全国。进行全国的覆盖可能是最经济的方案，可以节约可观的无数个地面同步网建设、节目和数据馈送以及维护、运行的费用。

（4）有线网络：空中接收DAB信号直接变换为有线网络的工作频率传送给用户。

9.7.5　DRM

1. DRM历史和现状

为了选择合适的统一的数字AM系统，1998年3月在中国广州成立了数字AM广播的国际组织DRM（Digital Radio Mondiale）联盟。

DRM联盟的目标是开发数字长、中、短波广播（30MHz以下）的世界范围的标准。经过紧张工作，于2001年4月DRM在ITU作为正式的建议书而获得通过，与2001年10月被ETSI标准化，并在2002年3月经IEC通过，DRM系统规范正式生效，为AM波段广播的数字化铺平了道路。国际上不少广播机构的部分发射台,已经从2003年6月16日(日内瓦召开ITU无线电行政大会)开始,以DRM方式正式投入广播运行,这标志着30MHz以下的广播新时代的开始。

DRM系统是经过严格的开路试验的成熟技术系统,也是世界上唯一的非专利的数字系统,DRM系统可用于短波、中波和长波,它可以使用已有的频率和带宽,是对模拟AM广播的重大改善,同时为由模拟广播向数字广播的平滑过渡铺平了道路。

目前已有德国、法国、英国、意大利、卢森堡、俄罗斯、荷兰、挪威、梵蒂冈、克罗地亚、葡萄牙、斯里兰卡、保加利亚、科威特、澳大利亚、厄瓜多尔、加拿大、智利、中国等几十个国家正式进行DRM播出。

2. DRM系统的工作原理

图9-31为DRM发射系统的原理框图。源编码器和预编码器可将各种输入音频数据流编码压缩成合适的数字传输格式。多路复用将保护等级与所有数据和音频业务结合起来。信道编码器增加一些冗余信息,实现准确无误差传输。映射单元定义了数字化编码信息到QAM单元的映射。交织单元将连续的QAM单元展开为在时域和频域都分开的准随机的单元序列,以便提供在时间-频率弥散信道中的可靠的传输。导频发生器提供一种在接收机中得到信道状态的方法,估计信号的相关解调。OFDM单元映射器将不同等级的单元集中起来并把它们放在时频栅格中。OFDM信号发生器使用相同的时间标记体现时域的信号,来传送每一组信元。至此,发射端的信号完成编码映射功能。传输时调制器将OFDM符号转换为模拟形式,最后通过发射机发射出去。

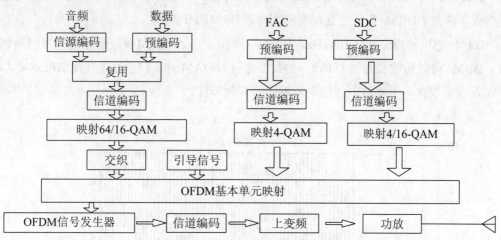

图9-31 DRM发射系统的原理框图

接收端的处理过程与发射端相反,信道出来的信号先经过主载频解调,低通滤波A/D转换及串并变换后,再进行FFT得到一个符号的数据。对所得数据进行均衡,以校正信道失真。然后进行译码判决和并串变换,即可得到原始音频数据输出,如图9-32所示。

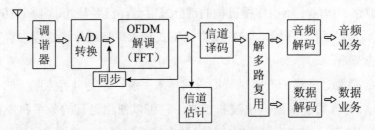

图9-32　DRM接收机原理框图

3. DRM系统相比于模拟AM广播的优点

（1）DRM 系统工作于30 MHz以下的频段，可以充分利用现有中、短波频谱资源，穿透能力和绕射能力很强，覆盖范围大，适合于移动接收和便携式接收。

（2）在保持相同覆盖的情况下，数字调幅发射机比模拟调幅发射机的功率低，提高了发射机效率和经济效益。

（3）在保持现有带宽9 kHz或10 kHz的情况下，利用音频数据压缩技术和数字信号处理技术，提高了调幅波段信号传送的可靠性，增强了抗干扰能力，消除了短的衰落，显著地提高了调幅波段信号传送的音质。

（4）在所规定的带宽内，可以同时传送一路模拟信号和一路数字信号，便于逐步向全数字广播过渡。

（5）它也能够提供附加的业务和数据传输。

4. DRM+

2005年3月，DRM组织通过了DRM技术向120MHz（后来变为174MHz）频谱延伸的扩展版，称为"DRM+"。它是现有ETSI标准DRM的升级版。

DRM+的信号带宽约为100kHz，如图9-33所示，完全与FM频段规划的频率间隔相一致。DRM+可以传输最多达180kb/s的数据率（16QAM调制）。通过使用MPEG-4、HE AAC，也可以在一个频道中传输更多不同的音频节目。

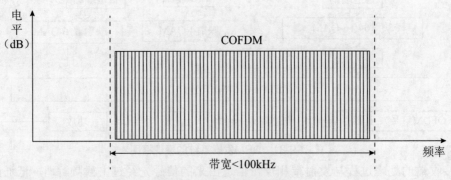

图9-33　DRM+频谱带宽图

DRM+具有以下特征：

- DRM+的数据率可使一套节目达到与CD音质相同的质量；
- 有室内接收以及以300km/h的速度移动接收的可能性；

- 有使用现有的FM广播发射网结构的可能性（地方性，地区性，全国性）；
- 有构成同步发射网的能力；
- DRM+可以避免对已有FM覆盖的影响，灵活地对单个模拟FM发射机进行数字化改造，或者在FM环境下计划将一个数字电台投入运行。

DRM+的主要技术参数：

（1）传输方法：COFDM；

（2）副载波数：213；

（3）副载波间隔：444.44Hz；

（4）副载波的调制方法：16QAM，QPSK或者64QAM；

（5）峰值系数：9（测量值）。

国外测试表明，尽管由于FM接收机有特别不同的质量问题，DRM+对现今干扰受限的FM广播的干扰作用看起来是有限的。DRM+有明显低的发射功率，在不提高甚至降低潜在干扰的情况下，得到与FM相比大约相同的覆盖范围是有可能的。

9.7.6 CDR

2007年底，国家广电总局组织相关单位开展了自主知识产权的调频数字音频广播系统CDR（China Digital Radio）/dFM研究。

CDR作为我国广播电视数字化过程的一个重要组成部分，是广播数字化的发展方向，迄今为止已申请国家发明专利20余项并研究制定了相关标准。如：信道传输标准GY/T 268.1-2013、复用标准GY/T 268.2-2013、DRA+、编码器、复用器、激励器、发射机、测试接收机标准GDJ 058-2014～GDJ 063-2014等。

1. CDR系统的主要特点

（1）系统传输方案针对调频和中波调幅进行了优化，有多种传输模式。

（2）频谱配置结构灵活。HD Radio是把数字技术放在调频或调幅两边，CDR是很灵活的，可以找到很好的频点。

（3）设定三种不同传输模式的应用场景。大面积的单频网覆盖，一个发射机可以覆盖几十公里的范围；高速移动接收，如时速300公里以上高铁上的接收；高数据率传输，可以在频点上传输更高的数据量。

（4）采用更高效的信道编码算法（LDPC）。

（5）支持逐步演进的系统架构。

（6）信源编码算法（DRA）具有自主知识产权。

2. CDR系统发射端的组成

CDR系统发射端有信源、信源编码、信道编码、OFDM调制、逻辑成帧、子帧分配、物理成帧、射频调制和放大等几部分组成，如图9-34所示。

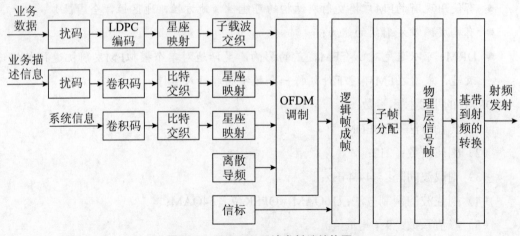

图9-34 FM CDR系统发射端结构图

9.8 思考题

1. 什么叫基带信号？
2. 什么叫多径波？
3. 什么是模拟信号和数字信号？
4. 为什么要进行信号调制？
5. 模拟调制和数字调制的类型都有哪些？
6. 指出中波广播的频率范围和短波广播的频率范围。
7. 说出调幅广播发射台的组成。
8. 说明调幅广播发射机的分类和组成。
9. 举例说明调幅广播的接收机种类。
10. 说出调频广播的频率范围和频率间隔。
11. 简述数字音频广播制式的种类。

第10章 电视广播传输与覆盖

电视广播传输与覆盖涉及电视发射台、转播台、卫星上行站、卫星收转站、有线广播电视传输覆盖甚至Internet网的接入等多项内容，本章将对这些内容进行简单介绍。

10.1 地面广播电视系统

地面电视广播系统也称无线电视广播系统，其主要特点是利用无线电磁波在空间来传播图像和伴音。

地面广播电视系统是把视频、音频信号经过发射机调制由发射天线以电磁波的形式辐射出去，用户可直接利用电视机进行收看的系统。从传播与接收的方式来看，是开路的，有发射台和转播台等组成。

10.1.1 地面电视广播系统的组成与特点

地面电视广播系统由发射端和接收端两部分组成，其中发射端由电视播出系统、发射系统和天馈系统组成。接收端由接收机分别完成图像和声音的还原，整个体系如图10-1所示。

图10-1 地面广播电视系统组成图

1. 地面广播电视系统的传播特点

（1）传播范围的广域性、内容的公开性、业务的单一性。

（2）传播载体的空间拓展性强，接收方便，利用高频电磁波在空中传递信号，无需架设电缆，在覆盖范围内的任何地方都可接收到信号。

（3）内容的保密性差、抗干扰性弱。

2. 地面广播电视系统的组成

（1）信号源：负责提供信号，如摄像机生产的信号。

（2）导播控制室：负责放大、校正、处理信号，图10-2为电视台播控机房。

（3）电视发射机：负责放大、调制、加工处理，图10-3为某电视台电视发射机房。

（4）接收调设备由电视机、放大器、检波器、同步扫描电路、显像管以及扬声器等设备组成。

图10-2　发射控制机房

图10-3　电视台电视发射机房

10.1.2 电视信号的调制

电视信号包括图像信号和伴音信号两部分。模拟电视在调制时对这两个信号的调制是分别进行的,其调制过程如图10-4所示。

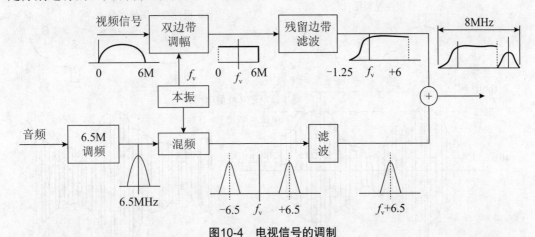

图10-4 电视信号的调制

1. 图像信号调制

世界各国的图像信号基本上采用幅度调制,这种方式占用带宽窄,我国规定为6MHz。

目前,电视标准规定图像信号采用残留边带调幅(VSB-AM)方式传送,即发送一个完整的上边带又保留一小部分下边带。具体地说,0.75MHz以内的低频图像信号采用双边带传送,0.75MHz～6MHz以内的低频图像信号只传送上边带,如图10-5所示。

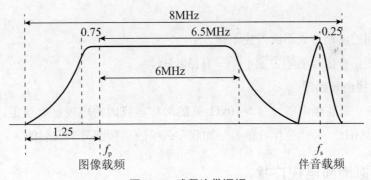

图10-5 残留边带调幅

1)图像信号的两种调制方式

图像信号调制有两种方式,如图10-6所示。

- 正极性图像信号:图像亮度增加,图像信号的幅度随之增加,则称为正极性图像。
- 负极性图像信号:若图像信号亮度减小而图像信号的幅度却随之增加,则称为负极性信号。

2)负极性调制的优点

- 平均功率小。图像亮的部分比暗的部分面积大,负极性调制时,调制信号中的低电平要比高电平所占比例大,因而其平均功率就小。

- 效率高。负极性所发出的最大功率是正极性的1.5倍。
- 抗干扰能力强。干扰脉冲出现时一般是在已调波上叠加大幅度的干扰脉冲，对于负极性调制来说，其结果是使图像出现黑点，而正极性的调制则是相反的。

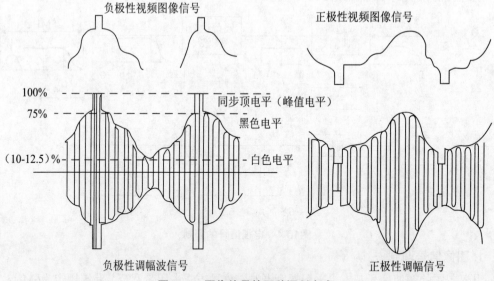

图10-6　图像信号的两种调制方式

2. 伴音信号的调制

电视伴音采用调频方式双边带传送的原因：

（1）调频波抗干扰能力强。干扰信号是以一般叠加在信号的峰值部分，而与其频率几乎无关。

（2）不同的调制方式不会发生干扰。

（3）电视伴音信号的频带宽小，只有130kHz。

3. 射频电视信号频谱

射频（RF）是高频电磁波（>10kHz）的简称。我国的电视标准规定，伴音载频比图像载频高6.5MHz。也就是伴音信号是加载在载频的高频部分来发射的。

10.1.3　模拟地面电视广播

1. 信号发射

模拟地面电视广播的信号发射是通过电视发射机来实现的。模拟电视发射机按射频通道是否共用分为单通道发射机和双通道发射机。图10-7为双通道发射机系统框图，图10-8为单通道发射机系统框图。目前使用比较多的还是单通道发射机。

2. 电视差转

由于我国地域辽阔、地形复杂，电视射频为米波或分米波，只能视距传播。为了扩大覆盖范围，过去曾广泛采用电视差转这种方式，现在由于卫星电视传输的广泛使用，这种方式已经不太使用了。所谓电视差转就是通过接收频道a的信号，经过电视差转机的变频、放大后以频道b的频率发射出去，如图10-9所示。频道b一般必须与频道a一定的间隔，也就是说不能邻频差转，以防止自激。

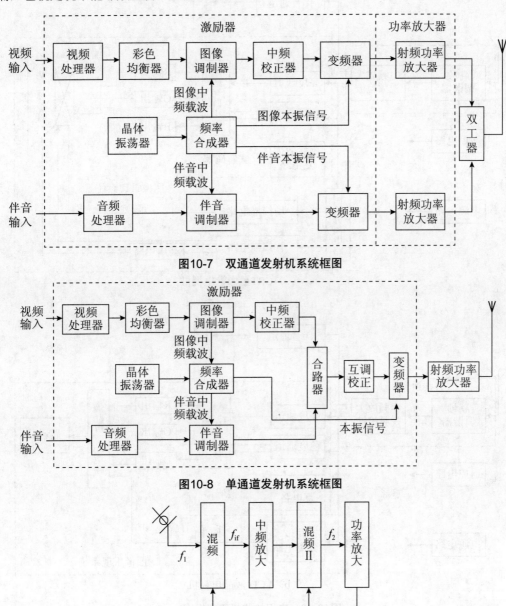

图10-7 双通道发射机系统框图

图10-8 单通道发射机系统框图

图10-9 电视差转的基本原理框图

3. 电视接收

电视接收机是实现电视节目接收的装置，它将天线接收到的高频电视信号还原为视频图像信号和低频伴音信号，分别加给显示器件和扬声器，重现图像和重放声音。按显示部件可分为CRT（阴极摄像管）电视机和LCD（液晶）电视机，如图10-10所示。模拟电视有黑白与彩色之分，彩色电视接收机还与一定的彩色制式有关系。

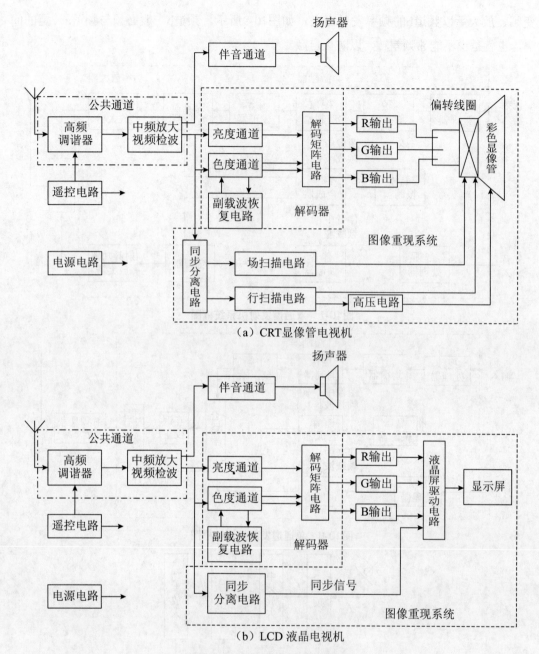

图10-10 电视接收机原理框图

10.1.4 电视频道及频段的划分

电视频道是指用于播送一套电视节目的频率范围,它取决于电视图像信号和伴音信号所占的频带宽度。我国电视标准规定,一个频道的频带宽度是8MHz(图像中频为38MHz,伴音中频为31.5MHz,彩色副载波为4.43MHz)。

我国规定的开路电视频道配置方案如图10-11所示,表10-1为我国地面开路电视频道划分表。

（1）高频段（VHF）有DS1～DS12个频道，使用频率从48.5MHz～223MHz把其中的DS1～DS5频道定为Ⅰ波段，DS6～DS12频道定为Ⅲ波段。

（2）在特高频（UHF）有DS13～DS68频道，使用频率从470MHz～958MHz，把其中的DS13～DS24频道叫做Ⅳ波段，DS25～DS68频道叫Ⅴ波段。实际工程中最高只使用到DS47。

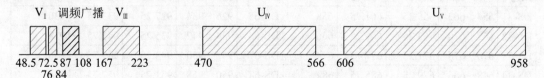

图10-11 开路电视频道配置方案如图

表10-1 地面开路电视频道划分表

频道名称	频率范围（MHz）	图像载波频率（MHz）	伴音载波频率（HHz）	中心频率（HHz）	频道名称	频率范围（MHz）	图像载波频率（MHz）	伴音载波频率（HHz）	中心频率（HHz）
DS-1	48.5～56.5	49.75	56.25	52.5	DS-35	686～694	687.25	693.75	690
DS-2	56.5～64.5	57.75	64.25	60.5	DS-36	694～702	695.25	701.75	698
DS-3	64.5～72.5	75.75	72.25	68.5	DS-37	702～710	703.25	709.75	706
DS-4	72.5～80.5	83.75	80.25	76.5	DS-38	710～718	711.25	717.75	714
DS-5	80.5～88.5	与调频冲突已不用			DS-39	718～726	719.25	725.75	722
DS-6	167～175	168.25	174.75	171	DS-40	726～734	727.25	733.75	730
DS-7	175～183	176.25	182.75	179	DS-41	734～742	735.25	741.75	738
DS-8	183～191	184.25	190.75	187	DS-42	742～750	743.25	749.75	746
DS-9	191～199	192.25	198.75	195	DS-43	750～758	751.25	757.75	754
DS-10	199～207	200.25	206.75	203	DS-44	758～766	759.25	765.75	762
DS-11	207～215	208.25	214.75	211	DS-45	766～774	767.25	773.75	770
DS-12	215～223	216.25	222.75	219	DS-46	774～782	775.25	781.75	778
DS-13	470～478	471.25	477.75	474	DS-47	782～790	783.25	789.75	786
DS-14	478～486	479.25	485.75	482	DS-48	790～798	791.25	797.75	794
DS-15	486～494	487.25	493.75	490	DS-49	798～806	799.25	805.75	802
DS-16	494～502	495.25	501.75	498	DS-50	806～814	807.25	813.75	810
DS-17	502～510	503.25	509.75	506	DS-51	814～822	815.25	821.75	818
DS-18	510～518	511.25	517.75	514	DS-52	822～830	823.25	829.75	826
DS-19	518～526	519.25	525.75	522	DS-53	830～838	831.25	837.75	834
DS-20	526～534	527.25	533.75	530	DS-54	838～846	839.25	845.75	842
DS-21	534～542	535.25	541.75	538	DS-55	846～858	847.25	853.75	850
DS-22	542～550	543.25	549.75	546	DS-56	858～862	855.25	861.75	858
DS-23	550～558	551.25	557.75	554	DS-57	862～870	863.25	879.75	866
DS-24	558～566	559.25	565.75	562	DS-58	870～878	871.25	877.75	874
DS-25	606～614	607.25	613.75	610	DS-59	878～886	879.25	885.75	882
DS-26	614～622	615.25	621.75	618	DS-60	886～894	887.25	893.75	890
DS-27	622～630	623.25	629.75	626	DS-61	894～902	895.25	901.75	898

（续表）

频道名称	频率范围（MHz）	图像载波频率（MHz）	伴音载波频率（HHz）	中心频率（HHz）	频道名称	频率范围（MHz）	图像载波频率（MHz）	伴音载波频率（HHz）	中心频率（HHz）
DS-28	630～638	631.25	637.75	634	DS-62	902～910	903.25	909.75	906
DS-29	638～646	639.25	645.75	642	DS-63	910～918	911.25	917.75	914
DS-30	646～654	647.25	653.75	650	DS-64	918～926	919.25	925.75	922
DS-31	654～662	655.25	661.75	658	DS-65	926～934	927.25	933.75	930
DS-32	662～670	663.25	669.75	666	DS-66	934～942	935.25	941.75	938
DS-33	670～678	671.25	677.75	674	DS-67	942～950	943.25	949.75	946
DS-34	678～686	679.25	685.75	682	DS-68	950～958	951.25	957.75	954

10.2 有线广播电视传输系统

10.2.1 有线电视起源与发展

1. 有线电视起源

有线电视技术起源于20世纪中叶的共用天线电视系统MATV（Master Antenna Television）。它使用一副天线，接收电信号经天线放大器放大，再经分配后到达电视机，广泛用于高楼和接收条件较差的地区。共用天线系统的结构如图10-12所示。

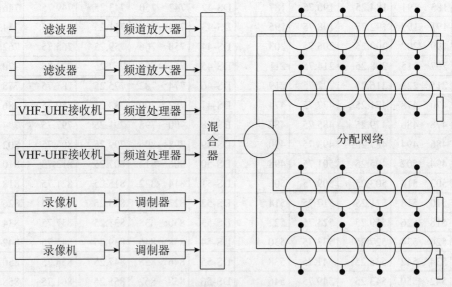

图10-12 共用天线系统的结构示意图

现代有线电视网络的技术构架的演进发展经历了共用天线系统、单向模拟有线电视系统、双向数字有线电视网再到HDTV和"三网融合"的综合宽带信息网等几个过程。实现了从模拟到数字、从单向到双向，以及从固定接收到移动接收的几次质的蜕变。

2. 我国有线电视发展的几个重要里程碑

（1）以1990年11月2日颁布的"有线电视管理暂行办法"为标志，中国有线电视进入了高速、规范、法制的管理轨道。

（2）网台分离。1999年9月17日，国务院办公厅下发了《关于加强广播电视有线网络建设管理意见》（国办发[1999]82号文件），这标志着我国广播电视业新一轮改革的全面开始。

（3）网络整合。2001年，广电总局依据中办发82号文及17号文，分别发布了《关于加快有线广播电视网络有效整合的实施细则（试行）》（广发办字[2001]1458号），提出了广播电视网络整合的基本思路。

（4）三网融合。2010年1月13日温家宝总理主持召开了国务院常务会议，决定加快推进电信网、广播电视网和互联网"三网融合"。三网融合并不意味着三网的物理整合，而主要是指高层业务应用的融合。

（5）宽带中国战略。2013年8月17日国务院颁布了《"宽带中国"战略及实施方案》。方案要求统筹接入网、城域网和骨干网建设，综合利用有线技术和无线技术，结合基于互联网协议第6版（IPv6）的下一代互联网规模商用部署要求，分阶段系统推进宽带网络发展。方案对有线电视网络也提出了具体时间表。

（6）中国广播电视网络有限公司挂牌成立。2014年5月28日，中国广播电视网络有限公司在国家新闻出版广电总局西门正式挂牌。这标志着全国几百家有线电视网络分散的体系有望成为统一的市场主体，并赋予其宽带网络运营等业务资质，成为继移动、电信、联通后的"第四网络运营商"。

10.2.2 有线电视系统的基本组成

有线电视系统（包括数字有线电视系统）从功能上来说，都可以抽象成如图10-13所示的系统模型，由信号源、前端、传输系统与用户分配系统四个部分组成。

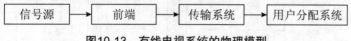

图10-13 有线电视系统的物理模型

在图10-13中，信号源中的各种设备负责提供系统所需的各类优质信号。前端是整个系统的信号处理中心，它将信号源输出的各类信号分别进行处理和变换，并最终形成传输系统可传输的射频（包括模拟调制和数字调制）信号。传输系统将前端产生的射频信号进行优质稳定的远距离传输，有电缆传输、光缆传输以及电缆光缆混合传输（HFC）等几种方式，用户分配系统则负责将信号高效地分配传送到千家万户。

1. 传统有线电视系统

所谓的传统有线电视系统，是指采用邻频或隔频传输方式，只传送模拟电视节目的单向有线电视系统，由前端、干线传输系统以及用户分配网等组成。图10-14是传统有线电视系统的示意框图。

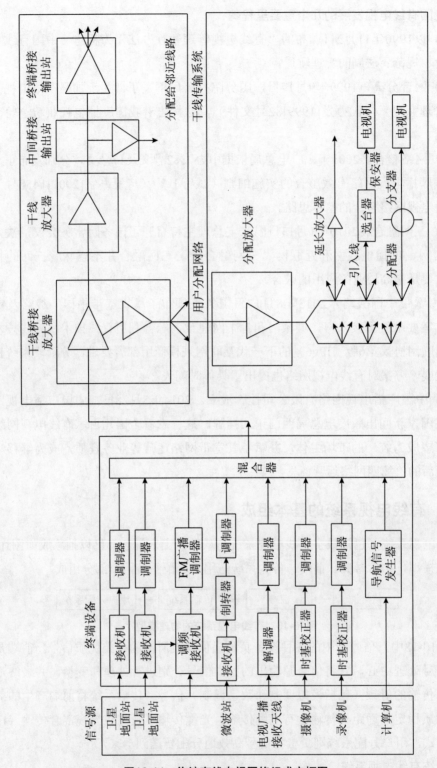

图10-14 传统有线电视网络组成方框图

2. 下一代广播电视网络

下一代广播电视网（Next Generation Broadcasting，NGB）由技术平台、传输网络、用户终端和运营支撑系统组成。

NGB网络集电视、电信和计算机网络功能为一体，网络中除了传送广播电视节目外，还传输以数据信号为主的其他业务，以适应信息技术的不断发展和网络业务的需求，如图10-15所示。

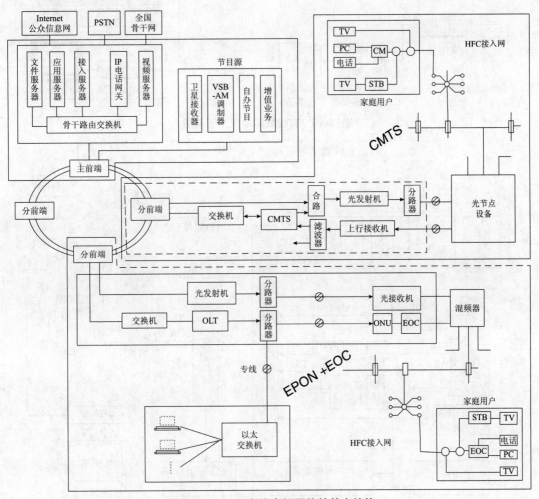

图10-15 NGB有线电视网络的基本结构

10.2.3 有线数字电视系统

有线信道的特点是：信噪比高、频带资源窄、存在回波和非线性失真。

有线数字电视系统由前端、传输和用户分配网络组成，图10-16为有线数字电视系统框图。其中前端又由信源、编码、复用、加扰、调制、中间件管理、CA与用户管理等组成。图10-17为有线数字电视系统前端框图。

DVB-C采用带宽窄、频带利用率高、抗干扰能力较强的调制方式。同时，由于信道信噪比高，误码率较低，纠错能力要求不很高。因此，DVB-C的信道部分采用RS码和卷积码交织技术，正交幅度调制（QAM）。

QAM调制器，对传输流采用16、64、128或者256QAM方式进行调制，用于通过有线电视（CATV）系统传送多路数字电视节目，它可与卫星电视系统相适配，将卫星电视统一接收,有线传播。

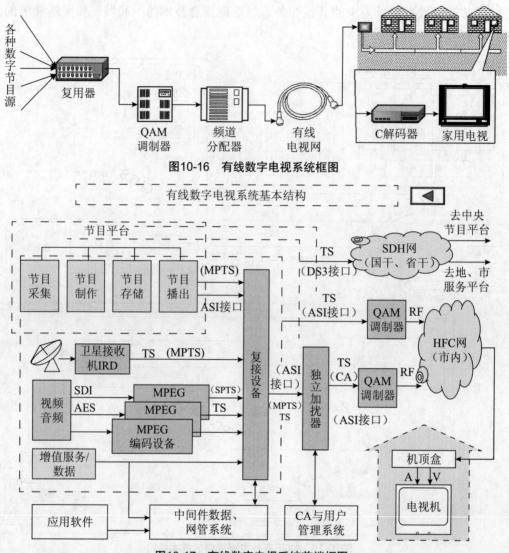

图10-16 有线数字电视系统框图

图10-17 有线数字电视系统前端框图

10.2.4 数字MMDS

MMDS(Multichannel Microwave Distribution System)是多路微波分配系统的英文缩写,它以一点发射多点接收的方式将视频、音频的广播信号以及数据信号传输到各有线电视台站或是终端用户。初始的MMDS主要用来传送模拟电视信号,后来由于数字技术的引入,MMDS的应用范围更大,节目传输质量和数量都有了更高的提升。严格来说多路微波传输系统(MMDS)不应该算做有线电视系统的一部分。但在有线电视系统中常常用它来做一些偏远同时人口较少的地域的光缆覆盖的一种有力补充。

1. 微波及微波传输的特点

微波频率比一般的无线电波频率高,通常也称为"超高频电磁波",波长一一般为1mm～1m，频率范围为300MHz～300GHz，方向性强，实际应用的频率在2.5GHz～2.7GHz，采用空间传输方式。

（1）波段资源丰富，波段占有频率范围很宽。

（2）发射效率高。

（3）传输质量高。

（4）适应性和灵活性强。

2. 数字MMDS的组成

数字MMDS由前端系统、传输与发送系统、用户端接受系统和用户管理系统组成。其基本功能与优点与电视系统及相关系统类似，这里就不再赘述。

10.3 卫星广播电视传输系统

卫星电视广播是由设置在赤道上空距地面35 786km的地球同步静止卫星（如图10-18），接收地面的电视中心通过卫星地面站发射的电视信号，然后再把它转发到地球上指定的区域，由地面上的设备接收，如图10-19所示。卫星电视广播具有覆盖面大，三颗卫星就可以覆盖全球（如图10-20所示）、费用低、节目质量高、传输容量大、运用灵活以及适应性强等优点。

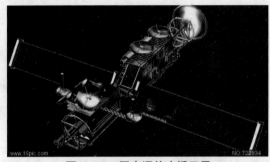

图10-18　同步通信广播卫星

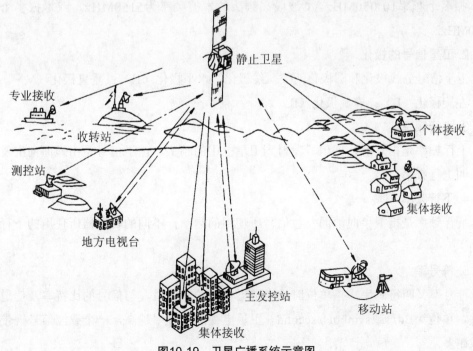

图10-19　卫星广播系统示意图

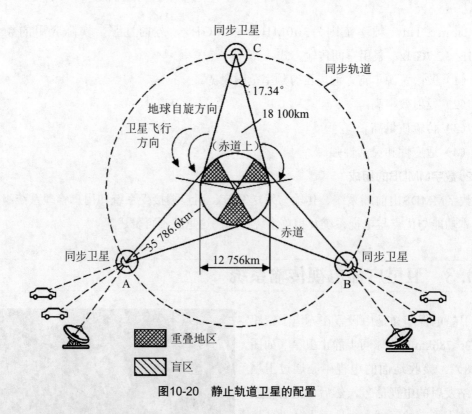

图10-20 静止轨道卫星的配置

10.3.1 卫星广播常用的术语

1. 本振频率

Ku频段高频头的本振频率各不相同，直播卫星高频头的本振频率为10 750MHz，双本振多个频率10 050MHz。C波段高频头的本振频率为5150MHz，双本振多个频率5750MHz。

2. 卫星信号的极化

卫星信号分线极化和圆极化两类。线极化：水平极化（H）；垂直极化（V）。圆极化：左旋极化（L）；右旋极化（R）。

3. 上行频率

上行频率是指发射站把信号发射到卫星上用的频率，由于信号是由地面向上发射，所以叫上行频率。

4. 下行频率

下行频率是指卫星向地面发射信号所使用的频率，不同的转发器所使用的下行频率不同。

5. 符号率

符号率又叫符码率，指单位时间内数据传输的数据量，与信号的比特率及信道参数有关，单位为Bd/s或symbols/second。卫星电视的符号率越高，一个载波信号携带的节目数越多。

10.3.2 卫星广播电视信号的处理

1. 卫星电视广播轨位和频段

卫星电视广播采用比一般的无线电波频率更高的"超高频电磁波"——微波进行通信。微波具有频率资源相对丰富、星载天线及地面天线尺寸小以及穿越大气层能力强的特点。

国际电信联盟将世界划分为3个区域：一区为欧洲、非洲、俄罗斯以及伊朗西部北界以西的亚洲国家；二区为南、北美洲；三区为亚洲大部分国家和地区及大洋洲。我国属于第三区。

1) 我国卫星电视广播的轨位

2000年国际电联的世界无线电通信大会（简称WRC-2000）又对一、三区卫星广播业务（简称BBS）重新进行了规划，在新的规划中我国有4个轨位分别为：62°E、92.2°E、122°E、134°E。其中还为澳门争取到一个独立的波束，与香港波束一起位于122°E。

2) 我国卫星电视广播的波段

C波段：下行频率为3.4GHz～4.2GHz，C波段特点是雨衰量较小，可靠性高，服务区大。

Ku波段：下行频率为11.7GHz～12.2GHz，Ku波段频率高、容量多、卫星辐射功率大。

卫星电视中频频率：950MHz～1450/2150MHz。

2. 卫星电视广播信号的调制

在模拟调制时，采用宽带调频、调相的方式，现已不用。

目前卫星电视广播信号主要采用数字调制方式，具体地说就是BPSK和QPSK调制，但随着转发器放大电路线性水平的不断提高，也有采用正交调幅QAM方式的，这样可以有效提高频谱利用效率。

数字信号经过复用后的形成传输流，进行信道编码，内码采用卷积码，外码采用里德-所罗门分组码，再经过BPSK/QPSK/QAM调制，最后上变频后在卫星C/Ku频段发送。

10.3.3 卫星信号传输标准

DVB-S：为数字卫星广播系统标准。卫星传输具有覆盖面广、节目容量大等特点。数据流的调制采用四相相移键控调制（QPSK）方式，可用于多套节目的复用。DVB-S标准几乎为所有的卫星广播数字电视系统所采用。我国也选用了DVB-S标准。

ABS-S：该标准是我国第一个拥有完全自主知识产权的卫星信号传输标准，在性能上与代表卫星通信领域最新技术发展水平的DVB-S2相当，部分性能指标更优，而复杂度远低于DVB-S2，更适应我国卫星直播系统开展和相关企业产业化发展的需要。

10.3.4 卫星电视广播系统的组成

卫星电视广播系统主要由上行发射与测控系统、卫星转发系统、地面接收系统三大部分组成。

1. 上行发射（系统）站与测控（系统）站

对节目制作中心送来的信号进行处理，经过调制，上变频和高功率放大，通过定向天线向卫星发射上行C、Ku波段信号。同时也接收由卫星下行转发的微弱的微波信号，监测卫星转播节目的质量。图10-21为卫星地面站系统框图。图10-22为卫星地面站照片。

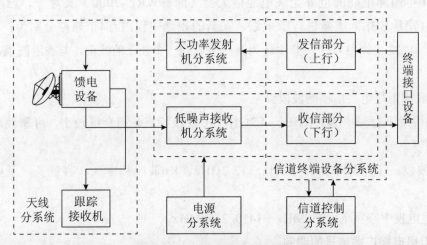

图10-21 卫星地面站系统框图

（a）监测机房

（b）上行及监测天线

图10-22 卫星地面站

2. 卫星转发系统（星载系统）

卫星转发系统由通信分系统、控制分系统、遥测与指令分系统、电源分系统和温控分系统5个部分组成，如图10-23所示。

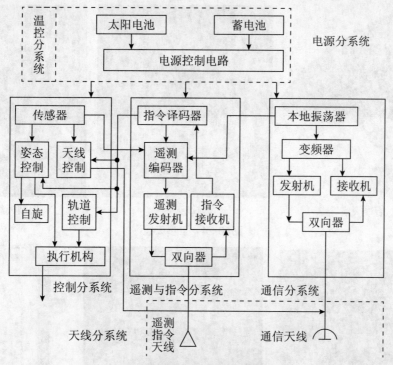

图10-23 电视广播卫星的星载系统

(1) 通信分系统：通信分系统分为转发器和卫星天线两大部分。转发器是卫星上用于接收地面发射来的信号，并对该信号进行放大，再以另一个频率向地面进行发射的设备，一颗卫星上可以有多个转发器。

(2) 控制分系统：控制分系统由各种可控的调整装置，如各种喷气推进器、各种驱动装置和各种转换开关等组成。

(3) 遥测与指令分系统：地球上的控制站经常不断地需要了解卫星内部设备的工作情况，有时要通过遥测指令信号控制卫星上设备产生一定的动作。

(4) 电源分系统：由太阳能电池和化学蓄电池共同组成。太阳能电池通常采用硅太阳能电池板，化学电池则可以保障通信卫星在星蚀期间仍能正常工作，采用可以充放电的二次电池。卫星上的电源要求体积小、重量轻、效率高和可靠性高，并能在长时间内保持足够的电能输出。

(5) 温控分系统：控制因为行波管等高功放和电源系统等部分产生热量而引起的温升。

3. 地面接收（系统）站

卫星地面接收站由天馈系统、高频头、功率分配器和卫星接收机等组成。图10-24为卫星天线实物图，图10-25为馈源和功分器实物图，图10-26为卫星接收机实物图，图10-27为卫星接收机原理框图。

  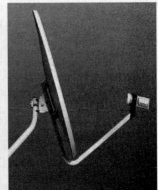

后馈天线　　　　　前馈天线　　　　　偏馈天线

图10-24　卫星天线

  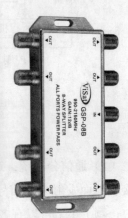

单馈源　　　　　　双馈源　　　　　　功分器

图10-25　馈源和功分器

工程机　　　　　　　　　家用机

图10-26　卫星接收机

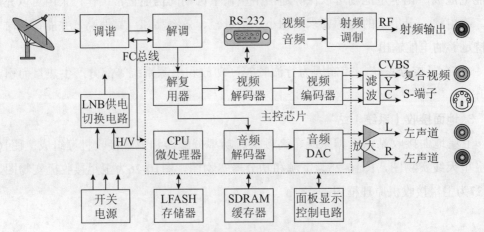

图10-27　卫星接收机原理框图

4. 地面接收的四种方式

（1）转播接收：主要用来接收卫星下发的电视信号，作为信号源供设在该地区的电视台或转播台进行转播。该站设施较复杂，接收到卫星转发的微弱信号后，必须经过放大、变频、调制转换，将卫星传送的调频信号变换为残留边带调幅信号，再经过变频、功率放大，通过天线发射出去或是通过电缆将信号分送到各用户收看电视节目，供各家电视机收看。

（2）集体接收：比个体接收天线大，接收到卫星节目后经过各种匹配装置供多台电视收看。

（3）个体接收：用户使用小型天线和简易接收设备收看卫星电视节目。

（4）监测接收：主要用来接收卫星下发的电视信号，作为信号质量和覆盖效果，以及卫星姿态的跟踪和监测之用。

10.3.5 卫星直播车

1. 卫星直播车概念

卫星直播车（Satellite News Gathering，SNG，卫星新闻采集）特指装载全套卫星新闻采集设备的专用车。通过卫星通信传输平台，把现场所采集到的视频及音频信号，通过车内系统处理后，发射到同步通信卫星再转送回电视台或新闻机构总部，电视台或新闻总部可以直接转播或经过编辑后播出。它实际是一个移动式发射站，在现场（包括会议现场、文艺体育现场直播、突发事件等）进行图像的（包括伴音）采集与处理，并利用卫星传输不受地域限制的优势，即时传送信号到电视台或卫星接收站进行实时播出，为观众提供现场实况报道。卫星直播车突破了原来传统ENG（Electronic News Gathering system，电子新闻采集系统）存在的地形和应用区域的限制。目前卫星直播车已经被广泛地应用于重大新闻报道、会议直播、文艺体育现场直播及现场指挥等。图10-28为卫星直播车实物图。图10-29为高清卫星直播车局部系统框图。

（a）卫星车外形　　　　　　　　　（b）内部布局

图10-28　卫星直播车

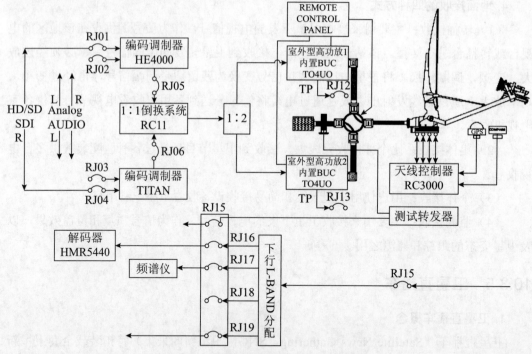

图10-29 高清卫星直播车局部系统框图

卫星车的应用在起源于上世纪80年末和90年代初，由于数字化处理技术的高速发展，以及整体系统成本的不断降低，它已经成为各电视台和传媒机构重要的传输手段。

2. 卫星车系统组成

卫星直播车实际是一个移动播发平台，麻雀虽小五脏俱全，主要有以下几个单元组成：

1）摄像机

车上的摄像机是按照不同的制作要求配备的。根据导演的意图，摄像机安置在现场不同的位置。摄像机输出的电视信号通过电缆传送到转播车上。

2）视频切换器

具有多路电视信号输入和一路以上输出，可以对两路或者两路以上的视频信号进行多层次画面的特技组合，以供导演进行有选择的切换。

3）卫星微波发射设备

经切换器输出的信号，经调制处理后，通过电缆送给天线功放，再送卫星天线，发给指定的卫星转发器。

4）数字录像机

切换输出的信号同样也送给数字录像机，它可以对节目进行不间断的录制，并能进行各种现场编辑工作。在体育节目转播中配备的慢动作控制盒，可以遥控录像机进行慢动作重放。

5）同步机

产生各种定时和基准信号，使各电视设备的扫描系统同步地进行工作。

6）音响设备

包括传声器、调音台、录音机、音频插口板、音频分配器等。现场的节目声,由传声器转变成电信号,然后通过音频电缆送到转播车上,再经过音频插口板、音频分配器送给录像机、微波发射机和监听扬声器。

7）监视系统

每台摄像机都相应地在车上配有相应的监视器,供导演选择画面和技术人员监视技术质量用。

8）通话系统

在节目制作的过程中,为了确保导演指挥和各岗位人员协调工作,必须配备专用的有线和无线通话系统。

9）电源、空调系统

一般由外接市电和车内自带的发电机供电。空调系统要确保车内的工作条件和设备的稳定。

10.4 网络传输与覆盖

10.4.1 固定网络传输与覆盖

固定网络视音频传输覆盖最有代表性的就是IPTV（Internet Protocol Television,也即网络电视）。IPTV是利用宽带网基础设施,以多媒体计算机或网络机顶盒加上电视机作为主要终端设备,集互联网、多媒体、通信等多种技术于一体,通过互联网络协议（IP）向家庭用户提供包括数字电视在内的多种交互式数字媒体服务的崭新技术。

1. IPTV的定义

国际电信联盟IPTV框架工作组（ITU-T FG IPTV）给出的定义：IPTV是在IP网络上传送包含电视、视频、文本、图形和数据等,提供QoS/QoE（服务质量/用户体验质量）、安全、交互性和可靠性的可管理的多媒体业务。

2. IPTV的优点
- 用户可以得到高质量的数字媒体服务。
- 用户可有极为广泛的自由度选择宽带IP网上各网站提供的各种视频节目。
- 实现媒体提供者和媒体消费者的实质性互动。
- 为网络发展商和节目提供商提供了广阔的新兴市场。

3. IPTV和有线数字电视的比较
- IPTV和有线数字电视网络前端类似,都支持同样的视频编码格式MPEG-2、MPEG4、H.264以及H.265等,都可以实现付费电视的有条件接受。
- IPTV的承载网络完全是双向的,IPTV业务更具互动性,更可以承载游戏类、网络交易以及网络互动教育等节目。
- IPTV业务采用IP技术，更利于与其他系统的融合。例如与语音系统结合实现可视电话、与证券系统结合形成网络证券、与银行系统结合完成网络交易和网络支付、与政务系统结合进行政务信息查询等。

4. IPTV系统的组成

IPTV系统主要由IPTV服务器（前端）、IPTV管理系统、传输网络以及IPTV客户端四部分组成，如图10-30所示。图10-31为典型的IPTV组网结构图。

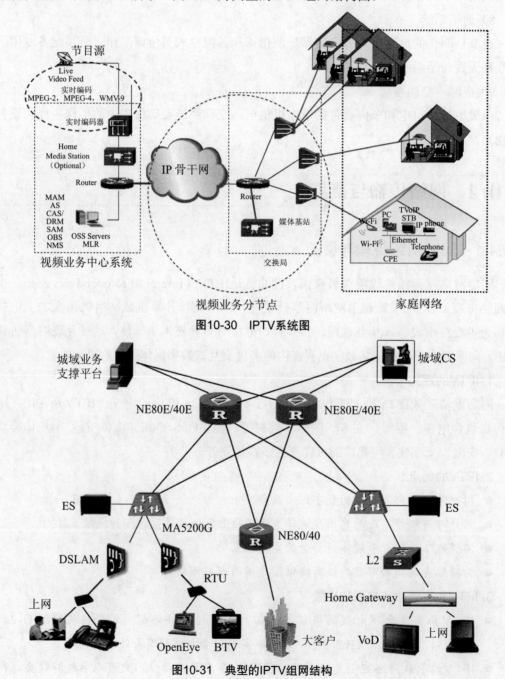

图10-30　IPTV系统图

图10-31　典型的IPTV组网结构

- IPTV服务器是在网络进行视频信号广播的专用设备，可用于卫星电视节目广播、实况播送等。
- IPTV网络是一个可承载IP数据业务的网络，主要负责IPTV数据包的传输和分发。
- IPTV管理系统具有管理IPTV所需的各项功能，如：可按照运营商所需的运营模式而设置的预定管理、频道管理、视频加密管理、用户认证管理和影视资产管理等。
- IPTV客户端，可以采用IP机顶盒或者PC机配合媒体播放软件接收IPTV。

5. IPTV的播出方式

对于IPTV业务的开展可采用单播和组播两种模式，如图10-32所示。

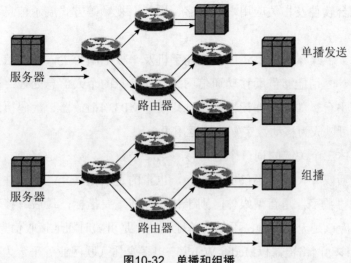

图10-32　单播和组播

1）单播模式

IPTV单播需要在服务器和每一个用户之间建立单独的数据通道。如果同时给多个用户传送相同内容的音视频节目，必须相应地复制多份相同的数据包。一旦有大量用户希望获得数据包的同一份拷贝时，将导致服务器负担沉重、延迟大、网络拥塞。

2）组播模式

IPTV组播发送服务器仅仅向一个组地址发送信息，用户只需加入到这个组就可以接收信息，所有的接收主机接收的是同一个数据流。这样单台服务器能够对几十万台客户机同时发送连续数据流，所有发出请求的用户端共享同一信息包，减少了网络传输的信息包的总量。

3）组播的优点和缺点

- 组播的优点：效率增强，控制网络流量，降低服务器和CPU的负担；性能更优化，消除了流量冗余；分布式应用使多点应用成为可能。
- 组播的缺点：传递会产生丢包；不能完全避免拥塞；数据包的复制可能会无序发生。

6. IPTV业务类型

IPTV可提供三类业务以满足用户需求，即电视类业务、通信类业务以及各种增值业务。

（1）电视类业务有直播广播电视（BTV）、点播电视（VOD）、时移电视、个人视频录制、远程教育（eTV）等；

（2）通信类业务主要有基于IP的语音业务、即时通信服务、电视短信等；

（3）增值业务指电视购物、互动广告、在线游戏、家居银行/电视商务等。

10.4.2 移动网络覆盖和Media-Web™

移动数字媒体是指以移动数字终端为载体，通过无线数字技术与移动数字处理技术可以运行各种平台软件及相关应用，以文字、图片、视频等方式展示信息和提供信息处理功能的媒介。

当前，移动数字媒体的主要载体以智能手机及平板电脑为主，随着信息技术的发展和通信网络融合，一切能够借助移动通信网络沟通信息的个人信息处理终端都可以作为移动媒体的运用平台。如电子阅读器、移动影院、MP3/4播放器、数码摄录像机、导航仪、记录仪等都可以成为移动数字媒体的运用平台。

数字移动媒体三个关键的词一个是媒体、第二是数字，第三是移动。首先一定不能把新媒体等同于新媒介，媒体不仅仅是媒介，也指的是依托媒介，制作并销售影响力的社会组织。其次"数字"是新型媒体区别于传统媒体重要指标；最后"移动"的概念，从技术的理解，应该是无线传输，不是简单地流动，是可随时随地接收信息的需求。

广电方式的移动网络覆盖以Media-Web™广电多媒体互联网业务平台为代表，它是基于UHF（700MHz）DTMB单频网大规模覆盖。网络通过Media-Web™服务器和WiFi终端接入小区、汽车和家庭。Media-Web™无线网支持视频直播、双向多媒体点播服务、互联网信息精细化分类的数据推送，网络带宽不受Internet"出口"限制。具体细节还将在后面"NGB-W技术"中阐述。

10.5 同步广播技术

同步广播又称同频广播或者单频网广播，其中的核心是频率同步、时间（相位）同步、调制度同步和保证必要的最低接收场强，这个被称为"三同一保"。同步广播分音频同步广播和视频同步广播。

同频广播可以解决大面积下的小功率覆盖问题，广播频率专业化情况下的分区覆盖，例如交通频率应用于道路沿线的交通信息。对于地形、地理等原因造成的覆盖率低，改善人口密集区域情况下的收听（看），一般使用小功率同步布点。另一个优点是建网容易、建网费用低、投资回收快、听（观）众无需更换接收机。再次是易于规划，提高频谱利用率，消除阴影区。在改善场强不均匀度方面，使用低高度垂直极化天线，极大地减小对空辐射和根部近场辐射，节约能源，满足电磁环境卫生标准，避免对航空频段造成干扰。系统的缺点也是存在的,一方面是本身的技术缺陷,相干区的技术处理难度大,并且这种情况不可避免。另外在管理和维护方面不集中,造成设备安全运行保障性不够强。

10.5.1 同步音频广播

1. 中波同步广播

1)人工延时调整型

中波同步广播在我国已经进行了一定时间的试验。近几年,随着GPS技术的广泛应用和数字电视广播单频网技术的发展,中波同步广播也有了一些新的发展思路。

中波同步广播主要解决的是同频、同节目电台的相干服务区出现的问题,概括起来有如下三个要素。

- 同频:各个发射站点的载波频率差小于0.015Hz,其相对精度为$1\sim3\times10^{-8}$。
- 同相:两个同步发射站点中间的交越区所允许的最大延时差小于70μs。
- 同调制度:中波调制信号的调制度偏差小于15%。

目前多数中波同步广播系统的结构框图如图10-33所示。

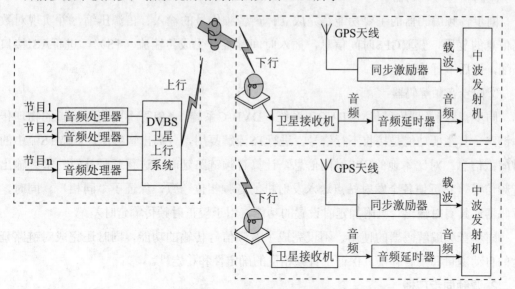

图10-33 中波同步广播系统框图

为保证同步广播的正常进行,中波同步广播系统采取了如下措施:

- 中波发射系统应用同步激励器,提供频率精确的载波信号,以保证同频的要求。
- 系统采用卫星传输,在节目前端加入音频处理器,对节目信号进行统一地处理,在各个发射机前不再使用音频处理器,来保证调制度的一致。
- 在各中波发射站点,接收音频信号,并进行音频时延均衡,补偿链路延时差,以保证同相。这个过程是比较复杂的,也是不能轻易达到的。

2)延时自动同步

这是个基于DVB-T数字电视单频网理论的"延时自动同步"技术的音频传输系统,

其原理框图如图10-34所示。它包括同步音频编码器和同步音频解码器两个部分。

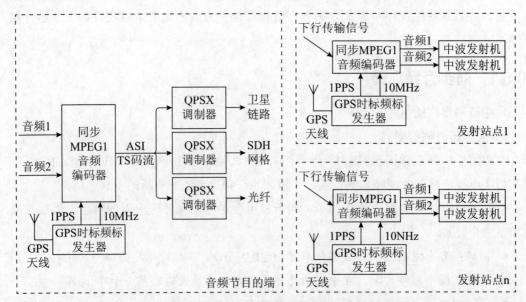

图10-34 "延时自动同步"系统原理图

① 同步音频编码器

同步音频编码器的主要功能是完成立体声音频信号的输入、信源压缩，并实现对数据信息的复用，获取GPS时间信息，插入时间标签，生成传输流（TS），进行ASI接口匹配，最后下行传输。

② 同步音频解码器

同步音频解码器可以适应DVB-S系统、DVB-C系统、ASI等不同输入接口的物理传输链路。其主要功能是接收下行信号，进行TS流解复用，分离出音频流，获取TS流中的时间戳信息；对比本地的GPS时间信息，计算音频链路延时，进行延时补偿，最终输出音频信号。它可使各个发射站点送入发射机的音频相位一致，保证了"同相"。同时，解码器还具有对输出音频附加延时设置的功能，用于校正射频传输延时差。

同步音频编解码器的使用，不仅完成了音频信号传输的功能，同时还完成对链路延时的自动测量和实时补偿，保证了音频相位的确定性和稳定性。

2. 调频同步广播

模拟调频同步广播系统架构与前面介绍的中波同步广播系统架构基本类似。由于模拟调频同步广播整体技术水平的局限，调频同步广播系统的实际效果还有待进一步提高。其原因主要是：

（1）由于采用模拟调频激励器，调制度同步很难实现精确同步。共源技术虽然解决了调制度精确同步问题，但需要对射频信号进行传输，又无法兼顾时间同步问题。

（2）节目传输受实际传输链路的限制，时间（相位）同步基本不能保证。此外对立体声导频同步没有规定，该同步系统立体声效果的支持较差。

（3）对标准中要求的"三同"一般只能做到"一同"或者"两同"，无法实现真正地同步，导致实际覆盖效果不理想。

与中波同步广播一样，同频同步广播也要求多个台站采用同一个频率、同一时间发送同一套节目。由于各个台站传输链路不同，即使全部采用同一种链路也存在时延抖动、传输路由参数等变化问题，很难保证恒定的传输时延，所以时间同步是一个技术难点。

图10-35为调频同步广播系统原理框图。系统采用了单频网适配技术，在音频传输链路上插入1PPS（Pulse Per Second，秒脉冲）时间基准，通过SFN适配器解决自动延时调整问题，使系统实现自动时间同步。此外该系统可以实现防插播功能，基本原理为在前端"SFN服务器"中插入识别码，到激励器中解出，可剔除中间环节插入的非法信号。

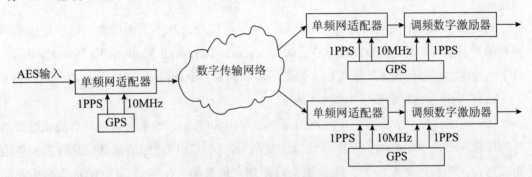

图10-35 同步系统原理框图

常用的系统同步方案目前有E1传输链路同步方案图和卫星/有线传输链路同步方案，其中图10-36为E1传输链路下同步系统原理图。图10-37所示为卫星/有线传输链路下同步系统原理图。

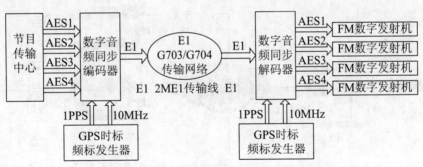

图10-36 E1传输链路下同步系统原理图

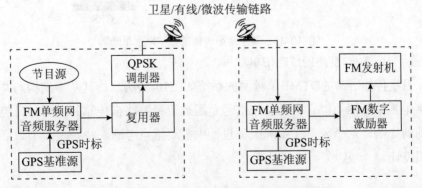

图10-37 卫星/有线传输链路下同步系统原理图

10.5.2 电视广播单频网

1. 地面电视基带同步单频网

地面电视基带同步单频网（Single Frequency Network，SFN）是指由多个位于不同地点、处于同步状态的发射机组成的地面数字电视覆盖网络。覆盖网络中的各个发射机以相同的频率、在相同的时刻发射相同（码流）的已调射频信号（比特），以实现对特定服务区的可靠覆盖（交叠覆盖）。其特点是分散调制，分散同步基准（GPS/北斗），节目信号为基带信号。数字电视单频网（SFN）要求：频率同步+调制时间同步+调制比特同步。

地面数字电视单频网根据信号的传输途径又可以分为基于地面传输的数字电视单频网和基于卫星传输链路的DTMB（Digital Television Terrestrial Multimedia Broadcasting，数字电视地面广播传输系统帧结构、信道编码和调制）单频网等几类。

1) 基于地面传输的数字电视单频网

基于地面传输的数字电视单频网的系统如图10-38所示，该系统以地面有线或微波网络为传输平台，将中心的数字电视传输流复用后，经单频网适配器处理以后分发到各地面发射台。单频网适配器的作用是把来自全球定位系统（GPS/北斗）的标准频率和时间，插入到数字电视传输流当中，为单频网提供标准的频率和时间信号。插入GPS/北斗时钟后的TS流中含有MIP（Mega-frame Initialization Packet，兆帧初始化包）。

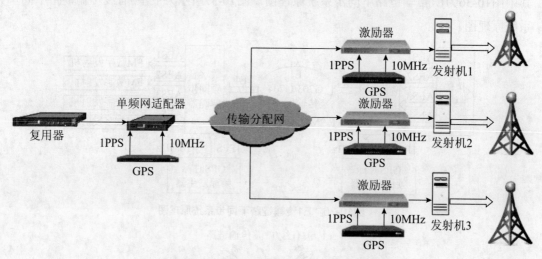

图10-38　基于地面传输的数字电视单频网

2) 基于卫星传输链路的DTMB单频网

基于卫星传输链路的DTMB单频网的系统如图10-39所示，其基本结构与基于地面传输的数字电视单频网类似，只是基带信号是通过卫星链路来传输的，信号可能会受到卫星的摄动的影响，这个因素在实际工程设计中需要重点考虑，特别是大型数字电视广播单频网的设计。

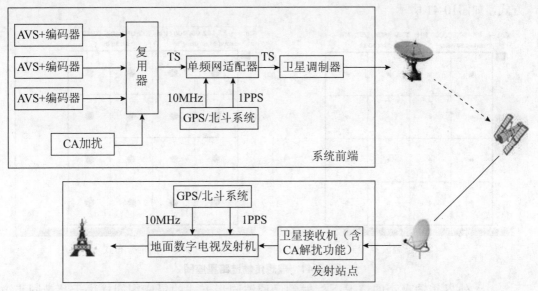

图10-39 基于卫星传输链路的DTMB单频网

2. 射频已调波同步单频网

射频已调波同步单频网系统原理图如图10-40所示,其特点是播出中心输出到各发射台的信号是射频已调波,这样就比较好地解决了同频和调制度相同的问题,剩下就是时间同步的问题了。射频已调波同步单频网的主要优势包括:

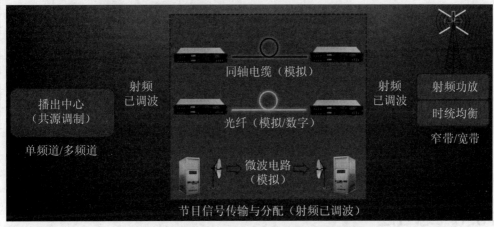

图10-40 射频已调波同步单频网系统原理图

1)同步性能优势

射频已调波同步单频网的共源调制方式优于基带同步单频网分散调制方式,因此覆盖性能优于基带同步单频网。

2)性价比优势

射频已调波同步单频网支持多频道电视与多频点广播的宽带应用,可以实现低成本扩展无线覆盖。

3)误码率优势

理想传输链路(无噪声)条件下,射频已调波同步方式的星座图明显优于基带同步方式，如图10-41所示。

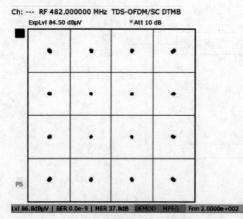 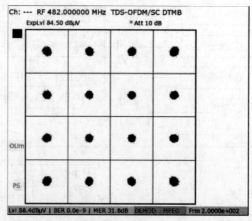

（a）已调波集中式　　　　　　　　　　（b）基带分布式

图10-41　理想传输链路星座图

引入外界传输噪声的情况下，射频已调波同步方式的星座图同样优于基带同步方式，如图10-42所示。

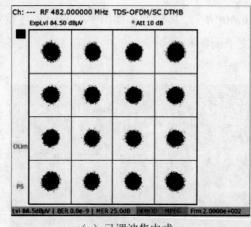 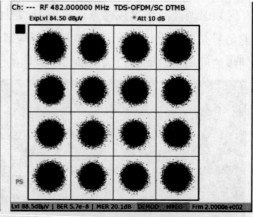

（a）已调波集中式　　　　　　　　　　（b）基带分布式

图10-42　引入干扰后星座图

10.6　思考题

1. 简述地面广播电视系统的传播特点。
2. 简述地面广播电视系统的组成。
3. 模拟电视图像信号的两种调制方式是什么？
4. 负极性调制的优点什么？
5. 我国的电视标准规定，一个频道的频带宽度是多少MHz？图像中频为多少MHz？
6. 简述有线电视系统的基本组成。
7. NGB是什么意思？

8. 简述我国卫星电视广播的波段。
9. 简述卫星电视广播系统的组成。
10. 简述卫星车系统的组成。
11. 简述IPTV系统的组成。
12. 简述IPTV的播出方式。
13. 什么是"三同一保"？
14. 同步音频广播分哪几种？
15. 同步广播常用的系统同步方案有哪几种？
16. SFN是什么意思？

融合与创新篇

第11章 融合应用

广电融合媒体方式的智能化,可以实现感知、智能协调、智能接口、弹性可重构等功能。另外,通过广电融合媒体服务云平台与制播云平台、智能承载网及多形态智能终端之间的聚合、协同和联动,来支撑和实现广电融合媒体服务模式开放、融合、协同的可持续创新,满足广电融合媒体业务无处不在的发展需求。

11.1 融合广电

11.1.1 TVOS

2015年12月26日,国家新闻出版广电总局科技司、工业和信息化部电子信息司在湖南发布了智能电视操作系统TVOS 2.0。这是我国自主研发推出的新一代具有自主知识产权、可管可控、安全高效、开放兼容的智能电视操作系统。

TVOS 2.0是由国家新闻出版广电总局广科院、华为技术有限公司、阿里巴巴集团、中兴通信股份有限公司、国广东方网络(北京)有限公司、深圳创维—RGB电子有限公司、东方有线网络有限公司、江苏省广电有线信息网络股份有限公司、陕西广电网络传媒(集团)股份有限公司、湖南省有线电视网络(集团)股份有限公司等60多家TVOS工作组成员单位在国家十三五规划大力实施网络强国战略,互联网+行动计划,发展积极向上的网络文化,促进互联网和经济社会融合发展的大背景下,以创新的产学研用联合攻关机制,在TVOS 1.0与华为MediaOS和阿里巴巴YunOS融合的基础上,打造的我国自主创新、安全可靠的新一代智能电视操作系统。

TVOS 2.0将对行业产业化规模应用起到积极的推动作用,用户将足不出户享受安全、便捷、可靠的智能电视操作所带来的科技发展成果,作为牌照运营方,由国广东方运营的CIBN互联网电视平台肩负可管可控、合法合规的行业监管重任,其旗下自有终端公司环球智达科技(北京)有限公司(简称"环球智达")推出了行业第一家支持TVOS的互联网电视机顶盒CANbox超能云盒,成为行业先行标杆企业和品牌。

TVOS是一个开源系统,对于电视的意义就像Android对于手机,有了TVOS,人们同样可以在智能电视终端上开发基于TVOS的应用程序,使观众从"看电视"到"用电视"的方向更进了一步。

TVOS可实现诸如智能人机交互、电子支付、智慧家庭—智能家居、智能人机交互—无缝体验现有的触屏游戏、视频通信和社交应用等功能。

11.1.2 OTT技术

OTT TV是"Over The Top TV"的缩写,是指基于开放互联网的视频服务,终端可以是电视机、电脑、机顶盒、PAD以及智能手机等。其意指在网络之上提供服务,强调服务与物理网络的无关性。通过互联网传输的视频节目,如PPS、UUSEE等平台的内容传输到显示屏幕(包括电视)上。从消费者的角度出发,OTT TV就是互联网电视,是满足消费者需求,集成互动电视功能的全功能的互联网电视。在国际上,OTT TV指通过公共互联网面向电视传输IP视频和互联网应用融合的服务。其接收终端为互联网电视一体机或机顶盒+电视机。在我国,OTT TV是指通过公共互联网面向电视机传输的由国有广播电视机构提供视频内容的可控可管的服务。接收终端一般为国产互联网电视一体机。

1. OTT TV的实现方式

目前,OTT TV主要有两种实现方式:HTTP渐进下载(HTTP Progressive Download,HPD)和HTTP自适应流媒体(HTTP Adaptive Streaming,HAS)。

HPD OTT TV不适合对实时性要求较高的直播节目的传输;初始播放的等待时延一般较长;当网络带宽不稳定时比较容易出现卡屏现象。由于客户端会持续下载视频文件,当用户中途放弃观看节目时,会造成已下载文件(消耗带宽)的浪费。

HAS OTT TV采用视频分片和自适应码率(ABR)技术,由媒体流分割器将编码器输出的视频流分割为一系列连续的、长度均等的小分片文件,并将它们存储在Web内容分发服务器中。HAS客户端设备可在可用的带宽的基础上,自动向Web服务器请求合适的视频质量(即不同的分辨率和码率)的分片文件,从而给用户最好的视觉体验。HAS可在不同网络带宽情况下实现流畅的视频播放,因此HAS被业内认为是未来无所不在的多屏互动视频的核心技术。

2. 我国对OTT TV服务的要求

(1)其播出平台必须由获得牌照的集成服务商(央视、文广、华数)提供,而一般家电厂家不得涉足播控平台。

(2)其内容来源必须由获得互联网内容服务牌照的广电播出机构提供,非广电播出机构无法获得。

(3)电视设备中对播出平台及内容来源的集成要求:一台电视机只能植入一家集成商的客户端,但同一品牌不同的型号可以植入不同的客户端。

3. 我国互联网电视牌照商介绍

当前我国互联网电视牌照有7张,分别是CNTV、百视通、华数、南方传媒、湖南广电、中央人民广播电台和中国国际广播电台。

11.1.3 DRM

1. DRM的概念

DRM(Digital Rights Management,数字版权管理)指的是出版者用来控制被保护对象的使用权的一些技术，这些技术保护的有数字化内容（例如：软件、音乐、电影）以及硬件，处理数字化产品的某个实例的使用限制，其目标是保护数字作品的版权，实现对数字作品的创建、处理、分发、消费的管理，保证数字化媒体内容的提供者、分销商、零售者和消费者多方的权益。DRM是随着电子音频视频节目在互联网上的广泛传播而发展起来的一种新技术。其目的是保护数字媒体的版权，从技术上防止数字作品的非法复制，或者在一定程度上使复制很困难，最终用户必须得到授权后才能使用数字媒体。

如果将数字版权管理系统中一系列的需求与不同的角色进行映射，每一个角色在DRM中都有不同的作用，如图11-1所示。

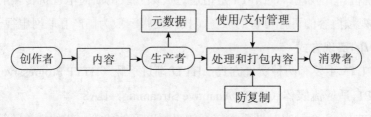

图11-1 创作到消费的内容流

2. DRM系统三要素

任何DRM系统都包括三个基本要素：加密的内容、授权和内容密钥。只有客户端得到了加密的节目、授权文件和相关的内容密钥才能收看节目，三者缺一不可。DRM系统三要素的相互关系如图11-2所示。

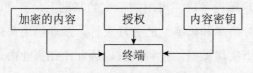

图11-2 DRM系统三要素

DRM的基本原理就是通过对明文的媒体文件进行加密，然后通过安全的技术手段将解密密钥及解密后的媒体文件传送给正确的用户终端，用户终端需要授权才能使用解密密钥解密媒体文件。

3. DRM系统结构

DRM系统的结构多种多样，典型的DRM系统都有几个逻辑子系统：内容加密系统、版权发布中心、密钥管理系统、内容传送系统与终端接收解密系统等，如图11-3所示。

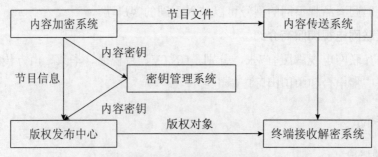

图11-3 典型的DRM系统

从功能结构上，DRM系统应包括三大模块：其中最高层模块包括知识产权内容的创建模块、管理模块和使用模块，如图11-4所示。

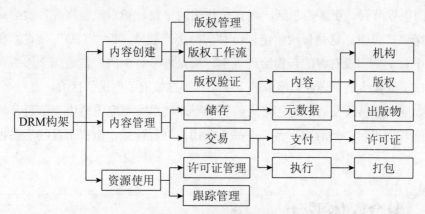

图11-4　DRM功能构架

从图11-4中可以看到，每个模块又可以分为若干子模块，各子模块又分别担任不同的角色。三个主要模块提供了DRM系统的核心功能，每个模块都必须使用标准的格式、交互操作，共同形成DRM系统的功能体系。

从技术角度上，DRM系统包括一系列相互关联的技术，其技术模型如图11-5所示。

图11-5　DRM系统的技术模型

模型中许多技术属于通用技术，如唯一标识符、数据格式、元数据、解密、身份认证、安全通信和安全支付等。关键技术则有内容加密、数字权限的描述、数字内容使用控制、权利转移以及可信执行等。

4. DRM的应用

DRM的应用有电子书保护、流媒体保护、图像保护、移动领域内容保护、家庭网络内容保护、广播电视内容保护以及对等网络P2P（Peer To Peer）内容保护等。

11.1.4　T2O

T2O（TV To Online）模式从本质上看不是一种单独的商业模式，而是在O2O模式的基础上衍生出来的"傍焦营销"，即将电视剧与电商相结合，观众可以在收看节目时打开手机直接扫描节目的LOGO，就能立刻购买与节目同款定制的旅游产品。除此以外，用户在任何场合，只要有节目LOGO，就能拿出手机扫码购买。

与此前一些媒体涉足电商不同的是，"T2O"模式采用了扫描二维码直接进入商品链接的模式，相较于进入电商网站或者通过手机网站再次进入的操作模式更为便捷，也更适应目前移动终端发展的需要。因此，普通受众接受起来更为方便。

传统的电视节目，更多是起到一个宣传作用的平台，然后他们将广告卖给商家或者广告主，赚取广告费。这是传统的电视节目的经济产业链。而"T2O"模式本质上也是一个宣传平台，他们没有将广告卖给广告主，而是将节目中的广告效应全部引向了销售平台，说白了就是给销售平台引流量的工具，只不过披上了电视节目的外衣。

在大数据引擎迅速发展的时代，人们要用互联网思维彻底改造电视节目，将节目打造成一个互联网平台，然后将平台、产品以及用户进行连接，电视节目的形态也将随之发生质变。

11.2 融合媒体平台

为了规范各地的融媒体平台的建设，2015年12月国家新闻出版广电总局同时发布了《广播电台融合媒体平台建设技术白皮书》和《电视台融合媒体平台建设技术白皮书》。

11.2.1 融合媒体的特征

"融和媒体"是充分利用媒介载体，把广播、电视、报纸等既有共同点，又存在互补性的不同媒体，在人力、内容、宣传等方面进行全面整合，实现"资源通融、内容兼融、宣传互融、利益共融"的新型媒体。融合媒体是全媒体功能、传播手段乃至组织结构等核心要素的结合、汇聚和融合，是信息传输渠道多元化下的新型运作模式。在媒体融合势态下，传统媒体将与互联网、移动互联网等新兴媒体传播渠道有效地结合、实现资源共享、集中处理，能衍生出多种形式的信息产品，多渠道广泛地传播给受众。

1. 融合媒体的业务特征
- 实时传播、海量传播；
- 充分开放、充分竞争；
- 一体化发展；
- 品质上追求专业、权威；
- 具备即时采集、即时发稿的报道机制；
- 量身定做、精准传播；
- 具备多媒体化的展示方式。

2. 融合媒体的运营特征
- 实现了从频道到平台的转变；
- 实现了从内容到产品的转变；
- 实现了从观众到用户的转变；
- 实现了从单网向多网、多终端、多业务的转变。

3. 融合媒体的技术特征

- 节目数量大并且以结构化、非结构化、半结构化文件呈现；
- 节目制作方式更加精细、制作手段更加多样化；
- 信息传播体现出了社交化、移动化、视频化的趋势；
- 融合媒体相关业务对资源的共享失效、检索时效、展现方式、权限控制等提出了更高的要求。

11.2.2 融合媒体平台

融合媒体平台是指以云计算、大数据等现代信息技术为基础打造的，基于融合发展的云架构。通过能力建设、开放接口、流程重构，支持电视台或广播电台敏捷生产和新业务的弹性部署。在满足传统业务流程的同时，满足媒体融合发展的多业务流程，满足新业务运营的基础性要求，能够为新业务提供统一内容支撑、技术服务、数据分析、运营计费等服务的一体化技术业务平台，它能有效地支撑媒体融合发展背景下电视台或广播电台创新业务的快速发展。

融合融合媒体平台按传统归属关系可以分为广播融合媒体平台和电视融合媒体平台，但就其未来的发展方向来看，其功能和作用的界线将随着融合技术的发展愈来愈模糊。

现代广播技术还提出了混合广播的概念，虽然目前学术界还没有一个权威定义。一般认为混合广播是指利用移动互联网、云计算、智能终端等技术，对现有的模拟或数字音频广播的升级改造，能够提供实时与非实时、交互的综合业务，满足用户个性化。多样化业务需求，形成基于传统音频广播系统的新型广播。

融合媒体平台建设应该本着从封闭到开放，从单维度服务到多维度服务，从单一"造船出海"到"造船""借船"并举，从紧耦合到模块化设计的思路进行建设。

11.2.3 融合媒体平台架构

融合媒体平台架构的演变将取决于政策方向、云标准化程度、应用软件云化进程、网络带宽和计算能力的变革以及电视台自身的发展情况等复合因素。从全台网角度而言，其相关业务具有封闭运行的特点，构建私有云是必然的选择。然而，融合媒体平台的云化应更加具有开放性，如何充分利用公有云资源，更加贴近互联网和移动互联网以支撑业务需求，是融合媒体平台建设过程中必须考虑的问题。同时，为了更好地在公有云中建立起电视台的特色应用，且确保内容的安全和有效的版权保护，有必要构建专属云模式。图11-6为某品牌融合媒体平台的解决方案。

1. 公有云

公有云服务是指利用专业厂商建设的基础设施构建的电视台业务和应用系统。公有云作为电视台业务应用的解决方案，既有弹性，又具备低成本高效益的特征，可以更加灵活、及时地应对业务需求的变化。

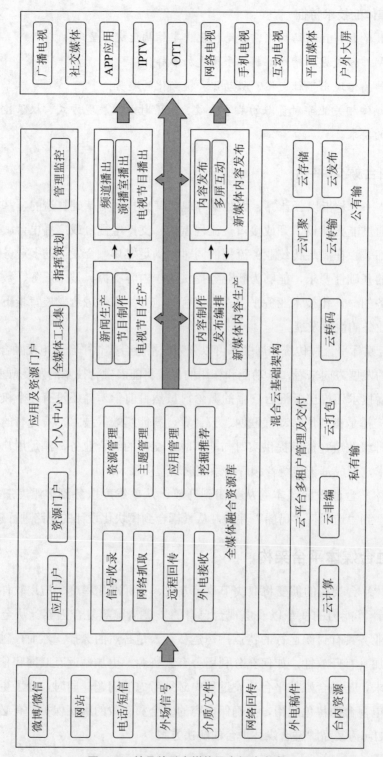

图11-6 某品牌融合媒体平台解决方案

2. 私有云

私有云服务是指电视台采用自主建设方式构建的业务和应用系统。电台、电视台采用私有云服务更能掌控云基础架构,既保有传统数据中心可控、可信、可靠和安全特性，业务应用与内容安全皆在电视台业务系统内进行组织和管理，同时又具备公有云服务的质量、性能、弹性应用等优点，并且可随时改善安全与弹性。

私用云的优点：数据安全，SLA（服务质量）稳定，充分利用现有硬件资源和软件资源，不影响现有IT管理的流程。

3. 专属云

专属云服务结合了公有云及私有云的特点与优势，它采用物理上隔离的专属资源池，由专业厂商负责建设、运维，但又由特定用户专用，用户独享计算、网络和存储资源，且可以掌控关键服务及数据，实现较大程度的可管、可控。专属云服务方式对安全性要求高、系统稳定运行要求高、资源使用灵活性要求也高的业务更加适合。

11.2.4 三微一端

"三微"，即微博、微信、微视频，一端为新闻客户端。

截至2015年6月，我国网民规模为6.68亿，手机网民为5.94亿。微博传播的公开性，使其影响力不容小觑。微信覆盖了90%以上的智能手机，拥有活跃用户6.5亿以上，55.2%的用户每天打开微信超过10次。人民网舆情监测室发布的《2015年互联网舆情分析报告》中指出，微信已成为社会舆论的新引擎，网民结构正日益向中国总人口还原。截至2015年6月，网络视频用户规模为4.61亿，手机视频用户为3.54亿。视频传播的直观性以及网民使用的黏性，使微视频舆论不容忽视。它会成为移动互联网的重要入口，用户量、传播力或迎来更大突破，网络社交媒体的格局也会随之重塑。

过去，人们进入舆论场多是通过口耳相传、组织传播或者大众传媒，个体意见的表达具有间接性。"三微一端"时代，个体进入舆论场则具有主动性、直接性的特点。以微博、微信、微视频和客户端为代表的传播渠道，不仅是个体与外界交流的窗口，还是个体构建社会关系的平台。个体不仅通过平台生产舆论内容，还产生社会交往。每个个体都可以决定是打开还是关上生产"舆论"的阀门，都可以决定自己和谁交往、如何交往，这种"决定"是信息流动、舆论产生的关键。每个个体就是舆论产生的节点，这些关键的节点，改变了过去舆论生产的线性模式，以关系为中心的网状模式使舆论影响更大、范围更广。

以微博、微信、微视频和客户端为载体和传播渠道的舆论的生成与传播，既有积极的社会作用，也有消极的社会影响。对于消极方面，要通过政治、法律、技术、社会等多个方面予以干预。就目前来看，加大政务微博、政务微信等的建设力度，对已出现的问题进行规制，显得尤为重要。

11.3 NGB云平台

下一代广播电视网（Next Generation Broadcasting，NGB）是以有线数字电视网和移动多媒体广播网络为基础，以高性能宽带信息网核心技术为支撑，将有线与无线相结合，实现全程全网的广播电视网络。不仅可以为用户提供高清晰的电视、数字音频节目、高速数据接入和语音等三网融合业务，也可为科教、文化、商务等行业搭建信息服务平台，使信息服务更加快捷、方便。

NGB云平台是一个全新的概念，它从出现至今时间还不长，其中的一些内涵和外延还在不断地变化和扩张，因此到目前还没有形成固定和规范的标准化的定义。

11.3.1 NGB的"云""管""端"

国内有些广电运营商把技术平台、传输网络、客户终端和运营支撑系统综合称为"云""管""端"，并提出了"通过打造媒体云（电视云）、宽带云、服务云、通信云，建设覆盖区高速骨干网络，实现业务快速部署运营、节省投资、降低运营成本、盘活存量资产，满足多种终端使用的业务需求"的技术战略。图11-7为"云""管""端"的技术构架。

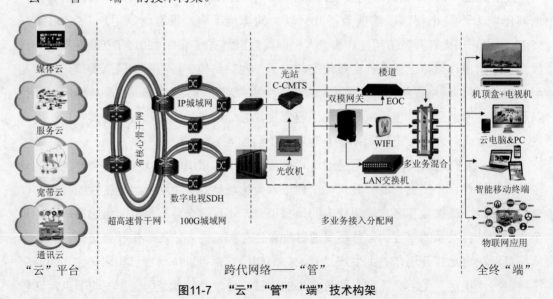

图11-7 "云""管""端"技术构架

11.3.2 云媒体

"云媒体"是云计算时代下的所有媒体总称，一般指基于云计算技术可用于提供媒体服务和应用的新兴媒体服务。"云媒体"平台将传统媒体与互联网或者移动互联网相结合，用户可以在"云媒体"中分布式地存储和处理多媒体应用数据，如节目的编辑、制作、存储、采集、上载和播出等，而不需要在计算机或终端设备上安装媒体应用软件，进而减轻了用户对多媒体软件维护和升级的负担。云媒体平台主要完成云转码、云收录、云存储、云搜索、云适配以及云分发等功能，实现媒体的多格式、多终端跨平台呈现等。

对于广电运营商来说，云媒体电视（Cloud Media TV，CMTV）是一个借力占据市场的突破口。它是以下一代广播电视网（NGB）为基础，以综合视频、语音、数据等多媒体、全业务服务为途径，以开放化、智能化为特征，为用户提供融合广播电视、绿色互联网、可视通信以及开放的视频增值业务等全业务服务的安全可控的数字电视。

另一方面随着互联网技术的发展和社交网络的兴起，媒体呈现出碎片化趋势。每个人都变成了一个媒体，这个媒体既可以传播信息，也可以发布信息。这种媒体以个人博客、微博、空间主页、群组等形式展现出来。人们结合云发展的理论将其命名为云媒体。一些企业、机构的QQ群、网站、官方微博也呈现出同样的倾向，以及各类互联网的应用、游戏、网站都显现出互动传播功能。人媒体和这些碎片化媒体的集合，也被称之为云媒体。

图11-8为某广电运营商拟构建的云媒体平台。它可为用户提供点播、流点播、时移、SDV、云盘、nPVR等多样化的业务模式，满足用户多样化的需求。

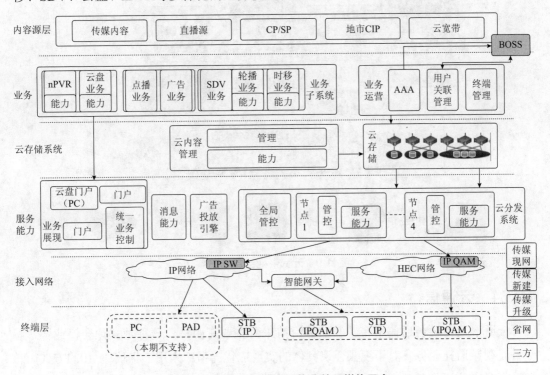

图11-8 某广电运营商拟构建的云媒体平台

目前比较有影响力的广电云媒体平台主要有华数云媒体，索贝云媒体。其他还有乐视云媒体、阿里云媒体、百度云媒体和腾讯云媒体等。

11.3.3 云宽带

云宽带平台构架在云存储系统之上，在充分利用其灵活的扩充能力来支持海量存储，多服务器同时服务形成的高并发内容分发能力及充分利用其空闲的CPU所带来的高计算能力进行音视频转码，包括预转码及实时转码。可为用户提供高速、高质量、丰富内容、全新体验的宽带服务。

云宽带平台主要面向两类终端，一类是普通的PC终端，另一类是基于Android的云终端。云宽带平台由云宽带综合服务系统平台、云宽带头端系统以及相应的配合系统组成。云宽带平台可完成云缓存、云加速、云搜索、云桌面、云聚合等功能，实现云电脑的多终端、层级服务。云宽带平台系统结构如图11-9所示。

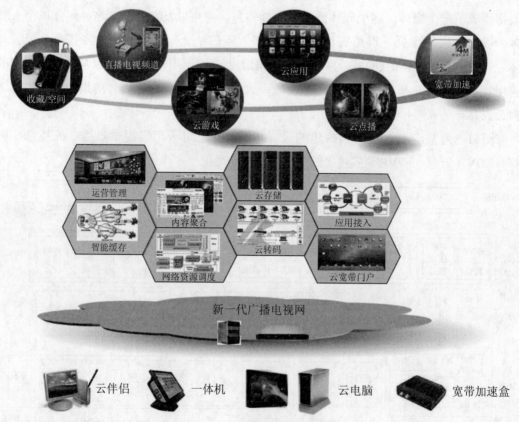

图11-9　云宽带平台系统架构

11.3.4　云通信

云通信又称融合通信平台。其业务目前来看主要有两种，一种是视频会议业务，另一种是视频监控业务。对于视频会议具体的实现应优先考虑采用广播信道+IP的方式，该业务更具有广电的优势和特色，并且传输视频时对网络的带宽要求比较低。当然也可以考虑纯IP方式，但这个方式对网络带宽要求较高，对于广电网络来说其优势不大。由于有线网络不但拥有广播信道还同时拥有交互信道，同时还可能拥有大量的物理光纤传输网络资源，因此有线广播电视网络不论参与集团用户还是个人用户的视频安防监控的业务，都有得天独厚的优势。

在实现融合通信业的过程中务离不开各种类型的用户终端，如机顶盒（Set Top Box，STB）、个人计算机（PC）、移动或固定电话终端（PHONE）等。因此，要完成这些终端设备之间的互联互通，比如要打通STB-STB、STB-PC、PC-PC、PHONE-STB之间的通道。当这些目标都实现了以后，有线电视网络完全可以实现用户之间的任意的视频通信,所以视频会议和视频监控的发展是为将来实现视频多点对多点通信做铺垫的。

云通信平台可以完成云交换、云消息、云存储、云搜索、云关联功能,实现如视频会议的富媒体、跨终端、跨场景服务等。

11.3.5 云服务

广电的云服务平台利用云管端技术,将广播型单向终端、双向终端、全IP终端、PAD等终端接入到服务云平台,让终端无差别地使用基于云技术的数字电视业务、点播业务、游戏业务等各类单向双向交互业务。云服务让用户既享受超宽单向HFC网络承载的海量内容,又充分利用双向网络的灵活优势。云服务平台可以完成云计算、云叠加、云桌面、云转码、云存储、云接入等功能,实现适配云游戏的瘦终端、多业务服务。

目前一些网络运营商的绝大部分用户都是采用单向机顶盒或者基本双向机顶盒,而传统的技术手段无法实现全业务运营。云服务平台将所有的计算能力(包括显示能力)全部集中在中央服务器端,将前端应用的运行显示输出经过视频编码后传输给终端。终端只需要有一个解码芯片,即可感受到完全的应用显示效果。终端同时具备双向回传功能,将控制操作回传给中央服务器端。只要用户控制和显示效果的延时非常小,用户根本感受不到是本地操作还是远程访问,就可以做到利用云计算技术来提供应用服务。具体来说单向机顶盒+电视机作为简单的输出显示终端,机顶盒遥控器、无线键盘等设备作为简单的输入设备,通过家庭多业务混合器(家庭智能网络终端)联入跨代网,由云服务来提供各项服务。

目前一些大型广电网络运营商云服务系统平台包括了云存储、云转码、智能缓存、视频DNA、内容分发、统一管理等功能模块。整个系统包含了的DVB系统、增值业务系统、马赛克导航系统、LOADER平台系统、家银通系统、NVOD系统等。配合系统包括了云CA系统、EPG系统、云服务平台、BOSS系统、云媒体平台等。图11-10为云服务部分的典型应用场景。

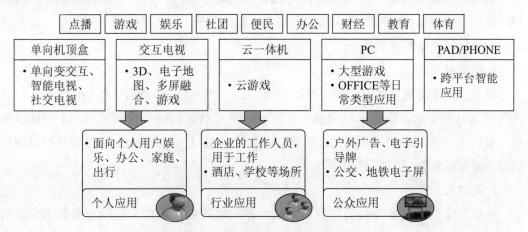

图11-10 云服务部分的典型应用场景

11.4 物联网与传媒

11.4.1 物联网的定义

物联网（The Internet of things）的早期定义非常简单：把所有物体通过射频识别（Radio Frequency Identification，RFID）等信息传感设备，按照约定的协议与互联网连接起来，从而构成物物相连的互联网，实现智能化识别和管理。

随着技术和应用的不断发展，物联网的内涵也在不断地发展。目前，业界普遍公认的定义为：物联网是指通过射频识别、红外感应器、全球定位系统（Global Positioning System，GPS）、激光扫描器等信息传感设备，按约定的协议，把任何物体与互联网连接起来，进行信息交换和通信，从而实现智能化识别、定位、跟踪、监控和管理的一种网络架构。这里有两层含义：一是物联网的互联核心和基础仍然是互联网，是在互联网基础上延伸和扩展的网络；二是物联网是物与物之间的信息交互和通信。

11.4.2 物联网智能媒体

物联网使媒体传播真正实现了双向互动，受众不受时间、地点、设备和服务的限制，可随心所欲地自由选择。对于新闻媒体行业人士而言，自身的全媒体执行技能应当尽快提高。新闻采集现场需要留下全媒体新闻素材以供电视、手机报、网站、视频、报纸等多渠道使用。同时，需要一个全媒体新闻内容服务平台支撑多元需求的个性传媒产品快速发布。全媒体采编及资源智能共享，将大量节省人力、物力资源。通过各媒体的特性进行智能化差异性表达，为受众提供分众服务，从而满足受众的多元需求，开辟传媒市场的新领域。

11.4.3 媒体物联网的技术架构

物联网由前端传感、网络传输与终端处理三部分组成，相对应的为感知层、网络层、应用层。媒体物联网的技术架构可细分为四个体系，即：感知层、网络层、信息处理层和应用层，如图11-11所示。

1. 感知层

感知层主要实现物体的识别与感知功能，主要包括各类传感器（包括读卡器），利用传感器获取实物影像或编码图像，实现对事物信息数据的采集和发送。主要技术包括：条码识读器、RFID读写器、传感器、摄像头、M2M（人机对话）终端、传感器网络以及传感器网关等。

2. 网络层

网络层主要由国家公共传输网络完成对感知层数据的上传和控制数据的下发，可以利用有线电视网、移动通信网、互联网、短距离无线传输等进行传送。主要技术包

图11-11 媒体物联网技术体系

括：2G、3G（CDMA2000/TD-SCDMA/WCDMA）、4G（TD-LTE）、短距离无线通信（WiFi、ZigBee、HomeRF等）、物联网管理中心（编码、认证、鉴权、计费）、物联网信息中心（信息库、计算能力集）等。

3. 信息处理层

信息处理层主要由各类大型信息服务平台组成。平台是与感知终端有关的信息处理器，主要负责全媒体数据的分解、组合与智能发布。在此提出全媒体新闻内容服务平台的概念，负责多渠道快速地收集、全媒体多线程加工以及各类渠道分发新闻全媒体信息。主要技术包括：大数据读取、智能搜索引擎、中间件系统、智能处理算法和云计算技术等。

4. 应用层

实现新闻媒体物联网的各类应用，包括多媒体通信、电子阅读、社教传媒、智能家居、智能影音等。使用的技术主要包括网络电视、3D打印、平板技术、移动终端系统应用开发技术等。

11.4.4 物联网的核心技术

物联网的核心技术有：射频识别（RFID）技术、互联网协议（IPv6）新技术、蓝牙技术、红外线技术、无线网际网络（WiFi）技术、无线传感器技术、智能嵌入技术、二维码技术、GPS技术、3G、4G技术、人工智能技术、纳米技术、人机对话（M2M）技术以及云计算技术等。

11.4.5　物联网媒体内容服务平台

媒体物联网对于专业领域而言，必须拥有适合新时代媒体智能、超快速传播的信息服务平台。其功能结构见图11-12。物联网媒体内容服务平台主要包含全媒体内容云存储与业务智能云管理两大板块，以及两端相应的外接设备与应用平台。

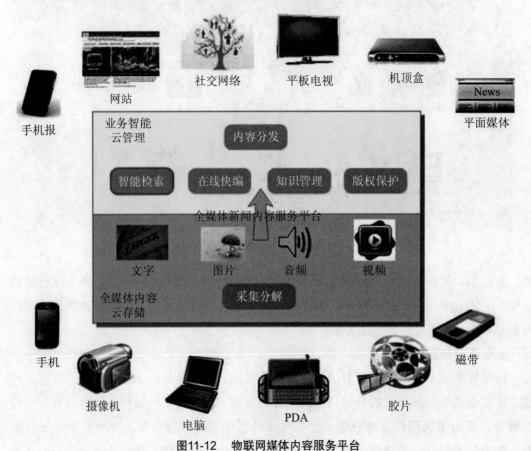

图11-12　物联网媒体内容服务平台

11.5　思考题

1. 什么是TVOS？TVOS 2.0是什么时候发布的？
2. 什么是OTT TV？举例说明。
3. T2O是什么？
4. OTT TV实现方式都有哪些？
5. DRM是什么？

6. 融合媒体的特征都是什么?
7. 融合媒体平台建设的思路是什么?
8. 什么是公有云、私有云和专属云?
9. 什么是"三微一端"?
10. NGB的云平台主要包括哪些?
11. 媒体物联网的技术架构的四个体系是什么?
12. 物联网的核心技术主要有哪些?

第12章 融合创新

在融媒体技术领域,由于技术的不断创新,源源不断地有新的技术手段应用于媒体信息的传播,因此要了解这些新技术。本章将介绍一些应用在有线网络、无线网络以及采编方面的技术。

12.1 应急广播技术

应急广播系统是指当发生重大自然灾害、突发事件、公共卫生与社会安全等突发公共危机时,造成或者可能造成重大人员伤亡、财产损失、生态环境破坏与严重社会危害,危及公共安全时,可提供一种迅速、快捷的信息传输通道,可使人民群众的生命财产损失降到最低限度的电子和网络系统。2013年12月3日国家应急广播中心正式挂牌,有关部门也正在抓紧制定应急广播的技术规范和标准。

12.1.1 国外的应急广播

1. 美国的应急广播体系

美国有一套完整的应急广播体系,有较规范和严格的操作流程。其技术特点为:覆盖面广,技术结构简单,单向传输,双信源输入,可靠性高。图12-1为美国的应急广播响应流程。

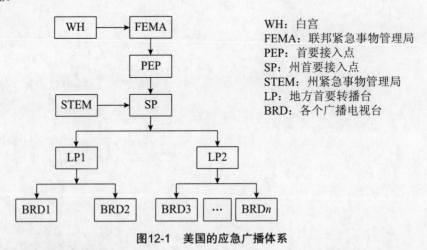

图12-1 美国的应急广播体系

2. 日本的应急广播体系

日本的应急广播体系较为先进和完备,于1985年开始建立"紧急报警系统(EWBS),通过广播、电视来发送紧急信息。该系统依托日本广播放送协会(NHK),由国家级、地区级和市级三层组成,链接全国各广播电台、电视台、有线电视系统、地面数字广播、数字卫星广播和移动广播系统,按照紧急事件的级别和发生区域向指定地区公众迅速发布报警信息,其发布流程如图12-2所示。其技术特点:紧急预警信息在电台和电视台自动生成,新闻中心随时准备播报灾害相关新闻,调用各类信号;传输网络分级分区域控制;终端具有自动唤醒功能。

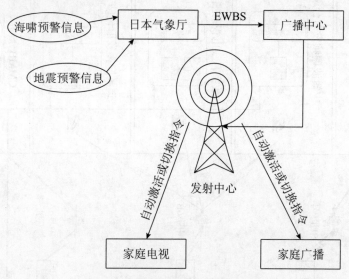

图12-2 日本的应急广播发布流程

12.1.2 我国的应急广播体系建设

1. 应急广播体系建设的目标和原则

我国的应急广播体系目前还没有统一的建设模式,部分地区的应急广播系统也是由各地方政府自行建设,缺少统一的协调和管理。所以,目前建设的应急广播体系应该本着统筹多种广播技术手段,构建覆盖广泛,手段多样,上下贯通,统一联动,快速高效,安全可靠的国家应急广播体系,实现应急广播分类型、分级别、分区域、分人群的有效传播。下面,具体地介绍几个原则:

（1）注重顶层设计,以实现全国联网,减少重复投资。
（2）立足现状,适度超前,让今天的投资明天同样可以发挥作用。
（3）综合规划,协调推进,充分发挥各种手段的作用。
（4）平战结合,提前部署,建立较为合理的运营管理系统,实现效益的最大化。

2. 应急广播体系的技术思路

（1）制作播发:制作和生产应急广播节目和信息,发布应急广播指令。
（2）调度分发:产生应急广播节目信息,生成资源调度方案,发送至传输覆盖网。
（3）传输覆盖:接收验证,适配封装,自动切换,播出插入。
（4）终端接收:接收应急广播的音频节目和应急广播的文本信息。

3. 国家应急广播平台的组成

由于我国的应急广播体系目前还没有完整的平台建成,所以图12-3所示的是目前设想的国家应急广播平台。

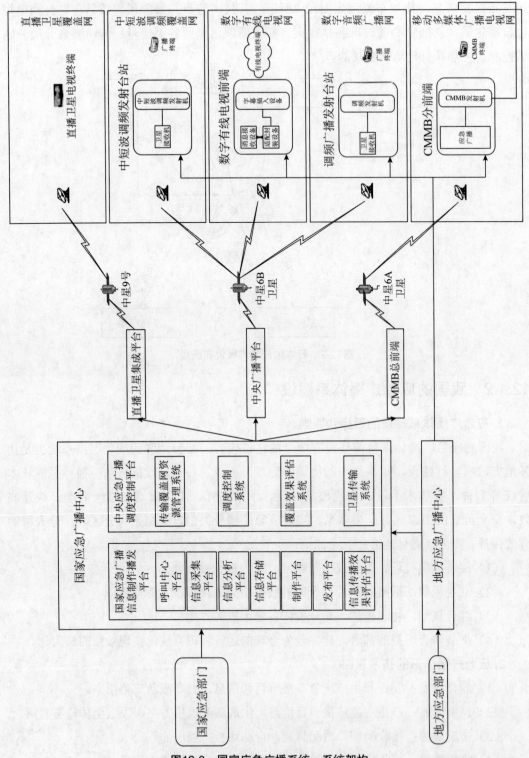

图12-3　国家应急广播系统—系统架构

国家层面的主要有两个平台——信息制作平台、调度控制平台，以及一个覆盖全国的传输覆盖网。每个平台下面由更多的子平台有机地组合而成，包括传输覆盖网也是如此。

关于应急广播的技术流程，如图12-4所示。在这个系统中最高层是国家应急部门。它通过国家应急发布平台、国家应急广播中心以卫星平台直播、各地广播电台（电视台）转播以及手机电视的方式将信息发布到各受众。

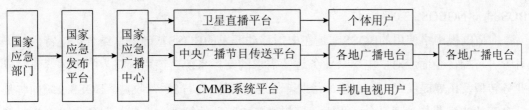

图12-4　应急广播的技术流程

各级地方也应该建立符合相应级别和要求的应急广播平台，与上一级地方应急广播平台或是国家应急广播平台相衔接。在应急情况下，地方应急广播平台可将本辖区制作的应急广播节目、应急信息和调度控制指令，送往上一级应急广播平台，可申请上一级应急广播平台使用可覆盖本辖区的相关应急广播设施进行应急信息发布，启动权限由国家应急广播条例规定。图12-5为地方应急广播系统构架。

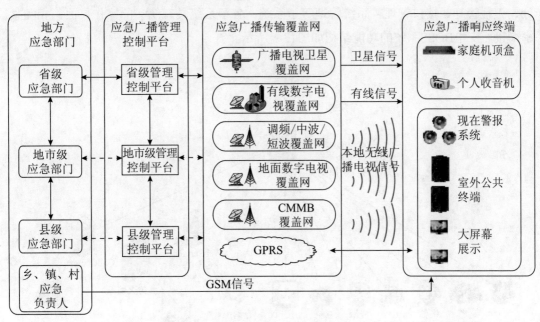

图12-5　地方应急广播系统构架

国家和地方各级应急广播平台应急信息的发布方案有中短波、调频广播应急发布方案；数字音频广播（DAB）应急发布方案；移动多媒体广播（CMMB）应急发布方案。

12.2　广电运营管理与信息安全

12.2.1　BOSS

BOSS（Business Operations Support System）系统是业务运营BSS和支撑系统OSS的

结合，全称是业务运营和支撑系统。该系统最早由中国移动投入巨资于2000年左右开始启动研发，是世界上第一个对电信计费系统命名并制定相关标准的系统。从2000年至今先后研发了BOSS 1.0/1.5、BOSS 2.0、BOSS 3.0以及NGBOSS 1.0（Next Generation BOSS）、NGBOSS 2.0等版本。

广播电视网络使用的BOSS则是在中国移动开发的BOSS基础上，结合广电特色——可管、可控，全面应对广电综合业务运营需求的支撑系统。该系统将为广电运营商完成业务转型及拓展提供有力的支撑，帮助降低运营成本，提高运营收益。BOSS系统同时是一个高效的运营与管理平台，将大幅度提高广电行业的管理、运营、服务水平，为决策层提供强大的战略分析和执行工具，帮助广电运营商由"粗放式经营"转向"精细化管理"，实现科学、灵活的发展战略，从而提升广电网络的核心竞争力。通过BOSS系统确保每位客户得到最恰当的服务，解决潜在的敏感的服务问题，帮助广电运营商做到在服务上领先一步，增加客户资源的保持力。

BOSS系统通常包括营业管理、运营管理、资源管理、计费处理、账务管理、查询统计、工程管理、接口管理、系统管理等子系统。各子系统具有统一的操作界面，相互紧密衔接。广电BOSS系统的功能结构如图12-6所示。

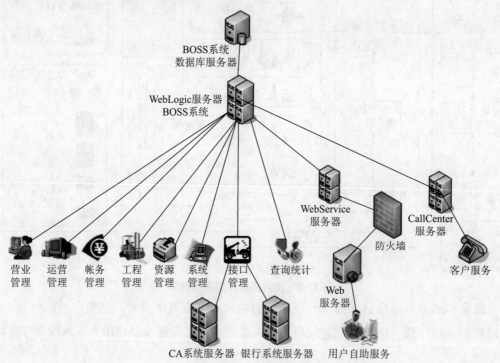

图12-6 广电BOSS系统的功能结构图

12.2.2 IPCC

1. IPCC的概念

IPCC是IP呼叫中心（IP Call Center）的简称，本质上是以IP技术和IP语音为主要应用技术的呼叫中心构建方式，即利用IP传输网来传输与交换语音、图像和文本等信息。

IPCC是相对于传统呼叫中心（Call Center）而发展的一种新的呼叫中心建设思路，其主体架构从传统的电信交换网及专有应用服务器转变为开放式、基于IP的语音、数据集成网。IPCC的内部以IP数据包的形式处理所有视频、音频、数据、传真等信息，内部组成部件全面实现了IP化。

另外，IPCC将传统呼叫中心的技术特征与互联网技术融合起来，支持从门户网站、电话、Email、传真、短信、彩信、即时通信、视频、微博、WebCall等各种媒介接收信息，由IPCC统一受理后再反馈到各种媒介上。

随着三网融合的推进，IP网络正在成为各类通信、广电系统与通信设备交互信息的唯一承载网络，IPCC也正在成为呼叫中心系统架构和建设的主要模式。

2. 承载业务

IPCC支持传统架构呼叫中心所涉及的所有业务，业务类型如技术支持、业务受理、信息查询、电话营销、市场调研等。应用领域涵盖电信、金融、政府、公共事业、制造业、零售业、物流、IT、电子商务等。IPCC实现的业务功能包括查询、咨询、投诉、报修、电话营销、客户关怀、市场调研、催收催缴、信息服务、业务受理以及紧急通知等。

同时，IPCC又不局限于传统架构呼叫中心的业务范围，IPCC又可以衍生出很多新的业务，特别是基于IP网络的应用。比如在线客服、呼叫中心托管、网站总机、WebCall、视频呼叫与推送以及IP调度等。

3. 结构模式

IPCC主要由媒体接入层、媒体适配层（传输层）、业务支撑层（控制层）和业务实现层（应用层）等组成。图12-7为IPCC的结构示意图。

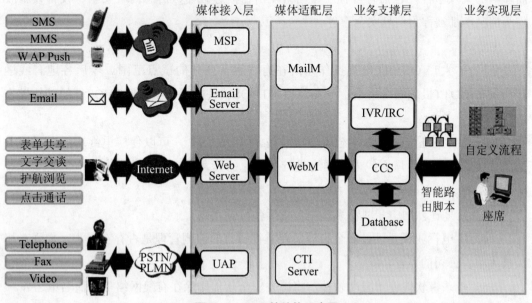

图12-7　IPCC的结构示意图

12.2.3 DCAS

DCAS（Downloadable Conditional Access System，可下载条件接收系统）是一种由安全数据管理平台统一管理，基于双向通道进行数据传输，使用安全芯片完成解密解扰，CA客户端软件运行在中间件之上，实现CA可下载替换的条件接收系统。DCAS的优势在于，采用无卡以及双向作为前提条件，同时采用了中间件技术，保证用户端软件可以单独下载、更新以及切换；采用根密钥派生技术，解决了芯片植入密钥的安全性以及公平性，采用层级密钥技术，保证了所有厂商系统实现的机制一致。

由于原来的CAS（Conditional Access System，条件接收系统）将终端与网络捆绑，导致各级广电网络无法互联互通，而DCAS架构在原有CAS架构下改变了公钥体系，使得各种终端机顶盒不再依赖于原有的条块分割的网络，而是在一个大平台下运行，并通过三级安全管控分散了原有的一级安全体系，使得终端和网络更加安全。配合即将公布的NGB中间件标准，从而为广电网络及终端互联互通奠定了基础，意思十分重大。

12.2.4 广电信息安全

近年来出现了一些广电网络的安全事件，有空中插入的，有地面插入的，更有甚者2014年8月1日，黑客入侵改写了某市级有线网络的EPG（Electronic Program Guide，电子节目指南）的广告系统。此次敏感内容是图片而不是流媒体播放，因此它可能写入缓存，即便是关闭播发服务器，也不能立即停止转播，造成了极坏的影响。这也使我们充分地警醒，广播电视的大屏面对信息安全也不能置身度外。

这类因人为原因对广播电视播出相关的信息系统或网站造成危害，或对社会造成负面影响的突发事件，包括有害程序、网络攻击、信息破坏、信息内容安全、设备设施故障等情况，都被称为信息安全事件。

主要对策：

（1）扩大TVOS智能电视操作系统在有线运营商中的试点范围。今后各地有线运营商发布的OTT机顶盒等终端，应安装使用TVOS软件，不得安装除TVOS外的其他操作系统。

（2）TVOS还应集成可下载条件接收技术（DCAS），可以使广电终端面向采用不同条件接收系统的区域有线电视网络进行个性化的开发和定制，从而实现广电终端对业务保护的统一或标准化承载。

（3）定期在内网中和网管系统中自查后台可疑代码。

（4）广电行业不要以最安全自居，要重视日常的监测管理是否存在漏洞，加强对相关技术维护公司的监管。

（5）查杀毒软件使用国产软件，将国外安全软件排除在有线网络供货商名单之外。

（6）响应国家号召广电网络的计算机操作系统不再进一步使用Windows操作系统。

12.3 NGB-W技术

NGB-W（NGB-Wireless）作为新一代的智能融合媒体网络，结合了广播电视无线传输和无线宽带通信的技术优势，是下一代广播电视网的重要组成部分。NGB-W具有广播、组播、单播，双向互动、超高速带宽、可管可控可信的能力，采用开放的业务平台，可承载多种多样的三网融合业务，为用户提供精细化的服务，从而实现对现有无线广播电视网络体系的全面升级换代。NGB-W的一个典型应用是广电互联网的Media-Web，如图12-8所示。

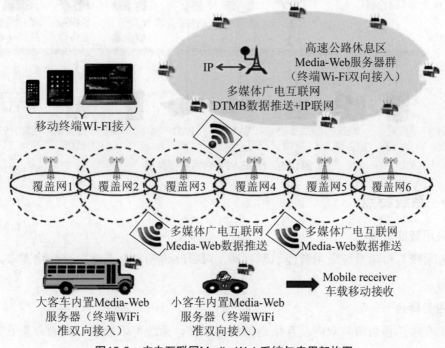

图12-8　广电互联网Media-Web系统与应用架构图

12.3.1　系统架构

NGB-W可以实现网络全国覆盖，各区域网络通过骨干网实现业务和用户数据的共享传输，并通过使用统一的运营支撑系统，可以实现全网漫游和网间结算。与有线电视系统类似，NGB-W网由前端系统、传输系统以及终端系统组成。图12-9为NGB-W平台的系统框架图。

前端系统是以智能引擎为核心驱动的NGB-W业务和管理体系，由内容服务平台、集成播控平台、智能引擎平台与安全管控平台组成。传输系统是衔接前端系统和终端系统，完成单向广播业务和双向交互业务高效率传输的关键系统。

终端系统由包括电视机、笔记本电脑、平板电脑、智能手机等在内的多种形式的终端组成。终端可直接接收NGB-W单向广播信号，也可通过无线局域网（Wireless Local Area Networks，WLAN）的方式接入到NGB-W网络。终端采用智能操作系统，可支持

NGB-W应用的下载安装和使用。

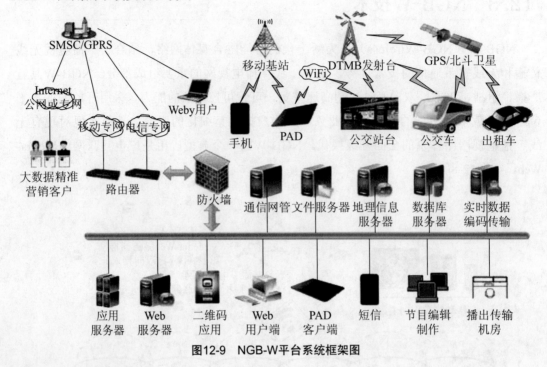

图12-9　NGB-W平台系统框架图

12.3.2　系统特点

1. 采用智能引擎

业务系统与传输系统采用智能引擎驱动，可提高传输效率，适应个性化需求，提升服务质量。

2. 业务聚合

由于有了广播信道与双向交互信道的协同工作，系统可以承载三网融合新业态，在终端实现各类媒体业务的无缝融合。

3. 发射台站与交互基站的协同覆盖

根据信息传播的二八原则，发射台站与交互基站共同构建信号的同步传输网络，实现对网络结点和终端的NGB-W广播信号智能协同覆盖。整个系统在智能引擎的统一调度下，广播负责传送共性内容，交互基站传送个性内容，可节省双向流量，降低网络运营成本，如图12-10所示。

4. 分层覆盖

广播信号由广播台站完成大区域覆盖，由交互基站对网络节点进行信号中转或终端补点覆盖，形成NGB-W单向广播信号的分层覆盖机制。交互基站还肩负着实现对网络结点单元的双向接入控制，实现对用户的双向多级覆盖。

5. 分布式结点接入

根据负荷需要，采用分布式结点接入方式，通过多种类型的网络结点单元配置，在

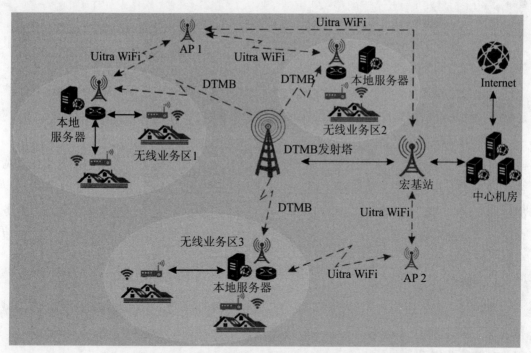

图12-10　发射台站与交互基站协同覆盖NGB-W网络

覆盖区域中灵活部署网络结点,应对各类NGB-W业务应用场景的需求,方便用户接入,并提供高质量的业务服务。

6. 基于IP的传输和交换

系统采用基于IP协议的分组传输模式传输和交换数据,具有较强的灵活性与适配性。与其他控制协议具有良好的兼容性,并有一定的QoS(Quality of Service,服务质量)控制能力。

7. 可管、可控、可信

(1)可管是采用相应审核和过滤对内容进行感知的监管,可对非法内容进行及时地检测、告警、过滤和追溯。

(2)可控是对网络安全和业务质量进行控制,保证核心网络设备不受非法攻击,隔离病毒感染通道,禁止非法接入。

(3)可信一则是能够保护合法版权,防止非法接收、非法复制和非法传播;二则是终端用户接收的内容安全可信,用户的隐私信息受到保护。

12.3.3　应用领域

1. 基础广播电视

基础广播电视作为最普及、最便捷、最直接的信息工具和载体,深刻影响着社会和人民群众的生活,是国家现代服务业及国家信息化建设的重要组成部分,在国计民生和社会发展中扮演着重要的角色。因此NGB-W网络仍然要继续承载基础广播电视业务。

2. 交互广播电视

交互广播电视业务是基于NGB-W网络开发的另一项主要服务之一，包括电视信息服务类、电视应用服务类和电视交易服务类。该系统不仅丰富了数字电视服务和百姓文化生活，还为用户提供了极大的使用便利。这时NGB-W终端就不仅仅是电视终端，还是信息终端、应用终端和支付终端，逐渐实现从"看电视"到"用电视"的观念转变。

3. 移动互联接入

NGB-W能够为个人和集团客户提供宽带无线接入业务。移动互联接入业务主要有宽带移动互联接入与宽带多媒体通信两大类。其中宽带移动互联接入是基于NGB-W为用户提供的高速的宽带接入服务，如OTT TV、电子邮件、网页浏览等；宽带多媒体通信业务包括点对点的多媒体通信业务、跨屏终端之间的通信业务，如语音、视频聊天、电视短信和电视邮箱等。

4. 物联网业务

物联网业务包括公共安全管理、智能交通综合管理系统、社区及家庭服务、节能减排、地下管网管理、机动车智能识别和停车场管理等。

5. 跨行业应用

NGB-W作为具备双向高带宽、安全可靠、可管可控可信、开放的架构和平台体系等特性的泛在网，可以实现跨行业的可管可控的应用服务，如为市政网、教育网、企业网等提供专网应用服务。跨行业应用充分利用了NGB-W的网络特性，为广电之外的行业提供开放的网络服务，既利于国计民生，又能够通过和重大行业需求的结合，产生直接的经济效益和社会效益。

6. 应急广播

当发生自然灾害、事故灾难、公共卫生和社会安全等突发事件，造成或者可能造成重大人员伤亡、财产损失、生态环境破坏和严重社会危害，危及公共安全时，NGB-W的广播电视业务平台可以以应急广播的形式向公众通告政府公告或紧急事件预（告）警，来达到及时有效地控制、减轻和消除突发事件引起的社会危害，保护人民群众生命财产安全的目的。

12.4 超高清电视和3D电视

12.4.1 4k电视

4k电视是指电视屏幕分辨率达到3840×2160、能够接受、解码、显示相应分辨率的视频信号的电视。4k电视相当于在全高清电视的基础上，横向和竖向的分辨率均翻了一倍，整体分辨率是全高清电视的四倍，然而，单纯分辨率指标的提高，还不足以代表整个画面影像的高水准。4k影像的高质量是有几个重要的指标组成的，分辨率是其中很重要的一个指标,除此之外,像色域空间、宽容度、感光度等指标也代表着4k的综合表现力。可以说它是一个画面从技术层面上真正高质量的提升。

要完成4k节目的欣赏,除了有4k显示设备外,内容、发行渠道和方式也不容忽视,目前常见的渠道有:
- 卫星电视直播,国外已经开播,国内还没开通;
- 有线电视直播,需解决带宽矛盾;
- 蓝光碟片发行,需解决价格、版权、加密等诸多问题;
- 互联网络在线传输,需解决带宽矛盾。

12.4.2 8k电视

8k超高清电视顾名思义,就是分辨率能够达到7680×4320又有相应的解码芯片支撑的电视。其像素数量是4k电视的4倍、全高清电视1080P电视的16倍。2016年1月在美国拉斯维加斯的全球消费电子大展(CES)上,8k超高清电视大行其道,譬如海信、长虹、康佳、LG和三星等都推出了95英寸以上的8k电视。这些8k电视有一个共同的特点就是都属于Super Hi-Vision技术的定义标准,并且还将画面帧率提高到120FPS。同时部分电视生产商还采用四色技术,就是在红、绿、蓝三原色基础上,再添加黄色元素,能够使画面色彩更具有张力、色彩平衡也较好。这样的超高解析度的图像几乎达到了以假乱真的效果。

通常我们会认为一部4k的电影容量要300GB,那么一部8k电影的容量可能就很容易超过TB数量级了,这其实是个误解。实验表明如果一部4k电影采用15Mbps码率的H.265编码技术,一部普通电影(时长1.5~2小时)的容量大概是15GB~20GB的样子,如果采用H.266(有专家提出)编码,则容量可能还要小些。

目前高清电视质传输的接入方式目前主要有HDMI、视频电子标准协会VESA发布的DisplayPort以及superMHL等。其中DisplayPort和HDMI 2.0都不能满足8k@120FPS的要求。HDMI 2.0可支持18Gbps但也仅够满足传输4k@60FPS,这里只有superMHL接口可以支持8k@120FPS。

由于超高清的分辨率,在观看影像的时候会带给人们身临其境的感观享受。图像的每一个细节你都可以看得很清楚,就像在你面前活生生的出现一样。即便走得很近,依然看不到屏幕上的任何像素。

8k超高清电视水平观看角度为100°的位置是目前成为360°全景显示技术尚未推出的最佳显示环境。远比观看2k、4k分辨率只有55°的水平观看角度更刺激。

目前8k电视在片源方面存在很大的问题。如果没有节目源,那8k的电视和普通电视也没有任何的区别。有资料显示日本将于2020年东京奥运会前后实现8k信号直播,目前计划提前两年开始,即2018年就将投入使用,也就是说体育赛事会成为8k视频商用的开端。

12.4.3 3D电视

3D是Three-Dimensional的缩写,是三维立体影像电视的简称。它利用人的双眼观察物体的角度略有差异,因此能够辨别物体远近,产生立体视觉的这个原理,把左右眼所看到的影像分离,从而令用户借助立体眼镜或无需借助立体眼镜(即裸眼)体验立体感觉。英国天空体育频道于2010年1月31日首次使用了3D技术对英超曼联—阿森纳的比赛进行了电视直播。中国首个3D电视试验频道于2012年元旦试播,春节正式播出。

3D显示技术可以分为裸眼式和眼镜式两大类。

1. 裸眼式3D

裸眼式3D可分为光屏障式(Barrier)、柱状透镜(Lenticular Lens)技术和指向光源(Directional Backlight)三种。裸眼式3D技术最大的优势便是摆脱了眼镜的束缚,在观看的时候,观众需要和显示设备保持一定的位置才能看到3D效果的图像(3D效果受视角影响较大),3D画面和常见的偏光式3D技术和快门式3D技术在分辨率、可视角度和可视距离等方面尚有一定的差距。

1)光屏障式

光屏障式3D技术也被称为视差屏障或视差障栅技术,其原理和偏振式3D较为类似,是由夏普欧洲实验室的工程师费时十余年研究成功的。

光屏障式3D技术的实现方法是使用一个开关液晶屏、偏振膜和高分子液晶层,利用液晶层和偏振膜制造出一系列方向为90°的垂直条纹。这些条纹宽几十微米,通过它们的光就形成了垂直的细条栅模式,称之为"视差障壁"。该技术正是利用了安置在背光模块及LCD面板间的视差障壁,在立体显示模式下,应该由左眼看到的图像显示在液晶屏上时,不透明的条纹会遮挡右眼;同理,应该由右眼看到的图像显示在液晶屏上时,不透明的条纹会遮挡左眼,通过将左眼和右眼的可视画面分开,使观者看到3D影像,如图12-11所示。该技术主要优点是与LCD液晶工艺兼容,因此在量产性和成本上较具优势。主要缺点是画面亮度低,分辨率会随着显示器在同一时间播出影像的增加呈反比降低。

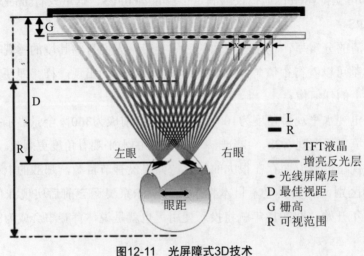

图12-11 光屏障式3D技术

2）柱状透镜

柱状透镜（Lenticular Lens）技术也被称为双凸透镜或微柱透镜3D技术，其最大的优势便是其亮度不会受到影响。柱状透镜3D技术的原理是在液晶显示屏的前面加上一层柱状透镜，使液晶屏的像平面位于透镜的焦平面上，这样在每个柱透镜下面的图像的像素被分成几个子像素，这样透镜就能以不同的方向投影每个子像素。于是双眼从不同的角度观看显示屏，就看到了不同的子像素，如图12-12所示。不过像素间的间隙也会被放大，因此不能简单地叠加子像素。柱状透镜与像素列不是平行的，而是成一定的角度。这样就可以使每一组子像素重复投射视区，而不是只投射一组视差图像。该技术主要优点是3D显示效果更好，亮度不受影响；主要缺点是相关制造技术与现有的LCD液晶工艺不兼容，需要投资新的设备和生产线，并且该技术产生的图像的分辨率不高。

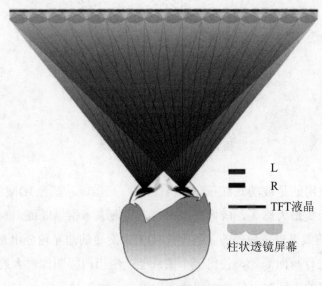

图12-12　柱状透镜3D技术

3）指向光源

指向光源3D技术搭配两组LED，配合快速反应的LCD面板和驱动方法，让3D内容以排序方式进入观看者的左右眼互换影像来产生视差，进而让人眼感受到三维效果，如图12-13所示。目前已经有生产商成功地开发了基于指向光源技术的3D光学膜，该产品的面市实现了无需佩戴3D眼镜，就可以在手机、游戏机及其他手持设备中显示真正的三维立体影像，极大地增强了基于移动设备的交流和互动。该技术主要优点是分辨率、透光率方面能保证，不会影响既有的设计架构，3D显示效果出色；主要缺点是产品不成熟。

2. 眼镜式3D

在眼镜式3D技术中，可以细分出三种主要的类型：色差式、偏光式（不闪式）和主动快门式，也就是平常所说的色分法、光分法和时分法。

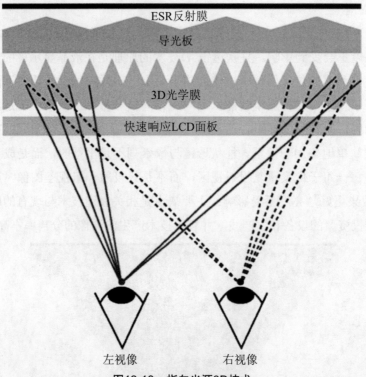

图12-13 指向光源3D技术

1) 色差式

该方式配合使用的是被动式红-蓝（或者红-绿、红-青）滤色3D眼镜，如图12-14所示。这种技术的历史最为悠久，成像原理简单，实现成本相当低廉，眼镜成本仅为几块钱，但是3D画面的效果也是最差的。色差式3D先由旋转的滤光轮分出光谱信息，使用不同颜色的滤光片进行画面滤光，使得一个图片能产生出两幅图像，人的每只眼睛都看见不同的图像。这样的方法容易使画面边缘产生偏色。由于效果较差，色差式3D技术没有广泛使用。

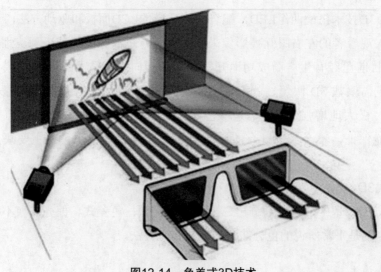

图12-14 色差式3D技术

2）偏光式

该技术是利用光线有"振动（偏振）方向"的原理来分解原始图像的。先通过把图像分为垂直向偏振光和水平向偏振光两组画面，然后3D眼镜左右分别采用不同偏振方向的偏光镜片，这样人的左右眼就能接收两组画面，再经过大脑合成为立体影像，如图12-15所示。由于在同一屏幕下显示两个画面，两只眼睛分别接收两个在屏幕上占一半的画面导致清晰度减半，3D效果也随之减半。

图12-15 偏光式3D技术

偏光式3D系统市场中较为主流的有RealD 3D、MasterImage 3D、杜比3D三种。RealD 3D技术市占率最高，且不受面板类型的影响，可以使任何支持3D功能的电视还原出3D影像。

偏光式3D电视产生的三维效果是最接近实际立体感的，也是最自然的方式。为了能够同时看两个影像，把分离左侧影像和右侧影像的特殊薄膜贴在3D电视表面和眼镜上。通过电视分离左右影像后同时送往眼镜，通过眼镜的过滤，把分离的左右影像后送到各个眼睛，大脑再把这两个影像合成让人感受到立体感。该项技术主要优点是没有闪烁，能体现让眼睛非常舒适地去观看3D影像；可视角度广，它的画面效果、色彩表现力都较好，可以在没有角度限制的情况下去享受完美震撼的3D影像；能够用轻便舒适的眼镜享受3D影像；体现没有重叠画面的3D影像；体现没有画面拖拉现象的高清晰3D影像，能够体现1秒钟240张3D合成影像。主要不足是由于分别供给左眼和右眼的两幅图像被同时呈现在显示面板上，因此需要按行交错或者列交错的方式分别向左眼和右眼提供只有显示面板一半分辨率的图像。鉴于市面上大部分的高清电视产品其物理分辨率只有1920×1080，因此，这些偏光式3D技术产品只能向用户提供实现960×1080（适用左右半宽3D视频）或者1920×540（适用上下半高3D视频）分辨率的图像。如果需要向用户提供1920×1080的全高清图像，使用偏光式3D技术的产品需要将显示面板的物理分辨率提升一倍至1920×2160（行交错方式）。

3）主动快门式

主动快门式3D技术（Active Shutter 3D），需要配合主动式快门3D眼镜使用，如图

12-16所示。这种3D技术的原理是根据人眼对影像频率的刷新时间来实现的，通过提高画面的快速刷新率（至少要达到120Hz），左眼和右眼在观看以60Hz的速率快速地刷新图像时，才会让人对图像产生抖动感，并且保持与2D视像相同的帧数，观众的两只眼睛看到快速切换的不同画面，并且在大脑中产生错觉，从而观看到全高清的立体影像，原理如图12-17所示。该项技术的优势是残影少、3D效果突出，而且该技术实现起来比较容易，屏幕成本较低，不论是电视、电脑屏幕还是投影机，只要更新频率能达到要求，就能导入这项技术。市面上大部分的3D产品都采用这项技术。

图12-16　快门式3D适配视频眼镜　　　　图12-17　主动快门式技术原理图

该项技术的主要缺点表现为：亮度大打折扣，带上这种加入黑膜的3D眼镜后，实际亮度差不多能降低一半左右；眼镜一直处于高速的开闭状态，长时间观看很容易造成人眼的疲劳，甚至引发呕吐等现象；此外我国的日光灯等发光设备的频率跟3D眼镜开合频率不同，灯光设备对观看3D画面影响很大；还可能会引起"串扰现象"，即眼镜快门的开合与左右图像不完全同步，将进一步产生两幅影像之间的叠加，造成影像模糊，严重影响观看；由于液晶电视面板和3D眼镜的偏振透光的特性，佩戴3D眼镜观看3D影像时只能水平观看，不能倾斜，否则就欣赏不到3D效果，甚至造成全黑现象；有眼镜成本太高的缺点，市场上的主动快门式3D眼镜的价格基本都在1000元人民币以上，而且各个厂商推出的3D眼镜并不能通用，还要不时地充电或更换电池；对面板的刷新率（帧率）要求较高，为了让使用者的体验一致，快门式3D电视的刷新率需要达到普通电视的2倍。

12.5　大屏显示技术

12.5.1　曲面电视

曲面电视（Curved TV）是指屏幕带有一定曲率，拥有一定曲面形态的电视机。因为屏幕弧度关系，曲面电视在表现立体效果方面，远比普通电视好很多，同时，在同样大小的屏幕宽度下，曲面会比平面有更大的画面，可以欣赏到更宽阔的画面，如图12-18所示。虽然这种技术出现的时间已经比较长了，但经过几次重大的工艺和技术变革，它已经开始逐渐超越了传统平板电视，成为未来电视显示技术的一个重大发展方向。

曲面电视的屏幕目前有LCD和OLED屏，它们在技术上各有一定的优势，也都有一定的不足。水平排列的液晶分子的LCD屏在曲面状态下变形之后，会使屏幕显示出现诸多的问题；OLED寿命还不够长等。部分商家把LED背光的LCD屏叫做LED屏纯粹是噱头。

为了更好地展现曲面电视在视野上的优势，目前曲面电视的长宽比放弃了原来大屏平板电视的16∶9，而改用了视野更开阔的21∶9。

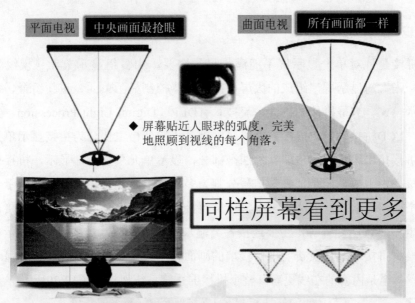

图12-18　曲面电视与平面电视的视觉差别

12.5.2　LED高分辨显示

普通LED全彩屏由于其点距比较大，一般为10mm～30mm，主要被应用于室外大屏广告发布，适合远距离观看。用于电视演播室的LED大屏则要求分辨率大幅提高，点距做到1.6mm，甚至更小，有资料显示部分厂家已经做到了1.2mm以下。这样的高分辨率的LED大屏就可以被应用于电视演播室做背景显示，拍摄出的背景图像就不会出现大量的像素点。图12-19为某演播室内的LED高分辨显示屏。

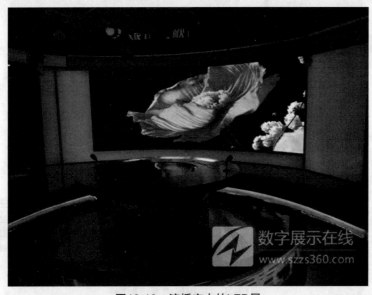

图12-19　演播室内的LED屏

由于点距变小,单位面积内的LED数量大幅增加,同时单位造价也非常高。目前,根据点距的不同,每平方米的造价在8万~20万之间。

12.5.3 大屏拼接技术

大屏拼接是针对单个显示屏不能满足显示需要,由多组显示单元(模组)组合固定,组成一张大的显示屏,组成的大屏可由拼接器控制显示单元、重新组合、任意划分等多种显示模式。大屏拼接的三大主流技术有DLP(Digital Light Procession,数字光处理)拼接、LCD拼接与PDP拼接。大屏幕拼接系统的架构主要分为拼接显示单元、拼接处理器、拼接接口设备和拼接墙软件四个部分,显示单元负责终端显示,拼接处理器是拼接墙的核心,主要功能是把视频信号分割为多个显示单元,将分割后的显示单元信号输出到多个显示终端,并完成用多个显示屏拼接组成一个完整的图像。拼接接口设备包含音视频矩阵、VGA矩阵等,主要连接各类输入及输出设备,对拼接墙的显示内容进行控制和切换。拼接墙软件负责实现拼接墙的画面显示设定及各种功能,以及显示内容的编辑处理,甚至是内容的在线更新。整个拼接屏系统系统架构如图12-20所示。

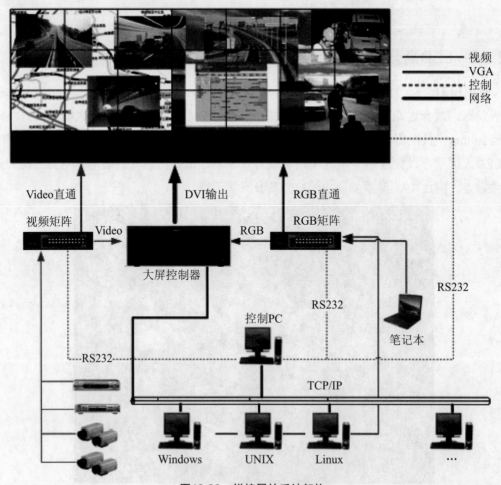

图12-20 拼接屏的系统架构

1. DLP拼接

DLP投影技术应用了DMD（Digital Micro mirror Device，数字微镜元件）来作为主要的关键处理元件以实现数字光学处理过程。这种技术要先把影像信号经过数字处理，然后再把光投影出来。其原理是将通过UHP灯泡发射出的冷光源通过冷凝透镜，通过Rod（光棒）将光均匀化，经过处理后的光通过一个色轮（Color Wheel），将光分成RGB三色（或者RGBW等更多色），再将色彩由透镜投射在DMD芯片上，最后反射经过投影镜头在投影屏幕上成像。

DLP拼接有硬边拼接、简单重叠和边缘融合三种方式，如图12-21所示。DLP拼接的优点是价格比较便宜。缺点是体积与重量过大，长时间不间断工作，会加快灯的老化。

（a）硬边拼接

（b）简单重叠

（c）边缘融合

图12-21　三种拼接方式比较

2. PDP拼接

PDP拼接采用等离子显示屏进行拼接，其优点为颜色鲜艳、高亮度、高对比度、机身超薄。缺点是耗电与发热量很大，灼伤现象，画质随时间递减，形成每块拼接屏之间的色差。

3. LCD拼接

PDP拼接采用液晶显示屏进行拼接，其优点为高分辨率、厚度薄、重量轻、低能耗、长寿命、无辐射；缺点是拼接缝稍大。

12.6　无人机航拍

12.6.1　无人机的概念

无人机是通过无线电遥控设备或机载计算机程控系统进行操控的不载人飞行器。无人机更适用于有人飞机不宜执行的任务。在特技摄像、突发事情应急、预警有很大的作用。航拍无人机主要有固定翼无人机、多轴无人机和遥控直升机等，如图12-22所示为三轴航拍无人机。

图12-22　三轴航拍无人机

12.6.2　无人机航拍飞控技术

无人机航拍飞控是一个集单片机技术、航拍传感器技术、GPS导航航拍技术、通信航拍服务技术、飞行控制技术、任务控制技术、编程技术等多技术并依托于硬件的高科技产物，因此，要能设计好一个飞控，缺少上面所述的任何一项技术都是不可能的，越多的飞行经历和经验能为设计初期提供很多避免出现问题的方法，使得试飞进展能够更顺利。

12.6.3　航拍无人机的核心部件

航拍无人机的核心部件主要由智能控制板、发动机、高清摄像头、LED显示器、感应器、遥控器和机翼等组成。

12.6.4　航拍无人机的基本功能

航拍无人机的基本功能有电视特技拍摄、新闻报道拍摄、研究传染病、急救、防止非法捕猎等。图12-23为无人机航拍的照片。

图12-23　无人机航拍的照片

12.7　思考题

1. 什么是应急广播?
2. 什么是BOSS和IPCC?
3. 什么是DCAS?
4. 提高广电信息安全的主要对策有哪些?
5. NGB-W前端和终端由哪些部分组成?
6. 4k、8k电视的分辨率分别是多少?
7. 3D显示技术分几大类?具体还可以细分成几种?
8. 列举几种大屏显示技术。
9. 无人机航拍控制的关键技术有哪些?

参考文献

[1] 陈庆丰. 新一代中波同步广播系统[J]. 广播电视信息 2011.5

[2] 何清，陈宏. 城市广电媒体融合探索[J]. 电视技术，2015，39（6）

[3] 崔巨峰. 应急广播系统实现概述[J]. 广播与电视技术，2011.12

[4] 王联. NGB-W系统综述[J]. 电视技术，2014，38（17）

[5] 温怀疆，陆忠强，史惠，等. 下一代广播电视网NGB技术与工程实践[M]. 北京：清华大学出版社，2015.1

[6] 高吉祥. 广播电视技术概论[M]. 成都：西南交通大学出版社，2011.9

[7] 丁丹文. 从美国CES大展上看8k电视技术[J]. 电子报2016.1.31，第5期16版

[8] 国家新闻出版广电总局. 广播电台融合媒体平台建设技术白皮书. 2015.12

[9] 国家新闻出版广电总局. 电视台融合媒体平台建设技术白皮书. 2015.12

[10] 蒋慧钧. 新闻媒体物联网的应用场景与技术应对. 中国新闻技术工作者联合会2013年学术年会论文集. 2013.7

[11] 赵晶，徐喆. 大数据时代：媒体的发展现状及其趋势[J]. 今传媒：学术版，2013（9）：47-50

[12] 张菁，张天驰，陈怀友. 虚拟现实技术与应用[M]. 北京：清华大学出版社，2011.

[13] 胡小强. 虚拟现实技术[M]. 北京：北京邮电大学出版社，2005

[14] 布尔代亚，G.C，夸费，P. 虚拟现实技术=Virtual reality technology[M]. 魏迎梅，栾悉道，译. 北京：电子工业出版社，2005

[15] 张强，孙贵平. 电台全媒体中心的发展趋势[J]广播与电视技术，2013，40（10）：68-68

[16] 行业数据：2013年3月中国移动数字媒体自主发行指数

[17] http://network.chinabyte.com/239/12356739.shtml